Bibliografische Information Der Deutschen Bibliothek
Die Deutsche Bibliothek verzeichnet diese Publikation in der Deutschen Nationalbibliografie; detaillierte bibliografische Daten sind im Internet über http://dnb.ddb.de abrufbar.

Stephan Weichert / Christian Zabel (Hrsg.)
Die Alpha-Journalisten 2.0.
Deutschlands neue Wortführer im Porträt
Köln : Halem, 2009

http://www.halem-verlag.de
http://www.alpha-journalisten.de

ISBN 978-3-938258-92-7

UMSCHLAGGESTALTUNG: Claudia Ott, Düsseldorf
SATZ: Herbert von Halem Verlag
DRUCK: FINIDR, S.R.O. (Tschechische Republik)

Stephan Weichert / Christian Zabel

Die Alpha-Journalisten 2.0

Deutschlands *neue* Wortführer im Porträt

Unter Mitarbeit von Leif Kramp

Herbert von Halem Verlag

Inhalt

Geleitwort

Von Manfred Bissinger

Der Siegeszug der Zeitung hat das Buch nicht verdrängt. Der Aufstieg des Radios hat weder Zeitungen noch Zeitschriften überflüssig werden lassen; trotz tausender Fernsehprogramme blüht der Hörfunk wie nie zuvor und keines dieser Medien wird untergehen, wenn das Internet weiter wächst und wächst und wächst. Sie drucken, sie pixeln, sie senden in friedlicher Koexistenz mit- und nebeneinander. Alten wie neuen Medien ist gemeinsam, dass sie Vertriebskanäle von Nachrichten und Fakten, von Gerüchten und Skandalen, von Träumen und Geschichten sind. Neuerdings gerne auch *content* genannt. Eine gute Reportage, ein scharfer Kommentar, ein zartes Gedicht werden auch in Zukunft ihre Leser finden – *online* oder *offline*.

Ob *Zeit*, *Spiegel*, *Stern*, *Brigitte* oder *Bunte*, ob *Panorama*, *Monitor*, *Tagesschau* oder *heute-journal*, ob FAZ, *Süddeutsche*, *Tagesspiegel* oder *Welt* – sie alle verdanken Meisterschaft, Glaubwürdigkeit und Erfolg einerseits ihrer journalistischen Professionalität und andererseits ihrer Wahrhaftigkeit. Sie setzen bis heute die Qualitätsstandards.

Das Internet ist den alten Medien allein im direkten Dialog mit den Lesern voraus. Per Mausklick ploppen gewünschte Informationen hoch, im *chat* kann ohne Zeitverzug debattiert werden. Über *links* ist die Informationsfülle einmalig. Die alte Regel: »Der Leser hat kein Archiv« gilt nicht mehr. Google & Co. eröffnen eine neue Welt?

Für Journalisten meiner Generation stellt sich mit der unendlichen Vermehrbarkeit des *world wide web* nicht die Frage der Technik, auch wenn Computer und Bildschirm nichts von dem haptischen Vergnügen einer Zeitung oder eines Buches haben. Uns stellt sich mehr die Frage nach den Inhalten und der Urheberschaft, nach den Quellen des *user-contents*. Wir lebten gut mit der klaren Trennung von Journalismus und Geschäft; im Internet aber sind die Grenzen fließend, wenn nicht ganz außer Kraft gesetzt. Gut, es gibt positive Beispiele, *SPIEGEL ONLINE* führt vor, wie es korrekt gehandhabt werden kann. Auf zu vielen *web*-Seiten aber geht es wild durcheinander; gelegentlich ist weder Urheber noch Absender zu identifizieren. Geschweige denn die Absichten, die sie verfolgen.

Gar keine Frage, im Internet entsteht etwas Neues, eine Art neuer Öffentlichkeit ohne öffentlichen Auftrag. Noch ist aber unbeantwortet, ob die Laien-Autoren, die wir ja im Gewande von Leserreportern (allerdings von Journalisten redigiert!) aus der Presse kennen, ob die überhaupt bereit sind, sich den Gesetzen der traditionellen Publizistik zu unterwerfen: die Pflicht zur eigenen Recherche, der Nachprüfbarkeit, der Faktentreue, der Unabhängigkeit und Wahrheit als Grundlage jeden Artikels. Oder wollen sie einfach nur mediale Glücksritter sein, für die das Internet ein interessanter Propaganda-Kanal ist, über den – durch journalistische Formate getarnt – beste Geschäfte zu machen sind?

Wer die Porträts der Alpha-Journalisten 2.0, also der ›Wortführer im Internet‹ in diesem Buch liest, kann da eher beruhigt sein. Sie sind sich ihrer Verantwortung bewusst. Selbst die, die nur Spaß haben wollen. Sie kommen in der Regel aus dem Journalismus, unser Handwerk ist ihnen nicht fremd. Sicher sind auch einige eher ›ich‹-bezogene Menschen darunter, deren Gefühle gelegentlich über die Fakten obsiegen. Wenn aber Robert Basic sagt: »Mein Haus, mein Himmel, mein *Blog* – mehr muss nicht sein«, dann ahnt man, dass sie in unserer Mediengesellschaft verwurzelter sind, als sie womöglich zugeben mögen.

Einige in diesem Buch Vorgestellte sind alte Profis, wie Hans-Jürgen Jakobs, dem schon beim *Spiegel* die journalistische Freiheit über alles ging. Oder Matthias Matussek, der einem im Internet mehr als Komödiant entgegen springt, als der egomanische Heinrich-Heine-Kenner, der er auch ist. Oder gar Stefan Niggemeier, der mit seinem *Bildblog* für die Wahrheitsfindung mehr leistet, als manche Zeitungsredaktion. Oder der Literat Peter Glaser, von dessen klarer Sprache schon manche des Öfteren profitieren konnten.

Ja, ›Deutschlands neue Wortführer‹ sind ein besonderes Völkchen kreativer, wagnisorientierter und erfinderischer Journalisten-Unternehmer, ähnlich den Augsteins, Friedmans oder Nannens nach dem Zweiten Weltkrieg. Wie seinerzeit stehen auch heute die Medien an einem Scheideweg. Neue Karrieren bereiten sich vor.

Die Frage ist, ob sich das Internet nicht eine Art *Code of Conduct* geben sollte, wie er stillschweigend jahrzehntelang für die alten Medien gegolten hat. Wir ›Bellheims‹ sind gerne bereit, für die neuen Kollegen Formulierungshilfe zu leisten. Erste Ideen und Hinweise finden sich schon in diesem Buch.

Manfred Bissinger, im Februar 2009

»Das Internet ist ein großer Misthaufen, in dem man allerdings auch kleine Schätze und Perlen finden kann.«
(Joseph Weizenbaum 2001)

Dieses Buch ist in tiefer Verneigung dem Computer- und Gesellschaftskritiker Joseph Weizenbaum (1936-2008) gewidmet.

Digitale Leitwölfe. Das Paradoxon des neuen Alpha-Journalismus 2.0

Von Stephan Weichert und Christian Zabel

Wer gönnt sich niemals Rast und Ruh?
Wer steht mit Merkels Mann auf Du?
Wer schreibt nur Fakten, niemals Mist?
Das ist der Alpha-Journalist.

Mag keinen Lachs, nimmt niemals Drogen,
Hat für wenig Geld noch nie gelogen.
Hat nicht nur Stil, er ist Stylist,
Ein echter Alpha-Journalist.

Lob dem Mann, der Massen führt,
Der täglich neu zu Tränen rührt,
Dem Wortgewalt gegeben ist,
Apollo gleich – o Alpha-Journalist.

Ihm steh'n die Adjektive zu Gebote,
Im Libanon gibt's 50 Tote,
Schon ist er Bahnreisespezialist,
Stets sich selbst gleich: ein Alpha-Journalist.

Die Siele hält er dicht im Klo,
Der Volontär verkündet's froh.
Für Blogs gibt's keine Gnadenfrist
Dort wo er pisst, der Alpha-Journalist.

(Klaus Jarchow in seinem Blog *Sargnagelschmiede*, Juli 2007)

1. David gegen Goliath oder: Der Aufstand der Amateure

»Die guten Redaktionen sollten ihre Siele geschlossen halten, damit der ganze Dreck von unten nicht durch ihre Scheißhäuser nach oben kommt« – als Hans Ulrich Jörges diesen abfälligen Satz über den ›Loser Generated Content‹ im Internet zum besten gab, konnte er sich einer Empörungswelle in der Blogosphäre sicher sein. Es war ein lauer Sommerabend im Juni 2007, an dem der allseits gefürchtete Muezzin der Berliner Republik und Chefredakteur für besondere Aufgaben des *Stern* ins westliche Berlin geschwebt war, um zusammen mit Maybrit Illner und Henryk M. Broder an einer Podiumsrunde anlässlich der Vorstellung des Buches *Die Alpha-Journalisten* teilzunehmen. Jörges fühlte sich offenbar berufen, stellvertretend für das journalistische Establishment den Bloggern einen draufzugeben. Die Gegenreaktionen folgten auf dem Fuße: »Eine Vorstellung, die von äußerster Selbstüberschätzung zeugt«, pöbelte *Handelsblatt*-Journalist Thomas Knüwer in seinem Blog *Indiskretion Ehrensache* anderntags zurück.[1] Jörges sei der »*Disser* des Tages«, der »Holz ins züngelnde kleine Feuer der ewigen und immer langweiliger werdenden Diskussion um ›Blogger vs. Journalist‹« werfe, ätzte das Medienweblog *Medienrauschen*.[2] Und Matthias Kiesselbach, der das *sprechblasenblog* betreibt, meinte: »Ich hatte immer gedacht und gehofft, dass die Abgrenzungshysterie und die öffentliche Selbstliebe nachlässt, sobald eine gewisse Bekanntheit, ein sicheres Einkommen und ein bestimmtes Alter erreicht sind. Bei Jörges sind diese Züge noch so vital wie bei mir in der Vorpubertät.«[3] *PR Blogger* Klaus Eck mutmaßt außerdem, es handele sich um »eine geschickte Art der Selbstinszenierung, die für viel Aufmerksamkeit sorgt und trotz Bad Publicity den einen oder anderen Leser zum Buch: ›Die Alpha-Journalisten‹ führen dürfte, zumal viele Blogger diese erneute Bloggerbeschimpfung aufgreifen werden«.[4]

Auch wenn Alpha-Tier Jörges schon wenig später – übrigens online – in der *Reader's Edition*, einem Portal für Bürgerjournalismus, wieder den Schwanz einzog (»Ich kritisiere auch nicht Blogs generell, sie sind im Prinzip ein unübertrefflich demokratisches Medium«),[5] sorgte seine Polemik gegen die Möchtegern-Journalisten für Konvulsionen, nicht nur, aber vor allem in der Blog-Welt: Jörges habe mit seinem Kommentar »das Web zum Beben gebracht«, konzediert etwa die freie Journalistin Ursula Pidun in ihrem medienpolitischen Blog *Spreerauschen*:[6] »Nun kocht ein Großteil der Blogger- und Bürgerjournalistenszene«, unter anderem dokumentiert in den unzähligen Kommentaren unter den Blog-Einträgen, die einen Dialog mit den Bloggern erlauben oder doch zumindest ihre Reaktion einfordern. Der Ärger über den scheinbar geläuterten *Stern*-Chef suchte sich in den darauf folgenden Wochen noch etliche andere Formen und Foren: Nachgerade typisch für die Kreativität und Schnelligkeit, die Vernetzung und Interaktivität der Blog-Kommunikation waren die zahlreichen Links, Blogrolls und Trackbacks, zudem Fotos und Zeichnungen, die die beleidigte Blogger-Szene der Schmähkritik entgegensetzte. Klaus Jarchow beispielsweise spiegelte die Debatte in seinem Blog *Sargnagelschmiede*[7] mit einem Gedicht, das die Überheblichkeit der Journalisten-Elite anprangert, und der Zeichner Johannes Kretzschmar widmete den ›Alpha-Journalisten‹ einen Cartoon, der in seinem Blog *Beetlebum*[8] zu bestaunen ist.[9]

Das eingefahrene Verhältnis gegenseitiger Verachtung, die Beleidigungen zwischen sogenannten ›Profi-Journalisten‹ und bloggenden Amateuren erschöpfen sich längst nicht mehr in bloßen rhetorischen Scharmützeln. Sie markieren vielmehr den Beginn eines publizistischen Klassenkampfs um die Vormachtstellung im Gehege der öffentlichen Meinung, der seinen Höhepunkt bei Weitem noch nicht erlebt hat. Unlängst wetterten sogar etablierte Platzhirsche der analogen Mediensphäre wie *Die Zeit* und *Der Spiegel* in großspurigen Leitartikeln gegen die digitale Umsonst-Kultur und trampelten auf den bösen »Beta-Bloggern« (BRAUCK et al. 2008: 94) und »Umstürzlern« (JOFFE 2008: 1) herum, als gelte es, besetztes Kriegsgebiet zurückzuerobern. Aus solcherlei Streitsucht spricht nichts anderes als die Angst, die Deutungshoheit des Weltgeschehens irgendwann an die – so Alt-Alpha-

Tier Josef Joffe – »parasitäre Aufmerksamkeits-Ökonomie« (ebd.) der Blogger-Szene abgeben zu müssen. Zugleich spiegelt sie die Ungewissheit über die Zukunft eines alteingesessenen und im höchsten Maße autoritativen Qualitätsjournalismus wider, der bis dato »das Interessante vom Belanglosen und Blöden« (ebd.) zu trennen glaubte.

Selbst wenn der Einfluss amerikanischer Blogger und Bürgerjournalisten hierzulande bisher kaum öffentlich goutiert worden ist und Namen wie Rainer Meyer alias *Don Alphonso*, Thomas Knüwer, Stefan Niggemeier oder Robert Basic bislang nur denen etwas sagen, die sich regelmäßig in den Online-Gefilden tummeln, ist die Bedeutung dieser neuen publizistischen Liga nicht mehr zu leugnen – auch wenn *Der Spiegel*, *Die Zeit* und andere dies so recht nicht wahrhaben wollen. Schon heute existieren über 200.000 aktive deutschsprachige Blogs – die neue Medienform ist damit zweifelsohne vom Nischen- oder Nebenbeiprodukten zum tonangebenden Meinungsforum und Sprachrohr einer ganzen Gegenbewegung des massenmedialen Mainstreams avanciert. Zusammen mit den meist jung berufenen Online-Chefs wie Jochen Wegner (*Focus Online*), Hans-Jürgen Jakobs (*sueddeutsche.de*), Katharina Borchert (*Der Westen*), Jörg Sadrozinski (*tagesschau.de*), Frank Thomsen (*stern.de*) und Wolfgang Blau (*zeit.de*) sowie Online-Pionieren wie Florian Rötzer (*Telepolis*), Mario Sixtus (*Der elektrische Reporter*), Thierry Chervel (*Perlentaucher*) und Peter Glaser (*Glaserei*) gehören die bloggenden Leitwölfe zu einer neuen Mediengeneration – wir nennen sie *Die Alpha-Journalisten 2.0* – von denen sich einige nicht einmal als Journalisten bezeichnen würden, die jedoch das Verteil- und Netzmedium Internet mit all seinen publizistischen Haupt- und Nebenschauplätzen bewusst bespielen. Diese Multi-Ebenen-Dialektik, die der traditionelle Journalismus bislang fast vollständig ausklammerte, nutzen sie ort- und zeitsouverän, um einen virtuellen Raum zu kreieren, der von Konversationen, Diskursen, Gemeinschaft und Interaktion geprägt ist, der aber auch von Kolportagen, Geschwätzigkeiten und anderen Dingen lebt.

Die *Army of Davids*, wie Glenn Reynolds (2006) die Neuformierung bloggender Bürgerjournalisten nennt, rüstet sich zum Kampf gegen die publizistischen Goliaths. Die ehemaligen Leitmedien Zeitung, Radio und Fernsehen muten inzwischen als Relikte längst vergangener, analoger Zeiten an. Der Aufstand der Amateure wird dadurch beflügelt, dass ironischerweise eben jenen etablierten Mainstream-Medien derzeit weltweit die finanzielle Puste ausgeht, die schon seit geraumer Zeit versuchen, das globale Blogging-Phänomen als belanglos herunterzuschreiben. Weltwirtschaftskrise und insbesondere die starke Rezession der Medienmärkte 2008/2009 hinterlassen ein publizistisches Vakuum, das die digitalen Wortführer mit ihren verbalen Steinschleudern zu füllen suchen. Gerade weil immer mehr Korrespondenten und Reporter samt traditioneller Ressorts wie Ausland, Politik oder Lokales einfach wegrationalisiert werden und dies offenbar (noch) als Kollateralschaden der Medienkrise hingenommen wird,[10] konnten in den USA Online-Angebote wie *Huffington Post*, *Slate*, *salon.com*, *Politico* oder Blogs wie *Talking Points Memo*, *The Page*, *Buzzmachine*, *Wonkette*, *Daily Kos*, *Gawker* und *Drudge Report* einstweilen verloren geglaubtes Medienterrain neu erschließen. Und mit einer ganzen Blogger-Armee im Rücken durften sich Solitäre wie Ben Smith, Jeff Jarvis, Joshua Micah Marhall, Michelle Malkin, Mark Halperin, Ken Layne und vor allem Arianna Huffington, die »Königin der Blogger« (*Der Spiegel*), zu neuen publizistischen Schwergewichten aufschwingen.[11]

II. Abschied von ›Big Daddy‹ – Die Verunsicherung über das Ende des Qualitätsjournalismus

Dass die Blogger-Party in den USA gerade erst begonnen hat, zeigt sich nicht zuletzt an den durchaus hybriden Zufallskarrieren ihrer sonst eher unscheinbaren Protagonisten: Jay Rosen etwa, der zuletzt für die *Huffington Post* zum US-Präsidentschaftswahljahr 2008 die angesagte Rubrik *Off the Bus*[12] entwickelte, für die über 12.000 Amateure in Koproduktion mit Redakteuren der ›*HuffPo*‹ ihre persönlichen Erlebnisse während des 16-monatigen Wahlkampfes von Barack Obama aufschrieben, fotografierten und filmten, personifiziert diesen Wandel wie kein zweiter. Rosen, Jahrgang 1956 und Journalismusprofessor an der New York University, ist das, was man einen Blogger-Star nennen könnte: Er betreibt neben *Off the Bus* seit 2003 nicht nur das führende Journalismus-Blog *PressThink*[13], das 2005 mit dem Freedom Blog Award von ›Reporter ohne Grenzen‹ ausgezeichnet wurde. Im Herbst 2006 gründete er außerdem *NewAssignment.net*[14], eine Art Open-News-Plattform, auf der professionelle Journalisten und Blogger gemeinsam an einer elektronischen Zeitung arbeiten. Während sich der Laie in Europa wundert, wie derlei Kollaborationsmodelle überhaupt funktionieren, geschweige denn sich refinanzieren, ist Rosen seinen europäischen Mitstreitern weit voraus: So wird *NewAssignment.net* von der Mac-Arthur-Stiftung, Craig Newmark (dem Gründer des erfolgreichen Internet-Portals für Kleinanzeigen *CraigsList*), sowie der Sunlight Foundation, einer Softwarefirma und – so paradox das klingen mag – zum Großteil von dem globalen Medienkonzern Reuters mit rund 150.000 Dollar gefördert.

Rosen, der auch noch ehrenamtliches Beiratsmitglied der Online-Enzyklopädie *Wikipedia* ist, hat sich mit seinen Blogging-Aktivitäten dort hingeschrieben, wo sich bislang nur hochdekorierte Wortführer der Qualitätszeitungen, etwa Thomas L. Friedman, Maureen Dowd, Paul Krugman oder Frank Rich von der *New York Times*, wähnten: in den Journalistenhimmel der tonangebenden politischen Kommentatoren, Kolumnisten und Leitartikler. Auch ohne journalistische Laufbahn (Rosen absolvierte nach dem College nur ein kurzes Praktikum beim *Courier Express*, der Lokalzeitung seiner Heimatstadt Buffalo im US-Bundesstaat New York), dafür mit krisenfesten akademischen Würden ausgestattet, hat er geschafft, wovon die meisten Studenten in den journalistischen Kaderschmieden von Manhattan bis San Fransisco träumen. Es ist da nur konsequent, dass die aufstrebende Web-2.0-Community Rosen allenthalben als »philosopher king of the public journalism movement«[15] huldigt und die amerikanische Bürgerjournalisten-Bewegung in ihm den lange ersehnten Apologeten gefunden hat, der nicht nur auf den unorthodoxen Online-Plattformen predigt, sondern auch als Experte im Revier der Presse wildern darf: Zuweilen meldet er sich in meinungs- und stilprägenden Qualitätsblättern wie *New York Times*, *Washington Post*, *New Yorker* und *The Nation* zu Wort und wird des Öfteren zur vagen Zukunft des Qualitätsjournalismus befragt. Dabei ist Rosen auch derjenige, der fast immer gegen die traditionellen Zeitungsverleger Stimmung macht und deren gedruckte Wahrheiten für tot erklärt. Im Interview mit der *Neuen Zürcher Zeitung* befand er kürzlich, das Internet schaffe einerseits »gigantische Möglichkeiten für Qualitätsjournalismus« (WEICHERT/MATSCHKE 2009: 16), andererseits habe das bisherige Geschäftsmodell ausgedient: »Werbung in Zeitungen und Zeitschriften, die einen Großteil des Journalismus ermöglichte, funktioniert nicht mehr. Diese Entwicklung ist nicht aufzuhalten« (ebd.).

Rosen ist nicht nur Grenzgänger und gefragter Journalismus-Kritiker (der Titel seines Branchen-Beststellers aus dem Jahr 1999 lautet *What Are Journalists For?*), sondern auch ein arbeitswütiges Alpha-Tier in der Online- und Offline-Welt. Keiner, der als kesser smarter Charismatiker vom Schlage eines Matt Drudge durchgehen würde, aber immerhin einer, dessen Renommee als Internet-Experte selbst blogkritische Pamphlete wie das viel diskutierte *The Cult of the Amateur* von Andrew Keen (2007), das gleich die gesamte Online-Medienkultur als »surrealen Kettenbrief digitaler Illusionen und Täuschungen« verteufelt, offenbar nicht unterminieren können. Im Gegenteil: Rosen bloggt, leitartikelt, kolumniert, referiert und doziert fleißig, ja er schreibt sogar – ganz ordinär – auf Papier bedruckte Bücher über die Themen, die alle Medienmacher aktuell umtreiben: Verschwindet die Zeitung? Wie finanzieren wir in Zukunft den Qualitätsjournalismus? Welche Geschäftsmodelle funktionieren im Internet? Wie müssen Verleger mit der aktuellen Krise umgehen? Seiner ungezügelten Interpretationslust ist sicher zuträglich, dass Rosen sich schon immer erfolgreich als Renegat zu verkaufen wusste: Regelmäßig provozierte er mit der These, dass professionelle Journalisten eigentlich überflüssig seien und es den Verlagen an Innovationsgeist mangele – und das auch nur, um im gleichen Atemzug die unzähligen Partizipationsmöglichkeiten des Internets für die Bürger zu loben.

Seine Antworten auf die Frage, wie sich Journalisten der Post-Gutenberg-Ära stellen könnten, klingen gegenüber seinen ausgeschmückten Endzeitszenarien allerdings verblüffend ungelenk – um nicht zu sagen: eindimensional? »Journalisten müssen lernen, unternehmerischer zu denken, eigene Unternehmen zu gründen und allein oder in kleinen Gruppen zusammenzuarbeiten«, erklärt Rosen. Sie seien »abhängige Geschöpfe«, die immer noch an einen ›Big Daddy‹ im Hintergrund glaubten, der für Anzeigenerlöse sorge, Büros und Druckereien bereitstelle, sich um alles kümmere. »Das ist eine ganze Weile gut gegangen, aber einen ›Big Daddy‹ gibt es jetzt nicht mehr. Und jemand anderen, der ihre Probleme löst und sie unterstützt, wird es künftig auch nicht geben«, sagt Rosen. Er hoffe indes sehr, dass die Verlage »Wege finden, die Unterstützung der Bürger in ihre Berichterstattung einzubinden«, und er rechne fest damit, »dass der Journalismus aus der gegenwärtigen Situation gestärkt« hervorgehe. Das große Potenzial – so Rosen knapp und bündig – läge in der »unkomplizierten Teilhabe einer Menge von Menschen«, deren Begabungen sich der Journalismus zunutze machen müsse. »Es ist also alles keine Katastrophe«, resümiert er gönnerhaft: »Es könnte eine Katastrophe für einige Verlage werden, aber mit Sicherheit nicht für die freie Presse als solche.« Wie die Begabungen der Vielen finanziell rentabel ein- und umgesetzt werden sollen, verschweigt er – ebenso wie den Umstand, dass er, Rosen, neben seiner Blogger-Tätigkeit selbst am Tropf eines ›Big Daddy‹, der New York University, hängt und als Journalistikprofessor ein stattliches Einkommen bezieht, das alles auch noch in Festanstellung!

Einer, bei dem Rosen mit seinen bigotten Weissagungen auf wenig Gegenliebe stoßen dürfte, ist Tom Rosenstiel, der gemeinsam mit Bill Kovach das mehrfach prämierte Buch *The Elements of Journalism: What Newspeople Should Know and the Public Should Expect* (2001) verfasst hat, das heute in fast jeder amerikanischen Journalistenschule Bestandteil des Curriculums ist. Rosenstiel leitet das Project for Excellence in Journalism (PEJ) in Washington DC,[16] das mit Unterstützung des Pew Research Center[17] jedes Jahr den *State-of-the-News-Media*-Report mit tief gehenden Analysen zur Lage des US-Journalismus publiziert. Seine Studien zeichneten in den vergangenen Jahren ein immer dramatischeres Bild. Rosenstiel glaubt an die Notwendigkeit ausgebildeter Medienarbeiter und wittert daher im aktuellen Medienwandel mehr als die Gefahr eines simplen Rollentauschs von Laien und Profis: Bei allen Vorteilen, die der interaktive Journalismus mit sich bringt, beunruhigen den ehemaligen Medienkritiker der *Los Angeles Times* neben der wachsenden Abhängigkeit der Presse von den konjunkturellen Schwankungen an der Wall Street die fehlenden Finanzierungsoptionen für Qualitätsjournalismus im Netz: »Es ist einfach nicht klar, wie das Geschäftsmodell der Zeitungsbranche in fünf Jahren aussehen wird, denn Print schrumpft stetig, und Online wächst ökonomisch nicht mit seinem Publikum mit«, so Rosenstiel (WEICHERT 2008a: 15). Er empfiehlt den Verlagen sogar, mit den Online-Nachrichtenanbietern wie *Google News* in den »Krieg zu ziehen« – denn schließlich stehe das Überleben eines ganzen Berufsstands auf dem Spiel. Teil des Problems seien auch Blogs, die auf professionellen Journalismus nur reagierten: Objektivität sei nicht Teil »der neuen Bloggerkultur«, diese müsse sich erst noch ausprägen: »Professionelle Ideale entwickelten sich erst, als Journalisten merkten, dass ihre Arbeit dadurch glaubwürdiger ist. Blogger sind im Prinzip die Journalisten des 16. und 17. Jahrhunderts. Sie befinden sich noch in einem frühen Entwicklungsstadium« (ebd.).

Rosenstiels Freund und Kollegen Bill Kovach, den ehemaligen Leiter des Hauptstadtbüros der *New York Times* und Gründungsvorsitzenden des ebenfalls in Washington ansässigen Journalistennetzwerks ›Committee of Concerned Journalists‹ (CCJ),[18] überkommt beim Gedanken an die digitalen Technologien ebenfalls ein ungutes Gefühl: »Meine größte Sorge und die meiner Kollegen, die das CCJ mit aufgebaut haben, gilt der Art von Journalismus, der eine demokratische Selbstverwaltung garantiert. Wir suchen nach Wegen und Mitteln, damit dieser Journalismus in der Konkurrenz-Atmosphäre, die die rasante Revolution der Kommunikationstechnologien und die profitorientierten Strukturen des Journalismus geschaffen haben, überleben kann« (KRAMP/WEICHERT 2008a). Zu den am meisten gefährdeten Elementen des Journalismus gehört Kovach zufolge die Überprüfung von Nachrichten auf ihre Richtigkeit und Relevanz: »Die schier grenzenlosen, dauerpräsenten Informationskanäle von heute suggerieren seriöse, richtige Information. In Wirklichkeit handelt es sich aber um Kanäle der Fehlinformationen, Täuschung und Propaganda. Es wird für die Öffentlichkeit täglich schwieriger, Dichtung und Wahrheit auseinander zu halten«, findet Kovach. Gleichzeitig erlebten wir »eine Flut an neuen Informationsangeboten, die das Publikum ablenken und es immer tiefer in eine Scheinwelt des ›Feel good‹ und der Genusssucht hineinsaugen. Beide Trends vergiften unsere Demokratie, die mehr als zuvor auf mündige Bürger angewiesen ist.«

Als Antriebsfeder dieser Dystopie à la Huxley macht Kovach folgerichtig Blogs, Videoportale und Social Networks wie *Twitter*, *Facebook* und *YouTube* aus, in denen er zwar durchaus Entwicklungspotenzial für etablierte Medien erkennt, über die er aber auch die berechtigte Frage äußert, ob der Journalismus, wie wir ihn bislang kennen, in diesen Web-2.0.-Umgebungen überhaupt überlebensfähig ist. Noch tiefer in die Materie dringt Eric Alterman vor. Der Professor für Journalismus und Englisch an der City University of New York, angesehene Blogger (*Altercation*)[19] und Kolumnist für verschiedene Qualitätsblätter deutet die aktuellen Veränderungen des Journalistenberufs sogar als Gefahr für unsere demokratische Verfassheit: Besonders kritisch sei es dadurch geworden, dass »Zeitungsunternehmen nicht mehr in der Lage sind, die Kosten für Nachrichtenbeschaffung und -verbreitung aufzubringen«, erklärt Alterman. Das sind seiner Ansicht nach aber »genau die öffentlichen Bereiche, über die wir als demokratische Gesellschaft Informationen beziehen« (KRAMP/WEICHERT 2008b).

Selbst wenn die Online-Zeitung *Huffington Post* dank potenter Anzeigenkunden wie Google, Blackberry oder Hallmark als eine der wenigen inzwischen angeblich schwarze Zahlen schreibt – übrigens zum Ärger vieler Zeitungsleute – mehren sich die Zweifel, ob solche Angebote die über ein ganzes Jahrhundert gewachsene »Prestige-Presse« (SOLA POOL 1970) so schnell werden ersetzen können. Um wie viel willkommener erscheint da der Rettungsanker für den Qualitätsjournalismus, den Jürgen Habermas im Mai 2007 auswerfen wollte, als bekannt wurde, dass die Inhaberfamilien der *Süddeutschen Zeitung* ihre Anteile veräußern. In einem viel beachteten Essay schlug der Sozialphilosoph Alimentierungen durch den Staat oder staatsnahe Organe nach Art des öffentlich-rechtlichen Rundfunks bzw. Stiftungsmodelle vor. Diese müssten ernsthaft in Erwägung gezogen werden, um »das öffentliche Gut der Qualitätspresse im Einzelfall zu schützen« (HABERMAS 2007: 13). Habermas' Appell, der bislang ins Leere lief und weder Politikern noch Medienverbänden größere Aufmerksamkeit abverlangen konnte, wird durch die aktuelle Wirtschafts- und Medienkrise jedoch plötzlich virulent. Die Debatte über neue Anreizmodelle durch den Staat zur Errettung der Zeitungsindustrie nimmt in Deutschland bereits erste Formen an – wovon etwa die im April 2008 vom Staatsminister für Kultur und Medien, Bernd Neumann, und Verlegerverbänden gestartete ›Nationale Initiative Printmedien‹ zeugt, eine Lobby-Initiative zur Förderung der Lesekultur von Printerzeugnissen.

In den USA, wo sich die Krise schon in eine Art Dämmerzustand der Presse verwandelt hat, vertrauen einige Journalisten unterdessen auf das Prinzip Selbstverantwortung und setzen gewissermaßen auf den ›Dritten Weg‹: Paul Steiger, einst Chefredakteur des *Wall Street Journal*, übernahm im Januar 2008 die Leitung des unabhängigen Redaktionsbüros Pro Publica,[20] ein von der Sandler-Stiftung und anderen Spendern mit zehn Millionen Dollar jährlich gefördertes Projekt, das sich in eine journalistische Fördertradition einreiht, die in den USA von Organisationen wie dem Center for Investigative Reporting in Berkeley seit 30 Jahren aufrechterhalten wird (vgl. PÉREZ-PEÑA 2007; WEICHERT/MATSCHKE 2008). Das 27-köpfige Pro-Publica-Team aus Topreportern und investigativen Rechercheuren produziert in Kooperation mit Print-

und Online-Medien sowie Fernsehen und Hörfunk journalistische Beiträge über Fälle von Wirtschaftskorruption und politische Skandale. Ganz ähnliche Ziele verfolgt auch das von Bill Kovach geleitete CCJ, das von der Knight Foundation und der Journalism School der Universität von Missouri finanziert wird. Hauptanliegen des CCJ ist es vor allem, Journalisten weiterzubilden und Redaktionen in puncto Innovationen im Qualitätsjournalismus zu beraten. Derlei Vorzeigeprojekte weisen letztlich auf die wachsende Ratlosigkeit über die Zeitenwende – manche meinen sogar: das Ende des Journalismus (s. Essay Thomas Schuler) – hin, die der gerade erst begonnene Krieg der Blogger-Armee gegen die Massenmedien markiert. Die publizistische Revolution oder besser: Evolution im Internet, die langsam ihren anarchischen Wurzeln entwächst, ist dabei untrennbar mit den Protagonisten des Web 2.0 und dessen ureigener Entstehungsgeschichte verbunden.

III. Geschichte des Web 2.0: Das Manifest des Graswurzel-Journalismus

Das Mitmach-Web kam im Frühjahr 2004 zur Welt, auf einer unscheinbaren Programmierer-Konferenz in Südkalifornien. Einer der Organisatoren der Veranstaltung, Tim O'Reilly, sah als einer der ersten die neuen Qualitäten, die da im Netz aufzogen – ihm war klar, dass die bisherige Geschichte des Internets umgeschrieben werden musste. Die Änderungen brachte O'Reilly in wenigen Schlagworten auf den Punkt: Das Internet wird zur Plattform, die Nutzer kontrollieren ihre eigenen Daten und teilen diese; an die publizistische Kontrolle weniger Urheber treten Verlinkung, Kommentierung und die Teilhabe vieler. Künftig sollten nicht mehr nur wenige professionelle Akteure – Verlage, Musiklabel, TV-Konzerne – bestimmen, was im Netz zu lesen, hören, sehen oder kaufen ist. Die Nutzer sollten selbst zu Produzenten werden – und über Empfehlungen und Querverweise mitbestimmen, was genutzt wird. Nur wenige Jahre später gelten diese dezentralen und demokratischen Qualitäten im Zeitalter des Web 2.0, das opake Branchenriesen wie *Google, YouTube, eBay, Yahoo!, Facebook* und *amazon* hervorgebracht hat, als Binse. Was O'Reilly damals jedoch vorschlug, erschien als unerhört: die Neuauflage des soeben erst gescheiterten Online-Versprechens einer digitalen Gesellschaft, die Richard Sennett bereits 1998 in seinem Buch *Der flexible Mensch* vorausgeahnt hat.

Die Internet-Blase war kurz zuvor an den Börsen geplatzt – die De-facto-Übernahme des weltgrößten Medienkonzerns Time Warner durch das damalige Web-Start-up AOL für einen dreizehnstelligen Dollarbetrag, angekündigt im Januar 2000, markierte den Höhepunkt der Web-Euphorie. Nun begann das Aufräumen. Firmen wie EM.TV, Biodata oder *Broadcast.com*, die mit milliardenschweren Börsenkursen, jedoch keinen nennenswerten Geschäften aufwarten konnten, wurden liquidiert und eingedampft. Der Strudel der Ereignisse verschonte die restliche Medienbranche – Zeitungen, TV, Radio – nicht: Die erste Rezession der Werbeeinnahmen seit gut 15 Jahren stand vor der Tür, die kurz zuvor erweiterten Redaktionen wurden hernach ausgedünnt: Die Jugendbeilage *jetzt* und die NRW-Ausgabe der *Süddeutschen Zeitung* verschwanden ebenso wie die ›Berliner Seiten‹ der FAZ. Und doch war eine gewisse Erleichterung in den Chefetagen zu verspüren – die große Angst vor dem Internet, das binnen weniger Jahre alle alten Medien ersetzen sollte, war offensichtlich unbegründet. Man berauschte sich statt an schwindelerregenden New-Economy-Notierungen jetzt an Husarenstreichen wie dem des aus Ägypten stammenden Medienunternehmers Haim Saban, der den deutschen TV-Großkonzern ProSiebenSat.1 Media AG für ein Handgeld übernahm und kurze Zeit später mit Milliardengewinn wieder verscherbelte.

Wie so oft liegt im Niedergang zugleich ein Neubeginn. Während hierzulande die Medienmanager im Zeichen der Krise auf die analogen Ertragsbringer setzten, erkannte O'Reilly früh den sich abzeichnenden Paradigmenwechsel. Als Vorkämpfer hatte er da gewissermaßen schon Routine: Der studierte Altertumswissenschaftler publizierte bereits 1992 – das World Wide Web bestand gerade einmal aus einigen hundert Seiten – das erste Online-Buch. Dieser Pioniertat folgt ein Jahr später sein *Global Network Navigator*, die erste Webseite, die überhaupt Online-Werbung schaltete. Nach dem Verkauf des Portals an AOL widmete er sich wieder den Programmiersprachen. Um die von ihm entwickelte Skriptsprache Perl zu promoten, gründete er 1998 wiederum etwas, was die heutige Kommunikationsbranche maßgeblich prägt: Die Open Source Convention sollte den Austausch und die Entwicklung von freier, kostenloser Software populär machen. Was Ende der 1990er-Jahre noch visionär anmutete – kurz zuvor hatte Netscape den Quelltext seines Webbrowsers offengelegt, um auf diesem Wege mit der übermächtigen Konkurrenz des Internet Explorers bestehen zu können – kennzeichnet heute die Medienmärkte. Angefangen bei Marktführer *Google* über *flickr*, *Twitter* und *MySpace* versuchten die Anbieter, die ›Weisheit der Vielen‹ und ihre vernetzte Arbeits- und Kommunikationsweise zu nutzen.

Die Verbindung der Nutzer und deren Einbeziehung, sprich: das Abbilden der gesellschaftlichen Kommunikation – zwischen Einzelnen und über die Massenmedien – steht nun im Fokus der Branche. Daher war es nur noch eine Frage der Zeit, bis die Schockwellen des Mitmach-Webs auch die klassischen Zeitungs-, Radio- und TV-Unternehmen erreichen sollten. Anfangs versuchten sich die Medienhäuser noch mit eher tapsigen Online-Auftritten der neuen Zeit zu stellen. Die eigenen Inhalte galten als zu wertvoll, um sie kostenlos den treuen Kunden zur Verfügung zu stellen. Man könnte ja zahlende Abonnenten und Zuschauer verprellen! Wegbereiter wie der *Perlentaucher* (s. Porträt Chervel) oder die *Netzeitung* blieben entgegen erster Prognosen sehr lange Jahre allein auf weiter Flur.

Das Auf und Ab des deutschen Online-Journalismus lässt sich nirgends sonst so gut beobachten wie an der *Netzeitung*. Das ›Blatt‹, nach eigenen Angaben lange Zeit die einzige ausschließlich im Internet erscheinende Tageszeitung, wurde 2000, noch zu Hochzeiten der New Economy gegründet, angelehnt an das Vorbild der *Nettavisen.no*, einer reinen Online-Zeitung aus Norwegen. Chefredakteur wurde Michael

Maier, der zuvor schon bei *Stern* und *Berliner Zeitung* das Sagen hatte. So journalistisch solide die *Netzeitung* sein wollte, so bewegt war ihre ökonomische Performance. Noch in der Gründungsphase ging das Mutterhaus der Publikation in die Hände von Lycos Europe über – dem Suchportal, das vielen nur durch seinen Börsengang mit einem spektakulär hohen Ausgabepreis in Erinnerung geblieben ist. Nächster Eigentümer war der Fachverlag BertelsmannSpringer, der wiederum 2003 an das Private-Equity-Haus Cinven veräußert wurde. Daraufhin übernahmen Maier und Ralf-Dieter Brunowsky die Online-Zeitung über einen Management-Buy-Out selbst.

Im Juli 2005 stieg dann die norwegische Orkla-Gruppe bei der *Netzeitung* ein und wiederum machten die Redakteure mit einem Finanzinvestor Bekanntschaft: David Montgomery integrierte das Blatt in seine Mecom-Medienholding, die fortan eher mit äußerst ehrgeizigen Renditezielen und drastischen Einsparmaßnahmen auffiel als mit journalistischen Glanzleistungen. Nachdem bereits zum Jahresende 2008 den 15 freien Mitarbeitern der *Netzeitung* gekündigt wurde, teilte das Mecom-Blog der Gewerkschaft verd.di kurz vor Weihnachten unter Berufung auf interne Quellen mit, dass auch die acht festangestellten Online-Redakteure mit Entlassungen zu rechnen hätten.[21] Gleichzeitig wurde die seit dem Jahr 2000 erscheinende Medienkolumne *Altpapier*, in der Branche wegen ihrer süffisanten Kommentare allseits geschätzt, zum 22. Dezember vorsorglich eingestellt – allerdings nicht ohne ein fulminantes Abschiedsfeuerwerk in Form eines orakelnden Jahresausblicks auf 2009 zu zünden.[22] Online habe im Moment keine Priorität, ließ der Verlag zwischendurch erklären. Eine bittere Ironie: Gerade in dem Moment, wo das Internet im Massenmarkt angekommen ist und die etablierten Medienhäuser aggressiv in die digitale Sphäre vorstoßen, wird der jahrelange Pionier in die Ecke verwiesen. Mit dem Dahinsiechen des digitalen Hoffnungsträgers wurde auch ein zwischenzeitlich gehyptes Geschäftsmodell zu Grabe getragen: David Montgomery, der als erste ›Heuschrecke‹ im deutschen Mediengeschäft gilt, hatte sich mit seinen Plänen einer nationalen Zeitungskette – beliefert von wenigen Journalisten und finanziert über wenig Eigenkapital und viele Schulden – heftig verspekuliert. Nachdem bereits Mitte 2008 klar war, dass diese Leveraged Buy-Outs im Mediensektor an ihre Grenzen stießen (LINGEMANN/ZABEL 2008), wurde im Januar 2009 bekannt, dass sich ›Monty‹ endgültig aus Deutschland zurückzieht. Der deutsche Zweig der britischen Mecom-Group – die Deutsche Zeitungsholding (*Berliner Zeitung, Berliner Kurier, Hamburger Morgenpost, Netzeitung*) – ging für 152 Millionen Euro an die Kölner Verlagsgruppe M. DuMont Schauberg (*Kölner Stadt-Anzeiger, Express, Frankfurter Rundschau*). Zu sehr ächzte die Gruppe unter der Schuldenlast von über 600 Mio Euro.

Ungeachtet oder besser: Gerade wegen solcher Wirtschaftspleiten haben die Verlage quer durch die Republik mittlerweile begriffen, dass die digitalen Märkte erobert werden wollen. Vordenker wie Hubert Burda erkannten schnell, dass sich hier ein großer Markt auftut;[23] der Holtzbrinck-Verlag griff sich über seinen Venture Capital Fund für den Schnäppchenpreis von 55 Millionen Euro den Marktführer der deutschen Social Communities, *studivz*. Und auch Axel-Springer-Chef Mathias Döpfner zeichnet eine digitale Zukunftsversion für sein Haus – nachdem er 2006 noch erfolglos versucht hatte, sich ProSiebenSat.1 einzuverleiben und sich auch der Ausflug ins Postgeschäft mit der Pin AG als Milliardenflop erwies. Doch spätestens ab 2007 hieß es in allen Medienhäusern: ›online first‹. Und das betrifft auch und – darf man den Sonntagsreden glauben – vor allem den Journalismus. Das erste Problem drängt sich jedoch schnell auf: Wer ist zuständig, die Zeitungs- oder doch eine eigene Online-Redaktion? Denn bislang tat sich die Presse, deren Gewerkschaft Anfang der 1990er-Jahre noch gegen den Computer und das Entfallen der Druckvorstufe kämpfte, schwer, neue Berufsbilder zu integrieren. Bis vor Kurzem saßen in vielen Verlagen Onliner und Zeitungsjournalisten noch in getrennten Büros, mitunter sogar in unterschiedlichen Stadtteilen. Und nach wie vor dominieren in den meisten Redaktionsstuben traditionelle Rollenbilder und Recherchetechniken. Die

Integration von Online-Journalisten ist also noch lange nicht abgeschlossen; der Hautgout, ›nur‹ für das Internet zu schreiben, ist vor allem in der regionalen Presse weiterhin präsent. Die junge Generation ist da schon weiter: Die Vorstellungen der Journalistenschüler von Hamburg bis Offenburg sind auf die multimediale Realität gerichtet (s. Essay von Annette Milz).

Das lange Zögern der Monopolverleger schaffte wiederum Raum für Quereinsteiger, die zunächst außerhalb des etablierten Medienzirkus ihr eigenes Ding drehen wollten. Die jungen Mediendienste *dwdl.de* und *turi2* gehören genauso dazu wie die populären Blogs *Basic Thinking* oder *Blogbar.de*. Sie haben vor allem verstanden, dass das Internet nicht nur ein neuer Kanal ist, der befüllt werden will. Es ist auch mehr als eine Meta-Plattform, die Print, TV und Radio zusammenführt: Auch wenn bei der Frage nach dem »Verschwinden der Zeitung« (MEYER 2004: 16), das der amerikanische Presseforscher Phil Meyer auf die kommenden 20 bis 30 Jahre taxiert (vgl. WEICHERT/ KRAMP 2009), häufig das Riepl'sche Gesetz ins Feld geführt wird, darf bezweifelt werden, dass die derzeitigen Umwälzungen mit den bisherigen Transformationsprozessen im Medienbereich ohne Weiteres vergleichbar sind. Das Internet ist nicht einfach ein neues, höher entwickeltes Medium; vielmehr saugt es alle bestehenden Massenmedien in sich auf, deutet sie um und definiert deren Ausdrucksformen und publizistische Wirkung neu. Es bietet also mehr als die Verklitterung vom passiven TV-Konsum und Zeitungslektüre am Frühstückstisch; es ermöglicht völlig neue Formen der journalistischen Produktion, Distribution und vor allem Interaktion. So sind die Enthüllungen des *Bildblog* nicht Ausfluss einer überdimensionierten Redaktion von investigativen Journalisten, sondern stammen größtenteils von Lesern, die dem Blatt meist kritisch gegenüberstehen. Ohne die externe Hilfe wäre ein solches Produkt gar nicht möglich, wie Deutschlands bekanntester Blogger, *Bildblog*-Gründer Stefan Niggemeier, selbst gerne betont (s. Porträt Niggemeier).

Die Potenziale dieses partizipativen Journalismus lassen sich bereits heute länder- und medienübergreifend betrachten. So bietet etwa der *iReport* von CNN[24] – eine Online-Community, die sich getreu des Mottos ›Unedited. Unfiltered. News.‹ ganz auf den ›TV citizen journalism‹ gestürzt hat – ein *YouTube*-artiges Forum für Kurzberichte, Schnappschüsse und Augenzeugenvideos. Die Seite, die auf eine journalistische Auswahl von Amateurvideos und -fotos setzt, schaffte den Durchbruch im April 2007, als der Student Jamal Albarghouti ein Handy-Video hochlud, das die Polizei bei der Erstürmung des Gebäudes der Virginia Tech High School zeigt. Das Live-Dokument – aus dem Inneren waren noch die Schüsse auf einen Amokläufer zu hören – war nicht nur auf der Seite von *iReport* zu sehen, sondern landete auch im CNN-Hauptprogramm. Das wichtigste Marketingtool bleibt dabei die massenmediale Verwertungsschleife. Die Sucht nach den öffentlichen ›15 Minutes of Fame‹ nutzt CNN geschickt aus: Ein Team von Webredakteuren durchforstet die Community, die sehenswerten Clips werden schließlich mit einem ›ON-CNN‹-Logo geadelt. Das bedeutet, dass die Inhalte von den CNN-Kabelkanälen übernommen oder als On-Demand-Angebot auf den verschiedenen Webseiten der Sendergruppe präsentiert werden.

Die journalistische Kernleistung an ›Laien‹ auszulagern hat in der Medienbranche Tradition. Die schwachbrüstigen französischen Regionalzeitungen setzen seit Jahrzehnten auf Mitarbeiter, die ohne journalistische Ausbildung über solche Ereignisse in kleinen und Kleinst-Orten berichten, die auch mit Ein-Mann-Redaktionen nicht mehr abgedeckt werden können. Während dort aber die Anreizstrukturen (ein bisschen Geld, Ruhm) den Verlagen noch eine recht große Einfluss- und Kontrollmöglichkeit eröffnen, müssen die viel flüchtigeren digitalen Zuarbeiter umgarnt und gepflegt werden. Der sogenannte ›grassroots journalism‹, wie ihn der Internet-Guru Dan Gillmor 2004 in seinem Manifest *We the Media* beschrieb, erweitert die Teilhabe der Bürger an Herstellung und Auswahl der Medien – diese sehen sich daher als Akteur auf Augenhöhe. Selbst die breitere, halb-passive User-Community gibt sich nicht mehr mit Leserbriefredakteur oder Ombudsmann zufrieden. Eine potenziell tagesfüllende Aufgabe: Die Kommentarbereiche unter Online-Artikeln müssten fortlaufend gepflegt werden, konzedierte *tagesspiegel.de*-Redaktionsleiterin Mercedes Bunz (s. Porträt Bunz) Ende August auf der Medienwoche 2008, sonst würden diese »zugeschmiert wie eine Klowand«.

Erschöpft sich die Internet-Publizistik also in einer journalistisch betreuten Selbsthilfegruppe ohne öffentlichen Auftrag? Nicht ganz, denn neben der Vernetzung, die gerade das Web 2.0 kennzeichnet, eröffnen sich neue journalistische Möglichkeiten etwa in der halbautomatischen Aufbereitung von öffentlich zugänglichen Daten, dem sogenannten ›data mining‹. Dies war bislang recht mühsam – weil die Zusammenführung verstreuter Fakten logistisch äußerst aufwendig ist.[25]

Die Komposition von Einzelinformationen, das methodische Auswählen und zweckmäßige Nachprüfen lassen sich künftig durch intelligente Verknüpfung (fast) per Knopfdruck erledigen. Dies wird paradoxerweise durch die Datensammelwut öffentlicher Einrichtungen erleichtert. Der amerikanische Journalist Walter Lippmann betonte bereits 1922 die Bedeutung öffentlicher Quellen für die Meinungsbildung: Die Recherchemöglichkeiten der Medien seien letztlich doch recht beschränkt, sie seien daher auf öffentliche Stellen angewiesen, die nicht wie die Presse mit »dem Strahl eines Suchscheinwerfers, der sich ruhelos im Kreise bewegt und bald die eine, bald die andere Episode aus dem Dunkel ans Licht bringt« (LIPPMANN 1964: 247), recherchieren. So ordnet etwa der privat betriebene Webdienst *everyblock.com* unter anderem die aktuellen Verbrechensmeldungen der Polizei auf einer Karte der Stadt an – damit erhalten die Bürger einen Überblick über die gesamte Kriminalitätsrate und nicht nur über wenige, spektakuläre oder skurrile Verbrechen, die in den Massenmedien reportiert werden. Die Informationen lassen sich lokal aufbereiten; der Nutzer kann sich etwa informieren, wie sicher sein Wohnviertel ist.

Wie schwierig die Eroberung der digitalen Sphären für die etablierten Vertreter der Publizistik ist, zeigt sich überdeutlich im Videobereich. Insbesondere die deutschen Printhäuser tun sich bislang schwer, ins Audiovisuelle vorzustoßen. Das hatten die Verlage bereits in den 1980er- und 1990er-Jahren versucht, mit Ausnahme weniger Prestigemarken wie *Spiegel TV* oder *Stern TV* allerdings ohne Erfolg. Damals wie heute fehlt es nicht an journalistischer Recherche. Allerdings will die mediale Umsetzung gelernt sein, und das kostet Geld – zumal im Online-Bewegtbild Ästhetik und Interaktion deutlich an Gewicht gewinnen, auch bei Informationsangeboten (ZABEL 2008). Die meisten Online-TV-Portale wirken jedoch eher wie Schnellschüsse, bestückt mit bestehendem, selten mit frischem Personal. Da schicken Zeitungshäuser altgediente Printjournalisten zu TV-Interviews durch die Republik – dementsprechend hölzern wirken auch viele der Angebote, bis hin zur hüftsteifen Vertonung. Für die Verlage stellt sich die Frage, ob sie den Geburtswehen eines neuen Mediums beiwohnen, sozusagen das RTL der Online-Welt mit aus der Taufe heben, oder am Sterbebett des ›Verlegerfernsehens 2.0‹ stehen.

Denn im Internet treffen die Verlage auf eine TV-Branche, die das Bewegtbild als ihre ureigenste Domäne begreift. Der öffentlich ausgetragene Streit zwischen ARD/ZDF und Verlegern um die ›elektronische Presse‹ war in dieser Hinsicht eine skurrile Debatte – denn zukünftig, da sind sich alle Visionäre einig, wird es online weniger um den Text als vielmehr um bewegte Bilder gehen. Allerdings haben sich die Pressehäuser mit den Öffentlich-Rechtlichen grundsätzlich wohl den richtigen Konkurrenten ausgesucht: Die Online-Angebote des Privatfunks entsprechen weitgehend journalismusfreien Zonen, wenn man begleitend-werbende Berichterstattung für Unterhaltungsformate wie *Popstars*, DSDS und *Germany's Next Topmodel* außer Acht lässt. Kurznachrichten finden sich zwar auch auf fast allen Websites, diese gehen jedoch kaum über das hinaus, was einem E-Mail-Portale wie AOL ebenfalls gratis offerieren. Die aufgepeppte Informationsleistung, die die privaten Anbieter mit Formaten wie RTL *Aktuell* und den gesetzlich oktroyierten Sendeschienen (mit Angeboten wie *Spiegel TV*) erbrachten, sucht man bei deren Web-Auftritten weitgehend vergebens. Da ist die Bedrohung durch die Öffentlich-Rechtlichen ungleich größer: Diese müssen den immensen Output ihrer zehntausendköpfigen Journalistenarmada bloß online verfügbar machen.

IV. Die Medienhelden von heute: Typologie der ›Alpha-Journalisten 2.0‹

Die digitalen Bedingungen, das lässt sich medienübergreifend sagen, verändern somit vor allem den klassischen Journalismus, der noch ganz analog an den Kunden gebracht wird. Und das von Peter Glaser geprägte Bonmot »Die Welt ist eine Google« (2005)[26] findet gerade dort seine Entsprechung, wo journalistisches Handwerk seine Wurzeln hat: Bei der Recherche stützen sich Journalisten zunehmend auf die sich selbst generierenden Inhalte des Internets; unermüdliches Googeln, gegenseitiges Verlinken und die Eins-zu-eins-Abschrift von *Wikipedia*-Einträgen haben den journalistischen Arbeitsalltag von Grund auf verändert. Es verwundert also kaum, dass die neuerliche mediale Tektonik – das zeigen die Porträts in diesem Band – die Konturen der Profession langsam aber sicher zum Aufplatzen bringt. Die Medienhelden von heute begleiten und gestalten den fundamentalen Wandel hin zu einer völlig neuen Journalismuskultur, deren verstreute Elementarteilchen die – auch diesmal nicht repräsentativen, wohl aber typischen – biografisch-soziologischen Momentaufnahmen in diesem Buch einfangen.

›Männerdomäne‹ Internet

Die Qualifizierungslücke im Umgang mit dem relativ jungen Medium ›Internet‹ spiegelt sich bei den porträtierten Leitwölfen des Online-Journalismus wider. Viele der Führungspositionen werden mit erfahrenen Kollegen aus den alten Medien besetzt. Wie zu Beginn des Privatfernsehens zählt die journalistische Kompetenz an sich. Die mediengerechte Aufbereitung wird diesen Personen ohne Weiteres zugetraut – zwangsläufig auch ohne entsprechenden Erfahrungsnachweis. Vor allem die Online-Bereiche der großen Zeitungen setzen mit Hans-Jürgen Jakobs, Frank Thomsen oder Wolfgang Blau auf gestandene Blattmacher. Theoretisch und handwerklich avancierte Denker sind relativ selten, werden aber gerne genommen. Mit Mercedes Bunz und Katharina Borchert sind zwei Frauen in verantwortliche Positionen berufen worden. Das überrascht, sind die Spitzenfunktionen doch, wie ein Blick auf das Establishment im Journalismus (WEICHERT/ZABEL 2007) zeigt, in der Hand des starken Geschlechts, gerade in der vermeintlichen ›Männerdomäne‹ Internet.

Zwischen Nomadentum und Berlin-Pressure

Das körper- und geografielose Netz eröffnet zudem neue Freiheitsgrade. Die tonangebenden Akteure der ›alten‹ Medienwelt saßen in den etablierten Medienmetropolen, in Berlin und München, Hamburg, Köln und Frankfurt. Diese regionale Verfasstheit erwies sich als äußerst dauerhaft. Hamburg und Frankfurt, die sich in der Frühphase der Bundesrepublik bzw. noch in der Weimarer Republik als publizistisch zentrale Orte etablierten, konnten auch 2007 noch dem medialen Sog der Hauptstadt widerstehen. Das digitale Nomadentum fällt bei den Online-Journalisten hingegen deutlich ins Auge: Die führenden Vertreter sitzen zwar auch in den großen Medienstädten, sind aber ebenso in kleinen hessischen Dörfern zu finden; Online-Portale wie *Der Westen* entstehen im publizistisch zuletzt eher unverdächtigen Essen, mitten im Pott. Die bisherigen publizistischen Agglomerationsfaktoren wie die Nähe der Journalisten zueinander und zur politischen Macht, verlieren scheinbar an Bedeutung. Die Organisation in Online-Gemeinschaften, der Austausch über Feeds und Tweets, Blogrolls und Profile ersetzt für einige offensichtlich die tradierten Orte der Macht. Das ist die eine Seite der Medaille. Auf der anderen ist eine Potenzierung des ›Berlin-Phänomens‹ zu beobachten: die gesteigerte Verquickung von Entertainment und Journalismus, auf Äquidistanz zu etablierter Politik und Medien sowie deren geteilter Orte wie den Nobelrestaurants Borchardt und Bocca Di Bacco. Dort lässt sich eine brummende Szene beobachten, die fernab von klassischen Rollenbildern – und Erlösmodellen – aber unter ständiger Peer Pressure in den neuen Medien herumwerkelt. Holm Friebe (s. Porträt) gehört genauso dazu wie Sascha Lobo, Markus Beckedahl (s. Porträt) und Mercedes Bunz (s. Porträt) – bekannte Gesichter auch von den Medienkonferenzen-Panels zur Zukunft des Journalismus.

Klassenkampf kontra Klimawandel

Diese gefühlte Koalition basiert einerseits auf einem Generationeneffekt, der scheinbar zufällig mit einem technologischen Bruch einhergeht. Die neuen Wortführer, viele von ihnen Mittdreißiger, stehen vor der Aufgabe, sich in der zunehmend formierten Medienbranche zu positionieren, denn die Fleischtöpfe in Print und TV sind verteilt – und weit weniger ergiebig als früher. Das geht immer nur als ›Aufstand gegen die Alten‹. Die 68er haben dies damals mustergültig mit einem politischen Umbruchprozess kombiniert, nun bedienen sich die journalistischen Jungtürken der Technologie, um ihr Ziel zu erreichen. Einige der neuen Akteure umgehen die etablierten Hierarchien ganz und machen sich direkt zum Chefredakteur ihres eigenen Mediums, mit vollem Risiko. Das publizistische Establishment analoger Medien mit Haudegen wie Helmut Markwort oder Josef Joffe und die Riege der charismatischen Forty-Somethings wie Georg Mascolo, Mathias Müller von Blumencron oder Giovanni di Lorenzo, die inzwischen in den Chefetagen von Redaktionen und Verlagen aufgeschlagen sind, wird dicht gefolgt von der nächsten Journalistengeneration unter den ›Alpha 2.0‹, die sich haupt- oder nebenberuflich eher in Netzwerken zusammenschließt, als sich in der Massenpublizistik zu verorten. Damit erweitert sich auch das publizistische Selbstverständnis: Biografisch-soziologische Reizthemen sind heute nicht mehr – wie in der Kohorte der Altmeister – Klassenkampf und Konsumkritik, sondern Klimawandel, Wirtschaftskrise und internationaler Terrorismus.

Blogger: Korrektiv der ›Mainstream-Medien‹

Neben Generationsunterschieden wandeln sich auch die Rollen- und Selbstbilder unter den Online-Leitwölfen. Während allgemein eine Tendenz zu einer zurückhaltenden Berufsauffassung unter Journalisten nicht von der Hand zu weisen ist (vgl. WEISCHENBERG/MALIK/SCHOLL 2006) – diese sehen sich zunehmend eher als neutrale Vermittler denn als investigative Kontrolleure der öffentlichen Meinung – treffen im Online-Kosmos zwei neue Selbstverständnisse aufeinander: Neben der tradiert journalistischen Kultur ist dies die Blogger-Szene, die sich durch Non-Konformismus, gesteigerte Meinungsfreude und oft auch Ablehnung langatmiger redaktioneller Prozesse auszeichnet. Dabei weichen hiesige Blogger erheblich von der Szene in den USA ab. Dort begreifen sich die Blogger als notwendiges Korrektiv der ›Mainstream-Medien‹. Letztere seien, so der Vorwurf, nur noch von Profitgier getrieben und könnten den Kernauftrag der Presse daher nicht mehr wahrnehmen bzw. wollten dies auch nicht mehr, da sie – je nach Perspektive – einem der großen politischen Lager längst anheim gefallen seien. Wo die einen den ›Liberal Bias‹ der Networks NBC, CBS und ABC vermuten, unterstellen die anderen eine konservative Medien-Verschwörung in den Talkradios und dem rechten Nachrichtenkanal FOX NEWS. Der Zustand der journalistischen Inhalte-Produktion ist in Deutschland jedoch – trotz aller berechtigten Kritik – ungleich besser, sodass einer entsprechenden Anti-Sozialisierung der Blogger die Wucht fehlt. Stefan Niggemeiers populäres *Bildblog* ist in dieser Hinsicht eher die Ausnahme als die Regel.

Laien vs. Profis

Das hat auch zur Folge, dass die Blogger-Szene – von branchenbefruchtenden Diskussionsplattformen wie *turi2.de* und *meedia* einmal abgesehen – verhältnismäßig selten in die weitere Öffentlichkeit vordringt. Das zeichnet sich insbesondere an ihren bevorzugten Themen ab: Hier stehen eher Technik- und Nettzaffinität (wie Internet-Regulierung, Datenschutz etc.) im Vordergrund – stark gelesene Blogs zur Gesundheitsreform oder zur aktuellen Wirtschaftspolitik vermisst man hingegen. Nichtsdestotrotz begreifen sich beide Gruppen – Laien und Profis – häufig als Gegner, in einer Mischung aus Angst um den eigenen Status (Journalisten) und fehlender Anerkennung durch die andere Seite (Blogger). Grenzgänger müssen sich in dieser Gefechtslage verorten, um nicht zwischen die Mühlen zu geraten. Das fällt zunehmend schwer – sind Robert Basic (*Basic Thinking*), Thierry Chervel (*Perlentaucher*), Thomas Knüwer (*Indiskretion Ehrensache*) oder Florian Rötzer (*Telepolis*) Blogger oder Journalisten? Noch zu wenig werden diese Zuschreibungen als komplementäres Ausdruckinstrument begriffen.

Eigeninitiative statt staatlicher Beihilfen

Einen durchgängigen Merkmalszug gibt es dann aber doch: Die porträtierten ›digitalen Leitwölfe‹ stehen den klassisch staatlichen Strukturen deutlich reservierter gegenüber. Dies mag zum einen Konsequenz der generationellen Verfasstheit sein. Die Jungen nehmen klassenkämpferische Sicherheitsversprechen im Zeitalter der Globalisierung nicht für bare Münze, zudem erleben die Überwachungsfantasien der 1970er-Jahre im Digitalen nun ihre mögliche Realisierung – eine Gefahr, deren Auslöser überwiegend staatlichen Stellen zugeschrieben wird. Und schließlich ist diese Haltung auch mit einem neuen gefühlten Lebensmodell verbunden, das stärker auf Eigeninitiative und Unternehmertum denn auf korporatistische Karrierewege setzt. Die digitale Boheme um die Zentrale Intelligenz Agentur (ZIA) in

Berlin steht den DJV-geschützten Journalisten kontrastiert gegenüber und versucht die Frage nach der Stagnation der etablierten Publizistik mit einer Vorwärtsbewegung zu beantworten: Wenn die Sozialstandards langfristig nicht zu halten sind, so die Devise, dann wollen wir wenigstens unsere Freiheit haben! Die staatlichen Minimalleistungen werden dort als Garantie hingenommen, große Sympathien werden den öffentlichen Händen allerdings nicht entgegengebracht.

Publizistische Selbstveredelung oder Einsiedlertum?

Die Elite-Journalisten balancieren das Öffentliche und das Private sehr unterschiedlich aus. Einige Online-Novizen wie Matthias Matussek (s. Porträt) haben ihre berufliche Prominenz mit sichtbaren Starallüren durch ein wohlkalkuliertes System der publizistischen Selbstveredelung perfektioniert, andere wollen zwar öffentliche Wirkung erzielen, jedoch unerkannt bleiben. Während eloquente Online-Chefredakteure wie Jochen Wegner, Jörg Sadrozinski oder Hans-Jürgen Jakobs deutschlandweit auf Web-2.0-Kongressen und Medien-Panels eifrig über die Zukunft des Journalismus räsonieren, agieren Alpha-Blogger wie Stefan Niggemeier, Robert Basic und *Don Alphonso*, aber auch Internet-Urgesteine wie Florian Rötzer (*Telepolis*) und Peter Glaser eher im Verborgenen. Dennoch sind die meisten Alpha-Tiere des Internets begnadete Netzwerker: Journalisten-Portale wie das von Jochen Wegner gegründete *jonet* oder der von Markus Beckedahl ins Leben gerufene Blogger-Kongress *re:publica* erlauben ein bundesweites Networking über die Online-Hochburgen in Berlin, Hamburg und München hinaus.

Alternative Berufsfelder und Schlüsselqualifikationen

Auch die professionellen Herausforderungen, mit denen sich die neuen Protagonisten konfrontiert sehen, unterscheiden sich gravierend und verändern den Journalismus in seinem Kern: *Die Alpha-*

Journalisten 2.0 sind durch das Internet sozialisiert worden und müssen sich mit dem allmählichen Verschwinden von Zeitung, Radio und Fernsehen abfinden. Zugleich werden im Online-Journalismus inzwischen mehr und viel schneller politische Themen umgewälzt als dies noch vor einem Jahrzehnt der Fall war – *SPIEGEL ONLINE* ist in Deutschland eine der treibenden Kräfte dieser Entwicklung (vgl. KRAMP/WEICHERT 2008c). Neben dem veränderten Arbeitsalltag, der sich vor allem durch die technologischen Neuerungen ergibt, kristallisieren sich zugleich alternative Berufsfelder heraus: Das Tätigkeitsprofil eines ›Community-Redakteurs‹ resultiert etwa aus den neu entstehenden Interaktionsweisen zwischen Journalisten und Nutzern, die Redaktionsleiter von Jugendportalen – etwa Dirk von Gehlen (*jetzt.de*, s. Porträt) – rege einsetzen, und die das Internet erst ermöglicht. Die globalisierten Online-News haben zudem das Berufsbild des ›Krisenreporters‹ erforderlich gemacht, das Reporter wie Matthias Gebauer von *SPIEGEL ONLINE* (s. Porträt) über Kriege und Katastrophen in Echtzeit berichten lassen. Dabei wird von Journalisten erwartet, dass sie wie selbstverständlich mit Tönen, Texten und Bewegtbildern umgehen können – die Kombination dieser Darstellungsformen avanciert zur Schlüsselqualifikation der Zukunft. Auch multimediale Plattformen wie der *Elektrische Reporter*, verkörpert von Mario Sixtus (s. Porträt) und seiner Internet-TV-Firma Blinkenlichten, bringen diese Kompetenzen zum Ausdruck.

V. Wohl und Wehe eines neuen Qualitätsjournalismus

Der Journalismus, das zeigen die Porträts der *Alpha-Journalisten 2.0*, durchleidet den wohl dramatischsten Umbruch seit Erfindung des Fernsehens. Diesen Wandel eine Medienrevolution zu nennen, ist wohl kaum übertrieben. Gerade der Blick auf die Krise in den USA verdeutlicht die Heftigkeit der Ausschläge: Einige Zeitungen verschwinden von der Bildfläche, die Gesamtheit der traditionellen

Medien ist inzwischen online, neue publizistische Felder mit kostengünstigen ökonomischen Rahmenbedingungen werden erschlossen. Dadurch wird sich auch das Machtgefüge derjenigen ändern, die diesen Medienwandel in unserem Land maßgeblich steuern und prägen. Gerade die kommenden Leitfiguren der Branche, die Teil einer aufstrebenden, anders denkenden Medienelite sind (selbst wenn viele von ihnen sich niemals einer ›Elite‹, allenfalls einer ›digitalen Boheme‹ zuschreiben lassen würden), werden selbst zu Motoren eines Wandels, der das Profil des traditionellen Journalismus langsam, aber stetig verblassen lässt. Neben die altbekannten Gretchenfragen der politischen Positionierung und journalistischen Haltung tritt plötzlich die medienimmanente Verortung: Nun sag, wie hältst du's mit den bloggenden Laien? Multimedial, audiovisuell oder doch lieber ganz nüchtern textuell?

Diese neue publizistische Kohorte ist jedoch längst aus den Träumen eines digitalen Wunderlandes erwacht. Es überrascht daher kaum, dass Politik nach dem Fun-Jahrzehnt der New Economy wieder groß geschrieben wird. Nur wenige wagen sich dabei an allumfassende Formen der Gesellschaftskritik wie sie etwa Holm Friebe und die ZIA propagieren – wohl auch, weil ihre Entwürfe nur schwer außerhalb der akzeptierten Grundkonstanten des Sozialstaates denkbar sind (da ist die ZIA keine Ausnahme). Allerdings, das zeigte jüngst der Online-Propagandakrieg zwischen China und westlichen Tibet-Unterstützern im Umfeld der Olympischen Spiele und die Wahl des Internet-affinen Barack Obama zum 44. Präsidenten der USA, werden die zentralen realpolitischen Fragen zunehmend über das erweiterte Medium ›Internet‹ artikuliert. Von der Gussform einer öffentlichen Arena, wie sie die etablierten Massenmedien gerne darstellten, ist jedoch – zumindest vorläufig – nichts geblieben. Die journalistische Zunft ist damit eher in einer Defensivdebatte gefangen: Das Erreichte soll bewahrt werden, jedoch werden – insbesondere hierzulande – unkonventionelle Projekte zumindest mit großem Argwohn beäugt. Da scheinen die USA weiter zu sein, glücklicherweise, möchte man sagen, denn bei dem derzeitigen Abschmelzen der publizistischen Pole ist das ›Ende des Journalismus‹ vielleicht näher als wir glauben.

Deutschland hat dabei, auch aufgrund seiner anderen Finanzierungsstruktur, durchaus noch etwas Zeit, um Luft zu holen. Gerade in Momenten wie diesen gilt es aber, aktiver und stärker auf Innovationsgeist und mutiges Unternehmertum einzugehen und beides zu fördern – Lobby-Veranstaltungen für mediale Problemzonen werden diese Lücke nicht ausfüllen. Vielmehr wird es darauf ankommen – das zeigen nicht nur die internationalen Erfahrungen, sondern auch die unterschiedlichen Biografien in diesem Buch –, entsprechende Regeln zu setzen und wegbereitende Projekte zu unterstützen. Denn eine Publizistik, die ihre öffentlichen Aufgaben langfristig erfüllen will, braucht nicht nur gute Journalisten, sondern solide Medien, die für Qualitätsjournalismus bezahlen – auch und gerade im Internet.

Unser besonderer Dank gilt den Autoren, allesamt exzellente Medienfachjournalisten für Zeitungen, Zeitschriften und Fernsehen, ohne deren leidenschaftliches Engagement dieser Band nicht zustande gekommen wäre. Erst ihr professionelles Œuvre erweckt die Biografien der neuen Journalistengeneration und ihre Visionen zum Leben. Bedanken möchten wir uns zudem bei unserem Redakteur Leif Kramp, dessen Organisationstalent zur Erstellung dieses Buches enorm beigetragen hat. Johannes Kram gilt Dank für seinen unermüdlichen Einsatz bei den Vorbereitungen der Party anlässlich der Vorstellung des ersten Porträtbandes *Die Alpha-Journalisten. Deutschlands Wortführer im Porträt*, die mit rund 300 geladenen Gästen im Juni 2007 im Berliner Restaurant Vapiano gebührend gefeiert wurde. Dieses Buch, das sei abschließend noch angemerkt, ist in praktischer Absicht entstanden: Es soll Gespräche und Debatten darüber anregen, wie sich die Zukunft des Journalismus konkret gestaltet und wie wir journalistische Qualitätsmedien als wichtige Eckpfeiler unserer Demokratie erhalten können – in welcher publizistischen Form auch immer.

Literatur

BRAUCK, MARKUS; FRANK HORNIG; ISABELL HÜLSEN: Die Beta-Blogger. In: *Der Spiegel* 30/2008, S. 94-96

BRINKBÄUMER, KLAUS: Der Sieg der Straße. In: *Der Spiegel* 38/2008, S. 116-122

BRUNS, TISSY: Geleitwort. In: WEICHERT, STEPHAN; CHRISTIAN ZABEL: *Die Alpha-Journalisten. Deutschlands Wortführer im Porträt.* Köln [Herbert von Halem] 2007a, S. 9-12

BRUNS, TISSY: *Republik der Wichtigtuer: Ein Bericht aus Berlin.* Freiburg 2007b

DORROH, JENNIFER: Endangered Species. In: *American Journalism Review,* December 2008/ January 2009, S. 20-27

GILLMOR, DAN: *We the Media. Grassroots Journalism by the People, for the People* (2004). Internetressource: http://download.nowis.com/index.cfm?phile=WeTheMedia.html&tipe=text/html#Introduction, überprüft am 2.1.2009

GLASER, PETER: Die Welt ist eine Google. Glasers Netzkolumne. In: *Stuttgarter Zeitung* vom 13.04.2005. Internetressource: http://www.stuttgarter-zeitung.de/stz/page/detail.php/907136, überprüft am 2.1.2009

HABERMAS, JÜRGEN: Medienmärkte und Konsumenten. »Die besondere Natur der Waren Bildung und Information« – Die seriöse Presse als Rückgrat der politischen Öffentlichkeit. In: *Süddeutsche Zeitung* vom 16.05.2007, S. 13

JOFFE, JOSEF: Alles umsonst. In: *Die Zeit* vom 14. August 2008, S. 1

KOVACH, BILL; TOM ROSENSTIEL: *The Elements of Journalism. What Newspeople Should Know and the Public Should Expect.* New York [Crown Publishers] 2001

KRAMP, LEIF; STEPHAN WEICHERT: »Journalisten sollten wieder an ihren Beruf glauben«. Interview mit Bill Kovach (2008a). In: *sueddeutsche.de* vom 6. Februar 2008. Internetressource: http://www.sueddeutsche.de/kultur/special/1/152613/index.html/kultur/artikel/508/155104/article.html, überprüft am 12.01.2009

KRAMP, LEIF; STEPHAN WEICHERT: »Zeitungen retten sich nicht selbst«. Interview mit Eric Alterman (2008b). In: *sueddeutsche.de* vom 24. November 2008. Internetressource: http://www.sueddeutsche.de/kultur/185/317063/text/, überprüft am 12.01.2009

KRAMP, LEIF; STEPHAN WEICHERT: *Journalismus in der Berliner Republik. Wer prägt die politische Agenda in der Bundeshauptstadt?* Wiesbaden [Netzwerk Recherche e.V.] 2008c

LINGEMANN, JAN; CHRISTIAN ZABEL: *Private-Equity-Firmen in der deutschen und internationalen Medienwirtschaft*. Berlin [Medienboard Berlin-Brandenburg] 2008

MEYER, PHILIP: *The Vanishing Newspaper. Saving Journalism in the Information Age*. Columbia, Missouri [University of Missouri Press] 2004

PÉREZ-PEÑA, RICHARD: Group Plans to Provide Investigative Journalism. In: *The New York Times* vom 15. Oktober 2007. Internetressource: http://www.nytimes.com/2007/10/15/business/media/15publica.html?pagewanted=print, überprüft am 12.01.2009

PLATZEK, MATTHIAS: Alpha-Journalist. In: *Der Tagesspiegel* vom 5.01.08

PROJECT FOR EXCELLENCE IN JOURNALISM: *The Web: Alarming, Appealing and a Challenge to Journalistic Values. Financial Woes Now Overshadow All Other Concerns for Journalists*. Internetressource: http://www.stateofthenewsmedia.com/2008/Journalist%20report%202008.pdf, überprüft am 12.01.2009

REYNOLDS, GLENN: *An Army of Davids: How Markets and Technology Empower Ordinary People to Beat Big Media, Big Government, and Other Goliaths*. Nashville, TN 2006

SENNETT, RICHARD: *Der flexible Mensch*. Berlin [Berlin Verlag] 1998

SOLA POOL, ITHIEL DE: *The Prestige Press: A Comparative Study of Political Symbols*. Cambridge, Massachusetts/London [MIT Press] 1970

WEICHERT, STEPHAN: »Nicht mehr täglich«. Interview mit Tom Rosenstiel. In: *Süddeutsche Zeitung*, 27. August 2008, S. 15

WEICHERT, STEPHAN; ALEXANDER MATSCHKE: »Unser Ziel ist es, Machtmissbrauch aufzudecken«. Interview mit Paul E. Steiger. In: *Neue Zürcher Zeitung* vom 18.07.2008. Internetressource: http://www.nzz.ch/nachrichten/medien/unser_ziel_ist_es_ machtmissbrauch_aufzudecken_1.786540.html, überprüft am 12.01.2009

WEICHERT, STEPHAN; ALEXANDER MATSCHKE: »Es ist alles keine Katastrophe«. Interview mit Jay Rosen. In: *Neue Zürcher Zeitung* vom 9. Januar 2009, S. 16

WEICHERT, STEPHAN; ALEXANDER MATSCHKE; TILL WÄSCHER: Private Dollarmillionen für besseren Journalismus. Interview mit Paul E. Steiger. In: *Neue Zürcher Zeitung* vom 28. März 2008, S. 31

WEICHERT, STEPHAN; LEIF KRAMP: *Das Verschwinden der Zeitung? Internationale Trends und medienpolitische Problemfelder*. Berlin [Friedrich-Ebert-Stiftung] 2009

WEICHERT, STEPHAN; CHRISTIAN ZABEL: *Die Alpha-Journalisten. Deutschlands Wortführer im Porträt*. Köln [Herbert von Halem] 2007

WEINBERG, STEVE: Professor presents the case for civic journalism. In: *The Denver Post* vom 23. Januar 2000, S. F-08

WEISCHENBERG, SIEGFRIED; MAJA MALIK; ARMIN SCHOLL: *Die Souffleure der Mediengesellschaft: Report über die Journalisten in Deutschland*. Konstanz [UVK] 2006

ZABEL, CHRISTIAN: *The Show must go online. Produktion für das Online-Fernsehen*. Köln [HMR International] 2008

Anmerkungen

1 http://blog.handelsblatt.de/indiskretion/eintrag.php?id=1378, überprüft am 10.01.2009.
2 http://www.medienrauschen.de/archiv/vom-loser-generated-content/, überprüft am 10.01.2009.
3 http://www.sprechblase.org/?p=89, überprüft am 10.01.2009.
4 http://klauseck.typepad.com/prblogger/2007/06/alpha-journalis.html, überprüft am 10.01.2009.
5 http://www.readers-edition.de/2007/07/03/hans-ulrich-joerges-prinzipielle-zustimmung-zu-blogs/, überprüft am 10.01.2009.
6 http://spreegurke.twoday.net/stories/4027254/, überprüft am 10.01.2009.
7 http://chatatkins.blogger.de/stories/842632/, überprüft am 10.01.2009.
8 http://blog.beetlebum.de/2007/07/05/gedisst-mal-wieder/, überprüft am 10.01.2009.
9 Welche unerwartete Karriere der von uns erdachte Begriff ›Alpha-Journalisten‹ unterdessen genommen hat, lässt sich leicht an den hunderten von Einträgen und Referenzen im Internet nachvollziehen, wenn man ›Alpha-Journalist‹ oder ›Alpha-Journalisten‹ in eine Suchmaschine eingibt. Besonders erfreulich daran ist, dass wir einem in

der Journalismusforschung eher unterbelichteten Phänomen damit einen griffigen Namen geben konnten, der mittlerweile zu einer Art feststehendem Terminus technicus der Medienbranche geworden ist, und der in unterschiedlichen Abwandlungen und Spielarten (›Alpha-Blogger‹, ›Beta-Journalisten‹ etc.) gebraucht wird. Um nur eines von etlichen Beispielen herauszugreifen, das illustriert, inwiefern sich dessen Verwendung gewissermaßen verselbständigt hat: Am 5. Januar 2008 schrieb der damalige Ministerpräsident von Brandenburg, Matthias Platzeck, im *Tagesspiegel* unter Verweis auf die Geleitwortschreiberin unseres Vorgängerbandes (vgl. Bruns in: WEICHERT/ZABEL 2007): »Aus dem Buch *Republik der Wichtigtuer* der *Tagesspiegel*-Redakteurin Tissy Bruns habe ich – unter anderem – gelernt, dass es in Deutschland neuerdings Alpha-Journalisten gibt. Journalisten, die meinungsstärker, themenbestimmender und damit einflussreicher sind als ihre Kollegen. So neu ist diese Feststellung wahrscheinlich in Wirklichkeit nicht, neu ist wohl nur die Bezeichnung« (vgl. PLATZEK 2008; BRUNS 2007).

10 Vgl. dazu exemplarisch die jüngste Umfrage des Projects for Excellence in Journalism (2008) sowie die aktuelle Untersuchung der Fachzeitschrift *American Journalism Review* bei DORROH 2008/2009.

11 Vgl. BRINKBÄUMER 2008.

12 http://www.huffingtonpost.com/off-the-bus/, überprüft am 10.01.2009.

13 http://journalism.nyu.edu/pubzone/weblogs/pressthink/, überprüft am 10.01.2009.

14 http://www.newassignment.net/, überprüft am 10.01.2009.

15 WEINBERG 2000: F-08.

16 Vgl. http://www.journalism.org/, überprüft am 12.01.2009.

17 Vgl. http://people-press.org/, überprüft am 12.01.2009.

18 Vgl. http://www.concernedjournalists.org/, überprüft am 12.01.2009.

19 Vgl. http://www.thenation.com/blogs/altercation, überprüft am 12.01.2009.

20 Vgl. http://www.propublica.org/, überprüft am 10.01.2009.

21 Vgl. http://mecom.verdi.de/netzeitung, überprüft am 10.01.2009.

22 http://www.netzeitung.de/medien/altpapier/, überprüft am 10.01.2009.

23 Wenn auch die ökonomische Grundlage oft noch dünn ist, so ätzte Burda Ende Januar auf seiner DLD-Konferenz in München, dass man nur ›lausige Pennies‹ im Web verdiene.

24 http://www.ireport.com/, überprüft am 10.01.2009.

25 Die aufklärerische Wucht eines solchen Zusammenklaubens ist der deutschen Publizistik spätestens seit der ›*Spiegel*-Affäre‹ 1962 gut bekannt. In der Titelgeschichte des Nachrichtenmagazins *Bedingt abwehrbereit* hatte das Hamburger Blatt im Nachgang des NATO-Manövers Fallex 62 nachgewiesen, dass die Bundeswehr nur eingeschränkt verteidigungsfähig sei. Der Autor des Artikels, Conrad Ahlers, und Chefredakteur Rudolf Augstein wurden daraufhin wegen Geheimnisverrats verhaftet, die Redaktion des *Spiegel* besetzt. Der Vorwurf: Das Magazin habe durch die Kombination von einzelnen, zwar öffentlich verfügbaren Quellen, einen »Abgrund von Landesverrat im Lande« (Konrad Adenauer) begangen. Allerdings wurde diese ›Mosaik‹-Theorie vor Gericht zurückgewiesen; Verteidigungsminister Franz Josef Strauß, der wesentlich hinter den Aktionen der Behörden stand, musste zurücktreten.

26 Vgl. auch die gleichnamige ZDF/3SAT-Dokumentation *Die Welt ist eine Google*, ausgestrahlt am 9. Juli 2008, abrufbar unter: http://www.zdf.de/ZDFmediathek/content/Die_Welt_ist_eine_Google/534908?i nPopup=true, überprüft am 10.01.2009.

Sie nennen es Arbeit. Selbstbild und Arbeitsweisen junger Journalisten

Von Annette Milz

Das war mal wieder typisch – typisch deutsch: Im Sommerloch 2008 veröffentlichte der *Spiegel* eine Polemik gegen die deutschen Blogger und watschte sie, jedenfalls »die meisten«, als »unpolitisch und rechthaberisch, selbstbezogen und unprofessionell« ab. In gedruckter Form zunächst, versteht sich. Starker Tobak, der prompt mit gleicher Münze zurückgezahlt wurde – mit Häme gegen die ›Holzmedien‹ im Allgemeinen und den *Spiegel* im Besonderen, ausgeschüttet in etlichen Blogs. Virtuell versteht sich.

Angesichts der martialischen Wortgefechte war man versucht, vorsichtshalber im Kalender nachzuschauen: Handelt es sich wirklich um das Jahr 2008, in dem eine solche – Verzeihung – tumbgestrige Diskussion noch möglich ist? Eine Diskussion, die in ihrer Wucht der mehr gefühls- als faktengesteuerten Auseinandersetzung vielleicht nach der geplatzten New-Economy-Blase und überhitzter ›Dem-Internet-gehört-die-Zukunft-und-Wehe-man-verpasst-den Anschluss‹-Zeit der frühen 1990er-Jahre verständlich gewesen wäre. Aber heute? In Zeiten, in denen sogar in kleinen Regionalzeitungen Crossmedia- und Web-2.0-Projekte, Redaktionsblogs und *Leserreporter*-Seiten zum guten Ton gehören? In Zeiten also, in denen die leidige Fragestellung »Sind Blogger Journalisten?« längst als beantwortet gelten kann: Wer bloggt, ist noch lange keine Journalist, aber Blogger können auch Journalisten sein, sind es sogar oft.

Dennoch war die Debatte lehrreich, denn sie offenbart ein nach wie vor virulentes Problem im deutschen Journalismus: Die Schwierigkeit, die eigene Rolle in der Web-2.0-Welt zu bestimmen. Was bitte ist der Journalist von morgen in einer Medienwelt voller Bürgerreporter, Podcaster und *YouTube*-Filmer, in einer Medienwelt, in denen Beiträge, kaum dass sie erschienen sind, sekundenschnell öffentlich kommentiert und auch korrigiert werden: Ist er Gatekeeper oder Gateopener?

Was treibt junge Männer und Frauen ausgerechnet in die Medien?

Eigentlich sollte es längst eine Binsenweisheit sein. Die Medien haben ihr Meinungsmonopol verloren, die Betonung liegt auf ›Monopol‹. Fragt sich nur an wen und was daraus folgt: Den Sattel auf dem hohen Ross des Gatekeepers noch fester schnallen oder herabsteigen in die Niederungen des real existierenden Meinungspluralismus, wie er auf allen möglichen Kanälen heute mit Lust und Leidenschaft betrieben wird?

Was sollen, können Journalisten heute leisten, was müssen sie heute lernen, um für die Aufgaben von morgen gewappnet zu sein? Noch wichtiger aber ist diese Frage für die Zukunft der Branche: Was wollen die Journalisten von morgen überhaupt erreichen, mit welchem Selbstverständnis geht die Generation 3.0, gehen die Nachwuchsjournalisten der Jahrgänge 1978 und jünger an ihren Beruf, von dem es immer noch heißt, er sei ein Traumberuf?

Tatsache ist: An Interessenten mangelt es nicht, auch im Jahr 2008 gab es weitaus mehr Bewerber als freie Ausbildungsplätze – egal, ob an Journalistenschulen, Universitäten oder in Redaktionen.

Was also treibt junge Männer und Frauen ausgerechnet in die Medien, die mit geradezu masochistischer Lust an Diskussionen um ihre eigene Zukunftsfähigkeit glänzen?

Wer mit den Jungen diskutiert, arbeitet und sie beim ›Medienmachen‹ erlebt, dem fällt schnell auf: Die Frage, auf welcher Plattform sie ihren künftigen Beruf ausüben wollen, ist für die meisten von absolut nachrangiger Bedeutung. Sie nutzen *YouTube*, *Google*, *MySpace* und studivz nicht anders als nicht-journalistische User auch – das heißt als selbstverständlichen Bestandteil des Alltags. Auf Debatten wie die über ›Beta-Blogger‹ (so der *Spiegel*-Titel) reagieren sie mit Unverständnis – weil sie einen solchen künstlichen und in der Realität längst aufgehobenen Antagonismus zwischen alter und neuer Medienwelt längst nicht mehr sehen. Ob jemand bloggt oder nicht, ist ihnen ziemlich egal. Wer nicht bloggt (bemerkenswert viele hochqualifizierte Nachwuchsjournalisten tun dies übrigens nicht), ist deshalb in ihren Augen kein Gestriger. Und wer bloggt, ist deshalb noch lange kein besserer Journalist. Basta.

Was tatsächlich zählt, sind ganz andere Werte – und sie klingen erstaunlich zeitlos: ›Neugier‹, ›Leidenschaft‹, die Suche nach ›Wahrheit‹ und ›Wahrhaftigkeit‹, das Bedürfnis, Zusammenhänge zu verstehen und anderen vermitteln zu können, ›Lust‹ auf andere Menschen und Erfahrungen, ›Lust‹ auch auf und an Herausforderungen. Als das *Medium Magazin* im Sommer 2008 besonders qualifizierte Nachwuchsjournalisten nach ihrem Antrieb für den Journalismus fragte, häuften sich solche Begriffe in den Antworten bemerkenswert oft. Ein paar Beispiele:

»Ich wünsche mir einen ernsthaften, relevanten, unterhaltsamen und vor allem unabhängigen Journalismus. Ob der seinen Platz auf Papier, im Radio im Fernsehen oder im Internet hat, ist mir egal« (Julia Friedrichs, 28, WDR/ARD-Fernsehreporterin und Bestsellerautorin von *Gestatten, Elite*).

»[...] Weil am Ende immer die Wahrheit siegt – wir aber leider erst am Anfang stehen« (Sebastian Christ, 27, Redakteur *stern.de*).

»Es ist eher die Neugierde, die mich treibt und mich anfeuert, als irgendeine Mission. Ich denke Journalisten könnten und sollten die

Menschen nicht verändern, sondern von den Veränderungen berichten« (Simone Schlindwein, 29, freie Korrespondentin in Moskau).

»Mit keinem anderen Beruf kann man besser die eigenen Vorurteile bekämpfen« (Christian Putsch, 29, Redakteur *Die Welt*).

Und, ja auch das, der Begriff ›Spaß‹ fiel oft. Spaß an einem Beruf, der es erlaubt, »wie in keinem anderen über den Tellerrand zu schauen«, wie beispielsweise Christoph Jens Hoffmann (25, Student und N-TV-Reporter) seine Motivation beschrieb.

Doch die Antworten der jungen Generation unter 30 offenbarten auch das: die mehr oder weniger latente Sorge, dass die Realität des Mediengeschäfts ihre Vorstellungen vom Traumberuf allzu stark ausbremst – mit selbst errichteten Hürden wie Defiziten in der Ausbildung, starren Hierarchie- und Entscheidungsstrukturen, mangelnder Flexibilität und Experimentierfreude. Dass die wirtschaftliche Zukunftsperspektive zudem keineswegs goldene Reichtümer, noch nicht mal gesicherte Anstellungsverhältnisse verspricht, ist jedoch nicht zwangsläufig ein Hinderungsgrund. Jedenfalls für diejenigen nicht, die einen journalistischen Beruf immer noch als Berufung und gesellschaftlich wichtige Aufgabe ansehen. Denn frei zu arbeiten ist eben mehr als nur eine ›Zwangslage‹, es ist – die bewusste Entscheidung dafür vorausgesetzt – auch eine Berufsauffassung weit weg von jeder Stechuhrmentalität und bürokratischer Einengung. Im Idealfall bedeutet es eine Entscheidung für selbstbestimmtes Arbeiten und eine einträgliche Verbindung von journalistischer Kreativität und unternehmerischer Begabung, die für eine mindestens auskömmliche Einkommenssituation sorgt. Nur ist leider die Realität allzu oft weit von diesem Ideal entfernt – obgleich gerade die Zuarbeit von Freien in den letzten Jahren immer wichtiger geworden ist für knapp besetzte Redaktionen mit immer weniger eigenem Spielraum.

Hinzu kommen auch die strukturellen Barrieren, mit denen gerade junge Journalisten zu kämpfen haben: »Für viele Verantwortliche ist der Status des Freien leider nur ein Provisorium, das man durchleiden muss, bis man irgendwann Redakteursweihen erreicht. Das finde ich eine absolut falsche Gewichtung«, kritisiert Fernsehreporterin Julia Friedrichs. Gerade im öffentlich-rechtlichen Medienwesen bedeutet Redakteursarbeit hauptsächlich Planungs- und Organsiationstätigkeit. Wer auf das Reporterdasein nicht verzichten möchte, muss sich – mehr oder weniger freiwillig – für den Freien-Status entscheiden. Das bedeutet aber eben auch Verzicht auf betriebliche Alterssicherung, 13. Monatsgehalt und auf eine Karriere in den Institutionen. Sicher ist das für junge Journalisten eine leichter hinzunehmende Kehrseite der Medaille als für ältere Kollegen, doch mit dem Grad der Professionalisierung wächst das Selbstbewusstsein, eine adäquate Honorierung einzufordern.

Und nicht von ungefähr entstehen neue Initiativen jenseits der klassischen Gewerkschaftsarbeit. Denn viele junge Journalisten wollen sich nicht ideologisch festlegen und vereinnahmen lassen. Pragmatisch, wenn auch nicht ohne Idealismus, geht beispielsweise die Freien-Initiative ›Freischreiber‹ ihr Ziel an: die Sensibilisierung für die Situation von freien Journalisten, die in ihrem Beruf mehr als nur ›Lohnschreiberei‹ sehen und die Forderung nach ›journalistischer Qualität‹ ernst nehmen. Doch nicht jeder, der sich Journalist nennt, in einer Branche, die keiner Zulassungsbeschränkung unterliegt, definiert journalistische Qualität so, wie sie verstanden sein sollte: als unabhängige, genau recherchierte und zuverlässige Arbeitsleistung. Und weil sie wissen, dass es um die Qualität der freien Arbeit auch aus eigenem Verschulden nicht immer zum Besten steht, richten die ›Freischreiber‹ ihre Forderungen zu Recht keineswegs einseitig an Redaktionen und Medienhäuser, sondern auch an die eigenen Kollegen und Kolleginnen. Sie wollen Diskussionen anstoßen und verdeutlichen, welche Voraussetzungen notwendig sind, um guten Journalismus zu liefern. Sie wollen gemeinsam kämpfen für einen »erstklassigen Journalismus«, so, wie sie ihn verstehen: »Kreativ, überraschend, informativ, unabhängig, ernsthaft, unterhaltsam – und anständig honoriert«.

So sehen es viele der jungen Kollegen. Beispielweise Souad Mekhennet, 30, freie Reporterin für FAZ und *New York Times*: »Seitdem ich 13 Jahre alt war, wollte ich immer Journalistin werden, um die Wahrheit zu suchen und aufzudecken. Ich wollte möglichst alle verschiedenen Seiten und Sichtweisen zu Wort kommen lassen. Das ist nicht immer einfach, sondern zeit- und arbeits- und reiseintensiv. Es gibt aber glücklicherweise noch Arbeitsgeber, die diese Art von Journalismus unterstützen und es sich in diesen wirtschaftlich schwierigen Zeiten auch finanziell leisten können.«

Oder Kilian Kirchgeßner (28), freier Reporter für Radio und Print, unter anderem für DEUTSCHLANDFUNK, *FTD*, *Zeit* und *Frankfurter Rundschau*, der auf die Frage nach seinem Traumjob antwortet: »Ein Job, in dem ich neugierig sein darf – und in dem ich die Zeit dafür bekomme, es auch tatsächlich zu sein.«

»Multimedialer Content« – klingt nach eierlegender Wollmilchsau

Zeit allerdings ist heute Mangelware in den Medien, fast noch mehr als das liebe Geld. Die Hatz der online-beschleunigten Nachricht, der Konkurrenzdruck durch die rasant gewachsene Vielzahl der Verbreitungskanäle, die Kostenlos-Kultur im Internet, die die stattlichen Renditen traditioneller Medienhäuser schmelzen lässt wie Butter in der Sonne – all das fördert nicht gerade üppigen Freiraum zur journalistischen Selbstverwirklichung nach Ideal-Maßstäben.

Zudem sind die Erwartungen an den jungen Journalisten heute schon vom Start weg deutlich höher als in der Vergangenheit: Er soll »multimedialen Content liefern und daraus crossmedial journalistische Beiträge machen. Wer fit für die Zukunft sein will, muss zügig studieren und ein Volontariat suchen, in dem viel gefordert, aber auch viel geboten wird – also in Print, Online, Audio, Video – und die Verknüpfung und Verzahnung aller Bereiche gelehrt und praktiziert wird.« Klingt nach eierlegender Wollmilchsau, doch was Ursula Gräfin Lambsdorff, die ehemalige Leiterin der Burda-Journalistenschule, so als Anforderungsprofil formuliert, beschreiben die meisten ihrer Kollegen ähnlich. Wie auch Ulrich Brenner, Leiter der Deutschen Journalistenschule (München): »In Qualitätsmedien macht nicht jeder Journalist alles, aber jeder kennt die Gesetze und Erfordernisse der verschiedenen Medien und kann in ihnen denken: Wie bereiten wir ein Thema in welchen Medien auf? Multimediales journalistisches Training ist dafür unerlässlich und eine allzu frühe Festlegung auf ein einziges Medium wäre kontraproduktiv.«

Klaus Meier, Studiendekan des Fachbereichs Media der Hochschule Darmstadt, ergänzt das Anforderungsprofil noch durch einen weiteren Aspekt: »Im derzeitigen dynamischen Wandel der Medienmärkte, -techniken und -produkte reicht es nicht mehr aus, sich das ›Handwerk‹ im learning-by-doing-Verfahren durch Praktikum/Volontariat selbst beizubringen, sondern das ›Kopfwerk‹ des Journalisten wird immer wichtiger. Dazu gehören zum Beispiel profunde Kenntnisse zum Publikumsverhalten, zur Rolle des Journalismus in der Gesellschaft, zu digitalen Medienwelten oder zu Qualität(-smanagement) und Ethik. Vom Nachwuchs wird zunehmend gefordert, neue Produkte und Formate für die digitalen Ausspielkanäle zu entwickeln.«

Klingt gut, und sicher sind diejenigen gut beraten, die sich auf solche Anforderungen einstellen. Das gilt allerdings auch umkehrt. Vielleicht wird es noch nicht laut geäußert beim Volontariat als Eintrittsticket, doch spätestens bald danach wird die Frage nach Bleiben oder Gehen nicht nur einseitig vom Arbeitgeber gestellt. Der durchschnittliche Berufsanfänger im Journalismus ist heute etwa 27 Jahre alt, durchweg deutlich höher qualifiziert als noch vor zehn Jahren, mit akademischen Graden ausgestattet, mehrsprachig, weit gereist und praktikumserfahren. Das schult nicht nur den Verstand, sondern auch das Selbstbewusstsein.

Mit Recht fordern derart gut ausgebildete junge Männer und Frauen, die für die Zukunftsfähigkeit der Medienbranche unverzichtbar sind, auch eine Bringschuld auf Seiten der Medienhäuser ein. Das Zauberwort lautet: Entwicklungsperspektive. »Es geht nicht darum, mit den Spitzengehältern anderer Branchen mitzuhalten, sondern um die Chance, weiter zu wachsen«, postulierte Dominik Cziesche, 30, kürzlich im Gespräch mit jungen Journalisten über ihre beruflichen Perspektiven und Ambitionen. Denn: »Gerade weil man schwer voraussagen kann, wie sich das Online-Geschäft entwickelt, müssen wir sehr lernfähig, sehr mobil und sehr flexibel sein, um uns den Herausforderungen stellen zu können.«

Cziesche beispielsweise hatte es eigentlich schon ›geschafft‹: Mit 24 war der Absolvent der Deutschen Journalistenschule bereits Redakteur des *Spiegel*, erfolgreich im Beruf mit viel versprechendem Potenzial. Aber für seinen Traum von Weiterqualifizierung verzichtete er freiwillig auf die Fortführung der *Spiegel*-Anstellung, um ein Aufbaustudium in Harvard absolvieren zu können. Zugegeben, das ist eher ein Einzelfall als die Regel. Doch die Grundhaltung teilt Cziesche mit vielen Kollegen und Kolleginnen seines Alters: Wer heute als Multitalent im Journalismus gefragt ist, will nicht als Jungredakteur auf eine jahrelange Bewährungsprobe mit immer gleichen Aufgaben oder Themen festgelegt sein. Auslandsaufenthalte, Freiraum für eigene Projekte, Freizeit für Qualifizierungsseminare auch jenseits des kleinen Einmaleins des Journalismus sind jedoch längst noch kein Standard in der Branche, die doch selbst allzu gerne mit dem Finger auf Versäumnisse und Schwachstellen bei anderen zeigt. Das wird, das kann auf Dauer nicht gut gehen in einer Informationsgesellschaft, in der sich immer mehr Bürgerjournalisten mit Nachdruck Gehör verschaffen. Wo auch immer ein Beitrag veröffentlicht wird, kann Kritik daran sofort über das Internet zugänglich gemacht werden. »Ich glaube«, so sagt Cziesche deshalb, »dass wir Journalisten künftig offener mit unseren Defiziten umgehen müssen, um glaubwürdig zu bleiben. Das Modell des allwissenden Journalisten wird es immer seltener geben.«

Lippenbekenntnisse sichern keine Zukunft

So Recht er mit dieser Analyse hat, so weit entfernt ist sie gleichzeitig noch von der aktuellen Praxis. Nur wenige Redaktionen leisten sich beispielsweise den Luxus, Redakteure eigens für die Moderation von Leserschaftsforen auszubilden – und sie damit für Aufgaben zu qualifizieren, die weit mehr Potenzial bieten, als sie sich dem traditionellen Leserbrief-Redakteur je hätten eröffnen können. »Leserreaktionen müssen sehr ernst genommen werden, und das bedeutet eben, dass man einen Beitrag gelegentlich mehrmals anfassen muss. Die Bereitschaft dazu prägt eine neue Haltung gegenüber unserem Beruf,« betonte Jochen Wegner (s. Porträt Wegner), Chefredakteur von *Focus online* und selbst Internet-Pionier als Gründer des virtuellen Journalistennetzes *jonet*, bereits 2006. Und er fügte hinzu: »Ich glaube, dass sich das Berufsbild des Journalisten im Ganzen wandelt. Die Interaktion mit den Lesern und Zuschauern wird in Zukunft eine immer wichtigere Rolle spielen.« Denn wenn sich irgendwo in einem Artikel Unklarheiten oder Fehler eingeschlichen haben, dauert es im digitalen Zeitalter eben nur Minuten, bis dazu ein Leser-Kommentar online steht oder per E-Mail kommt.

Das Problem ist erkannt, wie die zahlosen Diskussionen über die Do's und Don'ts von Onlineforen auf Medien-Websites zeigen – allerdings nicht zuletzt getrieben durch eine Rechtsprechnung, die zunehmend die Betreiber von Websites für dort geäußerte persönlichkeitsrechtsverletztende oder diskriminierde Statements Dritter in Haftung nimmt. Diese Entwicklung zeigt umso nachdrücklicher nicht nur das Potenzial einer Interaktion mit den Usern, sondern auch die Notwendigkeit einer qualifzierten Ausbildung dafür – selbst für junge, Chatgeübte Journalisten, die sich ganz selbstverständlich in Online-Communities bewegen. Sie wollen Gateopener sein. Doch die Medientore der Web-2.0-Welt sind immer noch sperrig.

Überhaupt das Thema ›Ausbildung‹, noch immer ein Stiefkind der Branche: »Das System stellt schon heute in der Ausbildung die Weichen zu Arbeitstieren, nicht zu Querdenkern«, kritisiert Zeitungsvolontärin Tina Groll, 28, die real existierende Situation. »Wer immer zuerst guckt, ob im Darm noch Platz ist, bekommt den Job. Unbequeme Rechercheure und Reporter behindern da nur das schnelle Produzieren von Infos«. Eine harsche Kritik, deren Berechtigung schon dadurch bestätigt wird, dass sie nur von wenigen laut, aber von vielen hinter vorgehaltener Hand geäußert wird.

Übrigens lässt sich gerade bei jungen Journalistinnen ein Strukturproblem der Branche besonders gut beobachten. Vordergründig sind sie längst gleichberechtigt, in den Ausbildungsjahrgängen mittlerweile in nahezu jeder journalistischen Sparte mindestens in gleicher Zahl vertreten wie ihre männlichen Kollegen, wenn nicht sogar in der Mehrheit. Die weiblichen Bewerber, so ist allenthalben aus den Redaktionen zu hören, sind in der Regel hochqualifiziert, motiviert, kreativ – und höchst erwünscht, wie immer wieder gerne betont wird – schon alleine deshalb, weil Frauen eine immer wichtigere Zielgruppe für alle Medien darstellen. Doch kaum hat der weibliche Branchen-Nachwuchs die Altersgrenze von 30 überschritten, verabschiedet er sich überproportional häufig aus dem Journalismus.

Die Gründe sind vielfältig, und doch auf einen Nenner zu bringen: mangelnde Flexibilität der Arbeitsstrukturen. Denn mal sind es bessere Karrierechancen in anderen Branchen wie der Öffentlichkeitsarbeit, mal ist es die Unvereinbarkeit von Familie und Beruf und die gerade im aktuellen Journalismus erschwerten Teilzeit-Arbeitsmöglichkeiten, oder schlicht die Lust zum kompletten Berufswechsel – der eben mehr Perspektiven, Flexibilität und Entwicklungspotenzial verspricht.

Die Verantwortlichen in den Führungsetagen der Verlage und Sendeanstalten sind sich der Probleme bewusst, glaubt man den vielen Diskussionen auf den einschlägigen Branchenveranstaltungen. Doch Lippenbekenntnisse sichern keine Zukunft. Die Journalisten-Generation von morgen hat längst erkannt, dass sich Journalismus künftig nur dann behaupten kann, wenn er seine Stärke ausspielen kann – nämlich eine profunde Urteilsfähigkeit. Die allerdings erfordert mehr denn je lebenslanges Lernen, schnelle Auffassungsgabe, unabhängige Meinungsbildung – und Rahmenbedingungen, in denen sich diese Potenziale entwickeln und ausprobieren können. Die Chefs in den Medienhäusern sollten sehr genau hinhören, was der Journalistennachwuchs will und es nach besten Kräften fördern. Aber der Nachwuchs muss auch den Mut aufbringen, für seine Vorstellungen von einem guten, einem besseren Journalismus zu kämpfen – wenn es denn sein muss auch gegen die Widerstände im eigenen Lager!

The End of Journalism? Wie das Internet den Qualitätsjournalismus verändert

Von Thomas Schuler

Vor 35 Jahren nahm Ben H. Bagdikian, ein Reporter der *Washington Post*, eine Auszeit von seinem Zeitungsjob, ging zu einem Think Tank namens RAND Corporation, forschte zwei Jahre und schrieb ein Buch über die neuen Informationstechnologien und wie sie unsere Gesellschaft veränderten. Er nannte es: *The Information Machines. Their Impact on Men and the Media*. Das Buch erschien 1971. Ein Kapitel überschrieb er mit der Frage: »Is Print Dying?« Nach mehr als 2500 Jahren, in denen die Menschen sich über Gedrucktes verständigten, beobachtete Bagdikian einen rasanten Aufstieg eines neuen Mediums: des Fernsehens.

Kein anderes Medium habe sich je so schnell verbreitet und so starke Veränderungen herbeigeführt in der Art, wie Menschen miteinander kommunizierten. In nur zehn Jahren von 1950 bis 1960 hätten Familien es derart stark in ihren Alltag integriert, dass es nun stärker verbreitet sei als die Klospülung, fließendes Wasser, das Telefon und das Automobil. Die amerikanische Durchschnittsfamilie habe das Gerät bereits mehr als sechs Stunden am Tag eingeschaltet; Kinder würden mehr Zeit vorm Fernseher verbringen als in Kirchen und Schulen. Der Einfluss der Eltern auf die Erziehung ihrer Kinder schwinde. Vor allem aber beobachtete Bagdikian, dass Fernsehen mit seinen Bildern und Tönen, in Verbindung mit einem anderen elektronischen Gerät, dem Computer, etwas verdränge, was bis dahin die westliche Kultur dominiert habe: das gedruckte Wort. Bagdikian fragte sich: »Ist das Ende des Gedruckten gekommen?«

Gut möglich, dass die Beobachtungen Bagdikians heute eine Reaktion auf der Website *Huffingtonpost.com* hervorrufen würden. Knapp müsste sie freilich sein und provokant, dann könnte es sein Text für kurze Zeit sogar auf die Seite eins der Website schaffen. Am besten dafür wäre wohl, Bagdikian würde vorhersagen, dass es ab, sagen wir, dem Jahr 2015 nichts Gedrucktes mehr gäbe. Bibliotheken, Unternehmen, Verwaltungen – alle schaffen das Gedruckte ab. Damit würde er den Journalisten Philip Meyer übertreffen, der den Tod der Zeitung in seinem Buch *The Vanishing Newspaper* für das Jahr 2043 voraussagte. Arianna Huffington würde diese These vielleicht wichtig und provokant genug finden, um sie auf ihrer Website zu veröffentlichen. Vielleicht ist die Frage aber alt, und man müsste heute fragen: Naht das Ende des Journalismus? Die *Huffington Post* wäre ein guter Platz für diese Geschichte, gilt sie doch als ein Grund der Ängste.

Die *Huffington Post*, benannt nach der Journalistin, Chefredakteurin und Eigentümerin Arianna Stassinopoulos Huffington, ist eine reine Online-Zeitung. Sie wurde im Mai 2005 gegründet und gilt als Erfolgsmodell. Zumindest in finanzieller Hinsicht, denn im Gegensatz zu vielen anderen Presseprojekten im Internet macht sie angeblich Gewinn. Sie gilt ferner als Modell, das Tageszeitungen sehr zu schaffen macht. Und es ist eine Zeitung, bei der man nicht sicher ist, ob sie wirklich Journalismus betreibt.

Huffington, 58, ist gebürtige Griechin, studierte in London, heiratete einen amerikanischen Senator und lebt heute in Los Angeles. Sie hat mehrere Bücher, unter anderem über die Operndiva Maria Callas und zuletzt über amerikanische Politik (*Right is wrong*), geschrieben. Sie ist gut vernetzt in Politik und Gesellschaft und bringt Texte ihrer Bekannten, etwa der Filmemacherin Nora Ephron (*Harry und Sally*), die sie bei ihren Fernsehauftritten und Dinnerpartys einsammelt, heraus. Davon allein kann eine Zeitung aber nicht leben. Die *Huffington Post* veröffentlicht deshalb auch Blogs von Laien. Ungeprüft und unbezahlt. Den Wahrheitsgehalt der Beiträge ermitteln die 46 Mitarbeiter, indem sie sich darauf verlassen, dass bei fehlerhafter Berichterstattung der Betroffene sich doch hoffentlich melden und beschweren werde. Dann berichtige man den Text, wie ein Mitarbeiter dem *New Yorker* erklärte. Damit erinnert die *Huffington Post* an den Online-Dienst von Matt Drudge, der Gerüchte als Nachrichten verkauft. Einziger Unterschied: Die *Huffington Post* ist liberal, der *Drudge Report* konservativ.

Im Juni 2008 sprach Arianna Huffington auf einem Kongress in London, der die ›Zukunft des Journalismus‹ zum Thema hatte, und kündigte an, sie werde in Chicago demnächst eine lokale Ausgabe starten. Sie soll von einem einzigen Redakteur betreut werden und auf »lokale Quellen« und Blogger zurückgreifen. Sie kündigte an, sie plane solche Online-Zeitungen für »Dutzende amerikanischer Städte«. Chicago soll den Anfang machen; wann es losgeht, ist unklar. Neue Akteure wie die *Huffington Post* heizen die Debatte um die Zukunft der publizistischen Produktion unter digitalen Bedingungen an. Ist das Ende des Journalismus gekommen?

Hat Qualitätsjournalismus im Internet eine Zukunft?

Vielleicht sollte man zunächst klären, was Journalismus ist. Bereits in der Zeit vor 1998 diagnostizierten Journalisten in Nordamerika eine Krise ihres Gewerbes. Journalismus sei an einem entscheidenden

Punkt angelangt: Zwar sei das Handwerk besser denn je. Aber, so beklagten sie, viele Menschen, darunter auch Journalisten, wüssten nicht mehr, wozu Journalismus gut sei und wem Journalisten Rechenschaft schuldig seien. Im Sommer 1997 gründeten deshalb zwei Dutzend namhafter Journalisten das Committee of Concerned Journalists und beschrieben die Mängel in einem ›Statement of Concern‹. Sie berieten mit Hunderten von Journalisten, debattierten mit Verlegern, Akademikern, Lesern, Zuhörern und Zuschauern.

Nach vier Jahren fassten die beiden Journalisten Tom Rosenstiel und Bill Kovach, beide erfahren in Theorie und Praxis, die Ergebnisse in dem Buch *The Elements of Journalism* zusammen. Sie identifizierten neun Prinzipien; eines davon lautet: »Kern des Journalismus ist das Handwerk des Prüfens.« Journalisten stützten sich auf ein professionelles Handwerk, um Informationen zu prüfen. Viele Zeugen und viele Seiten befragen, so viel wie möglich über Quellen bekanntgeben, all das sei Teil dieser Methode. Dieses Handwerk des Prüfens unterscheide Journalismus von anderen Formen der Kommunikation wie Propaganda, Fiktion oder Unterhaltung.

Das ist der Schwachpunkt bei *Huffington* und *Drudge*. Beide Websites liegen an der Spitze, was die Besucherzahlen betrifft, nicht aber was die Qualität ihres Journalismus betrifft. Sie prüfen zu wenig. Matt Drudge wurde mit seinem gleichnamigen Online-Dienst berühmt durch einen Skandal, den er 1998 aufdeckte. Besser gesagt: Er wurde bekannt, weil er von einer Recherche des Nachrichtenmagazins *Newsweek* über eine Beziehung des damaligen Präsidenten Bill Clinton mit der Praktikantin Monica Lewinsky gehört hatte und dieses Gerücht am 18. Januar 1998 auf seiner Website veröffentlichte, »weltexklusiv«, wie er solche Berichte zu bezeichnen pflegte. Es war bereits das zweite Mal, dass er den *Newsweek*-Reporter Michael Isikoff mit einem voreilig publizierten Gerücht über dessen Recherchen zuvor kam. Matt Drudge formulierte seine Meldung als Medienbericht und schrieb, *Newsweek* wolle einen Bericht über eine Affäre des Präsidenten unterdrücken.

Im Zuge von Monicagate wurde erstmals deutlich, dass das Internet neue Standards setzt beziehungsweise die alten journalistischen Regeln plötzlich nicht mehr gelten, nicht einmal bei den Reportern, die für Zeitungen und Fernsehstationen arbeiten. Im Jahre 1973 deckten Journalisten auf, wie ein Präsident ein Verbrechen zu vertuschen versuchte. Vor zehn Jahren versuchte ein rastloser Sonderermittler, die Medien für seine Zwecke einzusetzen, indem er ihnen Details über die Sexpraktiken des Präsidenten zuspielte – ohne die nötigen Beweise vorzulegen. Es war von Beginn an ein Skandal ohne Quellen und ohne Belege, in die Welt gesetzt vom damals 31-jährigen Drudge, der dem *New York Observer* zufolge »am journalistischen Äquivalent des vorzeitigen Samenergusses leidet«. Einfluss verschaffte ihm seine E-Mail-Abonnentenliste, die angeblich 85.000 Adressen umfasste, vor allem von Medienleuten. Im Internet wurde Drudge als die Online-Version des Watergate-Enthüllers Bob Woodward gefeiert. Dabei hat er lediglich berichtet, was *Newsweek* aus handwerklichen Überlegungen nicht druckte. *Newsweek* hatte richtig gehandelt. Zum einen, sagte Chefredakteur Richard Smith, habe das 90-minütige Band der Telefongespräche zwischen der ehemaligen Praktikantin Monica Lewinsky und ihrer Kollegin Linda Tripp, das die Ermittler dem *Newsweek*-Reporter Michael Isikoff überließen, den zentralen Vorwurf – Clinton habe die Justiz behindert – nicht bewiesen. Zum anderen hatte kein *Newsweek*-Reporter mit Lewinsky gesprochen; die Redaktion verfügte über »keine unabhängigen Recherchen«, auf deren Basis man ihre Glaubwürdigkeit hätte einschätzen können. Solche Überlegungen, dargelegt in der Ausgabe vom 2. Februar 1998, also unabhängige Quellen zu suchen und sie zu prüfen, sind die Stärke des amerikanischen Journalismus.

Doch was hilft Zurückhaltung, wenn die Konkurrenz die Geschichte druckt? Sie haben die eigenen Kontrollmechanismen außer Acht gelassen, darin liegt das Versagen vieler traditioneller US-Medien. Samstagnacht (17. Januar 1998) hatte Drudge über den Rückzieher von *Newsweek* berichtet. Am Sonntagvormittag hatte Bill Kristol, ein rechter Kommentator und ehemaliger Redenschreiber von Ex-Vizepräsident Dan Quale, sich in einer Talk-Runde des ABC NETWORK über *Newsweek* beklagt, als habe das Magazin die Geschichte nicht aus Mangel an Quellen, sondern aus politischen Gründen unterdrückt. Am Montag berichtete die *Washington Post* über die Diskussion auf ABC. Das Gerücht von Clintons Affäre hatte somit nicht nur in einem obskuren Online-Dienst gestanden, sondern bereits zwei etablierte Zeitungen erreicht. Erst am Mittwoch kamen *Washington Post*, *Los Angeles Times* und ABC *News* mit eigenrecherchierten Berichten auf den Markt. Die Lawine war losgetreten.

Mediendienst Romanesko: stilbildend für den Online-Journalismus

Erschreckend, wie viel Einfluss Drudge gewonnen hatte. Nur: Gefährlicher war der rasante Eifer, mit dem seriöse Reporter und Kommentatoren seine Gerüchte unter Konkurrenzdruck ungeprüft weiterverbreiteten. Michael Kinsley, der damalige Chefredakteur des Online-Magazins *Slate*, schlug resigniert vor, die ›Halb-Öffentlichkeit‹ des Internets als solche anzuerkennen. Die Qualität der Information sei dort eben irgendwo zwischen privater Unterhaltung und formeller Veröffentlichung angesiedelt. Man müsse akzeptieren, dass der *Drudge Report* schlechter recherchiert sei als die *New York Times*. Dafür sei er aber besser als der Klatsch des Nachbarn. Die Berichterstattung über Clintons angebliche Affäre sei »einer der jämmerlichsten Momente« in der Geschichte des amerikanischen Journalismus, beklagte Marvin Kalb, ein Medienkritiker der Harvard University. Selbst die besten Reporter hätten nur 10 bis 20 Prozent Fakten geliefert. »Der Rest ist Klatsch«, so Kalb.

Klatsch ist eine Domäne des Journalismus im Internet. Viele Ereignisse aus Politik, Wirtschaft, Sport und Kultur sind im Grunde nichts anderes als Klatsch. Ein Beispiel dafür ist der Mediendienst *Romanesko,* über den der ehemalige Chefredakteur der *New York Times*, Howell Raines, schreibt, er sei beispielhaft für den Online-Journalismus.

Raines meint nicht ›vorbildhaft‹, sondern: erfolgreich und stilbildend für den Journalismus im Internet. *Romanesko* verlinkt und profitiert von der Arbeit der Zeitungsreporter. Das Internet ermöglicht Zugang zu vielen Quellen; es ist ein riesiges Archiv. Romanesko holt sich aus den Artikeln das interessanteste Statement und macht einen Fünfzeiler daraus. Allerdings liefert *Romanesko* mehr als Klatsch: Indem er die Artikel aus der *New York Times*, dem *Wall Street Journal*, der *Washington Post* und von Fachdiensten verlinkt, liefert er stets Zugang zum vollständigen Text, den er zitiert.

Auch Tina Brown, 54, einst bewunderte Chefredakteurin der Zeitschriften *Vanity Fair* und *New Yorker*, will dem Modell folgen, mit dem Huffington und Romanesko Geld verdienen. Mit finanzieller Unterstützung des amerikanischen Medienunternehmers Barry Diller hat sie im Herbst 2008 eine Website namens *The Daily Beast* gestartet. *The Daily Beast* ist eine Zeitung aus dem satirischen Roman *Scoop* (dt. *Der Knüller*) des britischen Schriftstellers Evelyn Waugh (1903-1966), der darin seine Erfahrungen als Journalist verarbeitete. Als Auslandskorrespondent in Adis Abeba im heutigen Äthiopien wunderte er sich über Kollegen, die ihre Berichte verfassten, ehe das Ereignis, über das sie berichteten, stattfand – weil sie sonst den Redaktionsschluss verpasst hätten. Auch damals setzte die knappe Zeit der Recherche Grenzen. Waugh erfuhr 1935 von einer geplanten italienischen Invasion durch Mussolini und übermittelte diesen Scoop auf Lateinisch, damit er ja nicht in falsche Hände geriet. In London konnte ihn deshalb niemand entschlüsseln; Kollegen warfen den Bericht in den Papierkorb. Im Roman lässt der Pressebaron Lord Copper selbst Nachrichten für seine Zeitung produzieren.

Browns Online-Zeitung dagegen wird dem Modell der *Huffington Post* folgen und lediglich Vorhandenes aus dem Internet verlinken. Journalistische Knüller wird man auf dieser Website vermutlich vergeblich suchen. Vielleicht hätte sich Waugh über diese Ironie amüsiert und eine Satire auf das verfasst, was man im Internet als Journalismus bezeichnet. Vielleicht hätte er über AP geschrieben.

Denn wie das Internet mit seiner Geschwindigkeit den Journalismus verändert, kann man bei Associated Press (AP) beobachten, einer der Säulen des amerikanischen Journalismus. Die Nachrichtenagentur ist nicht im Privatbesitz, sondern als Genossenschaft organisiert, der Gewinn wird reinvestiert. Mitglieder, und damit Eigentümer, sind mehrere Tausend Zeitungen, Radio- und Fernsehsender. Leitende Manager haben auch heute noch in der Zentrale in New York Bilder hinter ihren Schreibtischen hängen, auf denen Reporter ankommenden Schiffen entgegenrudern. Schiffe hatten Neuigkeiten an Bord, und die Reporter nahmen sie mithilfe von Megafonen auf, ruderten zurück und druckten sie. Irgendwann einigten sich die Verleger, dass ein einziger Reporter alle Zeitungen versorgen könnte. Das war 1848, und damit war die Harbor News Association gegründet, die spätere Associated Press. Vieles hat sich seitdem geändert.

Lange Zeit waren die rund 1500 Zeitungen, die die Agentur besitzen, auch die Hauptabnehmer, die am meisten zahlten und am meisten bekamen. Das Internet hat diese Situation verändert: Heute zahlen Rundfunksender und Websites mehr als Zeitungen; sie haben den Umsatz von AP mehr als verdreifacht, wie das *Wall Street Journal* schreibt. AP habe deshalb seinen Focus nach den Bedürfnissen der neuen Kunden ausgerichtet: Weil zunehmend nicht mehr Zeitungen, sondern Websites wie Google und Yahoo! die Hauptabnehmer sind, besetzt AP vor allem für Zeitungen relevante Termine, etwa politische Veranstaltungen, nicht mehr unbedingt. Ereignisse rund um Stars aus Sport, Musik, Fernsehen und Film, vor allem Gerüchte über Prominente und ihre Beziehungen und Suchtprobleme werden jedoch immer aufgegriffen – hierfür interessieren sich vor allem die Online-Kunden von AP. Das hat zu Konflikten mit Zeitungsredaktionen geführt; 2008 haben acht Zeitungen in Ohio sogar eine neue Kooperative nach AP-Vorbild gegründet, um gemeinsam das zu machen, was die Agentur angeblich vernachlässigt.

Britney Spears – immer eine Nachricht wert

Der Fall Britney Spears verdeutlicht die neuen Prioritäten: Frank S. Baker ist AP-Redaktionsleiter im südlichen Kalifornien und damit auch zuständig für Entertainment und Hollywood. Am 8. Januar 2008 hat Baker ein vierzeiliges Memo an seine Mitarbeiter verschickt und sie darin gemahnt, von sofort an und bis auf Weiteres sei »alles, was Britney angeht«, eine wichtige Nachricht: »a big deal«, wie Baker es formulierte. Mit Britney meinte er natürlich die Popsängerin Britney Spears, die gerade aus dem Krankenhaus entlassen worden war. »Das bedeutet nicht«, schrieb Baker, »dass man jedes Gerücht veröffentlichen soll«. Aber alle Mitarbeiter sollten darauf achten, was die Konkurrenz berichtet, und versuchen, diese Geschichten zu bestätigen. Wenn AP dann etwas melde, »dann müssen wir es beschleunigen«, schrieb Baker. Als das Memo bekannt wurde, kommentierte ein Journalist auf einem vielbesuchten Medienblog: »Kein guter Tag für das journalistische Handwerk.«

Britney Spears war AP immer wieder eine Nachricht wert: Sie hat sich mit den ersten vier von fünf Alben an die Spitze der Charts gesungen. Das ist vor ihr keiner Künstlerin geglückt und ist lange her. Anfang 2008 berichtete AP über ihre missglückten Therapieversuche, ihren Sorgerechtsstreit, ihre wiederholte Einlieferung ins Krankenhaus, und darüber, dass es ihr nach den Worten ihrer Mutter gesundheitlich angeblich besser gehe.

Wenige Tage nach Bakers Memo kam heraus, dass die Agentur vorsorglich einen Nachruf auf die Popsängerin verfasst hatte. Auf eine 26-Jährige. Für alle Fälle. Der Hinweis, Britney sei ab sofort »a big deal« und AP müsse Nachrichten beschleunigen, erhielt nun eine ganz neue Bedeutung. Denn AP ist ja nicht irgendein Boulevarddienst, sondern die weltgrößte Nachrichtenagentur, die mit ihrer Arbeit und Ethik Vorbild für viele andere Anbieter ist. Das Stylebook von AP ist der Standard, an dem sich Nachrichtenredakteure orientieren.

Wenn man allerdings die Erklärungen der Redakteure von Associated Press liest, bekommt man den Eindruck, als sei der Nachruf auf

Spears ein ganz gewöhnlicher Vorgang. Oder vielleicht sollte man sagen: Teil einer Strategie. Der zuständige Redakteur für Unterhaltung, Lou Ferrara, betonte, die Kunden forderten mehr Nachrichten, Fotos und Videos von Prominenten, und AP werde deshalb diesen Bereich ausbauen und dafür 22 Mitarbeiter in Los Angeles, New York und London einstellen. AP-Redakteur Jesse Washington, ebenfalls für Unterhaltung zuständig, sagte in einem Radiointerview: Beim Tod des Schauspielers Heath Ledger sei man nicht vorbereitet gewesen. Bei Spears solle das anders sein. Ausschlaggebend war, dass sich Spears von ihrer Krise offenbar nicht erhole. Sie sei allerdings nicht die erste Person unter 30 Jahren, für die AP einen Nachruf vorbereitet habe, sagte Washington. Die Sängerin Amy Winehouse sei ebenfalls seit einiger Zeit ›auf dem Radar‹ von AP. Die entsprechende Überlegung sei einfach und orientiere sich an zwei Fragen: Ist es wahrscheinlich, dass sie stirbt? Und wie groß wäre die Nachricht in ihrem Todesfall?

Als das ehemalige Fotomodell Anna Nicole Smith 2007 mit 39 überraschend an einer Überdosis Medikamente starb, war AP ebenfalls unvorbereitet. Genauso war es im Falle des 25-jährigen Schauspielers Brad Renfro, der 2008 starb; auch er hatte Drogenprobleme. Vor allem aber Smiths Tod machte große Schlagzeilen und habe der Redaktion klar gemacht, dass man auf alles vorbereitet sein müsse, sagte Lou Ferrara. Er war einer der Redakteure, die nun den Nachruf von Spears in Auftrag gaben. Dass Stars auch jung sterben, ist Legende. Einer der größten, Schauspieler James Dean, verunglückte 1955 mit 24 Jahren. Jimi Hendrix oder Janis Joplin, die 1970 starben, waren auch noch keine 30 Jahre alt. Für sie – oder für die Komiker John Belushi und Chris Farley und den Musiker Kurt Cobain – lagen keine Nachrufe auf Abruf. Neu ist also die Art, wie Medien mit dem Interesse an jungen Stars umgehen und sich auf ihren Tod vorbereiten.

Ist das ein Zeichen für den Verfall ethischer Standards? Oder ist es, wie die AP-Reporter versichern, Ausdruck von Professionalität? Man kann so argumentieren: Indem man den Text vorbereite, habe man

Zeit, Dinge zu prüfen. Das würde bedeuten, dass AP versucht, journalistische Standards zu halten und deshalb mehr Zeit in die Vorbereitung steckt. Vorsorgliche Nachrufe zu schreiben, sei für amerikanische Zeitungen nichts Ungewöhnliches, betonte AP-Reporter John Rogers. Natürlich lassen auch deutsche Zeitungen Nachrufe vorab schreiben, wenn auch bislang nicht für eine 26-Jährige.

Voyeuristische Sex- & Crime-Geschichten

Auch im Internet gab es Versuche, mit journalistischen Standards Geld zu verdienen. Im Zug der ersten Internet-Euphorie, als das Geld für Online-Projekte auf der Straße zu liegen schien, engagierte sich auch der Reporter Carl Bernstein bei einem Online-Dienst. Der einstige Starreporter der *Washington Post*, der dort zusammen mit Bob Woodward die Watergate-Affäre enthüllte und den damaligen Präsidenten Richard Nixon 1974 zum Rücktritt zwang, hatte beim Fernsehsender ABC, beim Nachrichtenmagazin *Time* und bei der Zeitschrift *Vanity Fair* sowie als Buchautor gearbeitet. Im Jahr 2000 wurde der damals 56-Jährige Chefredakteur einer der Manager von *Voter.com*, einer kommerziellen Website, die sich selbst als führend in der politischen Berichterstattung über den US-Präsidentschaftswahlkampf bezeichnete. »Voter.com setzt die Standards für dieses neue Medium«, machte Bernstein Werbung in eigener Sache. Die politische Online-Berichterstattung werde die Politik nachhaltig beeinflussen, behauptete er. Immerhin jeweils 40 Mitarbeiter schickte Bernstein zu den Parteitagen der Demokraten, der Republikaner und der Reformpartei. Doch der Aufwand machte sich nicht bezahlt; Bernstein stieg aus und um *Voter.com* wurde es ruhig.

Als journalistisch vorbildhaft galt damals auch die Website *APB-News.com* unter der Leitung von Sydney H. Schanberg. Der ehemalige Reporter der *New York Times* ist eine lebende Legende: Für seine Berichte aus dem Kambodscha-Krieg wurde er mit dem Pulitzerpreis ausgezeichnet. Sein Buch über die Erlebnisse mit seinem Fotografen

Dith Pran wurde zu einem Bestseller, die Verfilmung des Buches, *Killing Fields*, zu einem Oscar-gekrönten Hollywood-Film. Bei *APBNews.com* leitete er die investigative Abteilung. Er und seine Kollegen wurden im Jahr 2000 für ihre qualitativ hochwertige Berichterstattung über Kriminalität und Justiz vom Verband der investigativen Journalisten ausgezeichnet – während die *New York Times* und andere ehrwürdige Publikationen leer ausgingen. Während APB nach dem Start im November 1998 zunächst im Stile von »die gefährlichsten Polizeivideos« voyeuristische Sex-&-Crime-Geschichten verfolgte, kümmerte sich Schanberg um seriöse Themen wie Interessenskonflikte von Richtern, Korruption in den Justizbehörden oder die Verfolgung radikaler Schwarzer durch das FBI. Er war immer ambitioniert in seiner Arbeit.

Renommierte Reporter verließen ihre Jobs bei weltbekannten Agenturen, Zeitungen und TV-Sendern wie AP, *New York Times, Washington Post* und ABC *News*, um für die kleine, bereits mehrfach ausgezeichnete New Yorker Website zu schreiben. Es gab Pläne, Bücher zu verlegen, Radio und Fernsehen zu machen und an die Börse zu gehen. Doch dann waren die 20 Millionen Dollar, die Gründer und Vize-Geschäftsführer Mark Sauter zusammen mit zwei Investmentbankern 1999 aufgetrieben hatte, verbraucht.

Die Ernüchterung nach der öffentlichen Anerkennung folgte auf dem Fuße, als Schanberg in einem kühlen Statement gekündigt wurde – zusammen mit 140 weiteren Journalisten, der gesamten Redaktion von *APBNews.com*. Das war das Ende einer der journalistisch vielversprechendsten Online-Publikationen, die monatlich immerhin mehr als eine Million Leser zählte. *APBNews.com* sei, so die *Washington Post*, »eine der erfolgreichsten Start-up Sites« im Internet gewesen. Sie wollte nichts verkaufen, sondern Nachrichten machen. Fundierter investigativer Journalismus im Netz – das war ein Novum: Er setze sich stets für die Underdogs ein, erklärte Schanberg einmal sein journalistisches Programm. Nach seiner Kündigung sagte er, er gehe »im Glauben, etwas Gutes versucht zu haben.«

Einen ähnlichen Ansatz wie APBNews.com, nur in viel kleinerem Maßstab, verfolgt *Thesmokinggun.com* in New York. Das Projekt zeigt, wie man das Internet einsetzt, um Dinge zu recherchieren und zu präsentieren, die auf herkömmlichem Weg nicht oder nur schwer möglich waren. Mitte der 1990er-Jahre gründeten zwei Reporter in New York, ehemals Mitarbeiter der alternativen Wochenzeitung *Village Voice*, eine Website, die Dokumente veröffentlicht. Natürlich lebt auch diese Website vom Voyeurismus und den Schwächen der Promis, wenn beispielsweise im Polizeibericht über Schauspieler Jack Nicholson wiedergegeben wird, wie er nachts zwei Prostituierte orderte, sich mit ihnen vergnügte, sich aber dann weigerte, zu zahlen. Mit der Veröffentlichung solcher Dokumente ist *Thesmokinggun.com* erfolgreich genug, dass *Court TV* (jetzt *TruTV*; Time Warner) die Website im Jahr 2000 kaufte. Die Redakteure weisen jedoch jeden Verdacht zurück, sie seien lediglich eine weitere Klatschwebsite. Davon unterscheide sie, dass sie sich nicht auf Gerüchte verließen, sondern ihre Berichte belegten.

Thesmokinggun.com enthüllte vor zwei Jahren, dass der Autor James Frey wesentliche Teile seiner angeblichen Erinnerungen »Tausend kleine Scherben« erfunden hatte. Mithilfe des Internets entlarvte die Site 2008 FBI-Akten, die eine Verwicklung des Musikproduzenten Sean ›Diddy‹ Combs in die Ermordung des rivalisierenden Rappers Tupac Shakur nahe legten, als Fälschung. Diese Dokumente hatte die *Los Angeles Times* zuvor als Beleg angeführt, obwohl die Fälschung leicht festzustellen war, behauptet die Website: Die Dokumente seien mit einer Schreibmaschine verfasst worden, obwohl das FBI doch schon seit rund 30 Jahren keine Schreibmaschinen mehr verwende.

Die Akten des FBI waren also das, was amerikanische Reporter eine ›smoking gun‹ nennen – einen rauchenden Colt, also einen Beweis, der den Vorwurf belegt. Das kann ein Tonbandprotokoll der Polizei sein, das einen Politiker wie den New Yorker Gouverneur Elliot Spitzer der Prostitution überführt. Oder Ermittlungsakten des FBI wie im Fall von Shakur und Combs. Fraglich ist dann, ob die Anschuldigungen wahr sind. Und fraglich ist zudem, ob das Protokoll selbst echt ist, wie der Fall Combs/Shakur zeigt. Denn die angeblichen Akten des FBI erwiesen sich als Fälschung, wie die *Los Angeles Times* zugeben musste. Die Zeitung entschuldigte sich bei ihren Lesern, dass sie darauf hereingefallen sei. Immerhin war der Autor der Geschichte, Chuck Philips, ein namhafter Reporter, der 1998 mit einem Kollegen korrupte Zahlungen in der Musikbranche enthüllt hatte und dafür 1999 den Pulitzerpreis erhielt. Er habe so recherchiert wie immer, entschuldigte sich Philips – und monatelang nach der Wahrheit gesucht. »Die Wahrheit hier ist, dass ich reingelegt wurde. Dafür übernehme ich die volle Verantwortung.« Ein ehemaliger FBI-Mitarbeiter, der im Fall Shakur ermittelte, habe ihm gesagt, er schätze die Dokumente als echt ein. Combs Anwälte drohen der Zeitung eine teure Schadensersatzklage an, immerhin hätten sie die *Los Angeles Times* darauf aufmerksam gemacht, dass die Beschuldigungen aus der Luft gegriffen seien.

Wenn man von positiven Entwicklungen spricht, darf man Joshua Micah Marshall und seinen Blog *Talking Points Memo* nicht vergessen. Gegründet 2000 als Ein-Mann-Betrieb, arbeiten mittlerweile sieben Reporter und Redakteure für Marshall in New York, dazu mehrere Praktikanten. Gelobt und ausgezeichnet wurde *TPM* für seine Recherchen und Berichte zur fragwürdigen Politik der Bush-Regierung, die acht unliebsame Justizminister in einigen Bundesstaaten feuerte. Ihr Vergehen war, dass sie unabhängig von der Parteilinie der Republikaner agierten. Lokale und regionale Zeitungen berichteten über die einzelnen Vorfälle. Aber es war Marshall, der die Fäden zusammenknüpfte, recherchierte und nicht locker ließ, bis auch nationale Medien aufmerksam wurden und am Ende der Justizminister Alberto Gonzales zurücktreten musste. Marshall und seine Website erhielten viel Lob und 2008 als erstes Online-Magazin den renommierten George Polk Award. »Gebt diesem Mann einen Pulitzer«, forderte die Zeitschrift GQ. Wenn amerikanische Journalisten positiv in die Zukunft schauen, dann erwähnen sie Joshua Marshalls Website. Marshalls Site hat durchschnittlich 400.000 Besucher täglich und lebt davon, dass die

Leser (darunter Anwälte, Aktivisten und Geheimdienstleute) Hinweise geben und Material beschaffen. Die Finanzierung bestritt Marshall übrigens jahrelang durch Spenden, zu denen er à la *taz* regelmäßig aufrief. Mal erhielt er 6.000 Dollar, mal 1.000 Dollar.

Vielleicht ist im Internetzeitalter nicht nur journalistischer, sondern auch unternehmerischer Spürsinn gefragt: Mit Spendengeldern machte sich auch der ehemalige New Yorker Agenturjournalist Chris Allbritton auf und berichtete in seinem Blog (http://www.back-to-iraq.com/) vom Krieg im Irak. Er versprach seinen Geldgebern, er werde für sie unabhängig berichten und sammelte so 15.000 Dollar, die ihm die Reise und den Aufenthalt ermöglichten. Das Internet verhilft denjenigen zu mehr Freiheit, die sie zu nutzen wissen.

Blogs: Fortlaufend online veröffentlichen

Kann das Internet dem Journalismus neue Impulse geben? Die *New York Times* hat ungefähr 50 ›journalistische Blogs‹, wie die Redaktion sie nennt. Diese Blogs funktionieren wie eine Nachrichtenagentur, die fortlaufend online veröffentlicht. In einem dieser Blogs berichten Experten und Betroffene über Adoptionen; ein anderer berichtet von den täglichen Pressekonferenzen des Bürgermeisters Michael Bloomberg und er tut das sogar ausführlicher als eine Nachrichtenagentur berichten würde. Im Grunde ist man fast live dabei, wenn sich ein Reporter Notizen von der Pressekonferenz macht.

Ob der Journalismus neue Impulse aufnimmt, wird davon abhängen, ob sich die seit etwa drei Jahren in einer Krise befindlichen amerikanischen Zeitungen konsolidieren können. Viele Verlage verdienen Geld, nur eben nicht so viel wie in den Zeiten, als sie in vielen lokalen Märkten ein Monopol besaßen. Die Gewinne der Zeitungsindustrie liegen laut *State of the News Media Report* 2007 des ›Project for Excellence in Journalism‹ nach wie vor bei 20 Prozent – einst waren es fast 30 Prozent. Entlassungen sind also oftmals nur eine Maßnahme, um Personalkosten zu senken und die Gewinne zu erhöhen.

Noch im Jahr 2000 galten die *Chicago Tribune* und ihre zehn Schwesterzeitungen, unter anderem in Los Angeles und Baltimore, als bestens für die Veränderungen gerüstet, die das Internet mit sich bringt. Die *Chicago Tribune* war die Hoffnungsträgerin der amerikanischen Zeitungsbranche und der Liebling der Wall Street, weil sie ein Rezept für die Herausforderungen des Internets zu haben schien. Dean Richards verkörperte diese Lösung und wurde wegen seiner Vielseitigkeit vor acht Jahren sogar von der *New York Times* als Erfolgsmodell gepriesen. Am Wochenende moderiert Richards eine Sendung der Radiostation WGN. Werktags beliefert er den Fernsehsender WGN TELEVISION mit Berichten aus der Filmbranche. Für die Wochenendbeilage der *Chicago Tribune* schreibt er über die Oscar-Verleihung. Natürlich landen seine Berichte auch auf den verlagseigenen Websites. Ach ja, und einmal pro Woche verkündet er im Fernsehen die Lottozahlen. Richards' Terminkalender mag dem eines freien Journalisten gleichen, der jeden Job annimmt, um sich durchs Leben zu schlagen. In Wirklichkeit ist alles geplant und Richards arbeitet exklusiv für die Tribune Company. Die Frage, ob seine Arbeit noch Journalismus ist, mag als puristisch erscheinen. Immerhin bezeichnet der Verlag Mitarbeiter wie ihn nicht mehr als Journalisten, sondern als ›Content Provider‹ – als Inhaltslieferanten. Ihre Zeitung nennen die Verlagsleute ›Informationsfabrik‹. Besonderen Wert legten sie auf ihre 23 Fernsehstationen.

Schon im Jahr 1993 hatte der Verlag in der Nachrichtenredaktion der *Chicago Tribune* im vierten Stock des mächtigen Tribune Tower ein Fernsehstudio eingerichtet, damit sich die Zeitungsreporter dort zu ihren Recherchen interviewen lassen können, die erst am Tag darauf in ihrer Zeitung zu lesen sind. Ähnliche Studios wurden im Washingtoner Hauptstadtbüro und in den kleineren Verlagszeitungen etabliert. Als die Tribune Company im Jahr 2000 den kalifornischen Verlag Times Mirror kaufte (dem unter anderem die *Los Angeles Times* gehörte), betonte sie, sie wolle ihr Modell auch auf dessen Zeitungen ausdehnen. Das sei sogar einer der Gründe für den Erwerb gewesen, sagte damals John W. Madigan, der Vorstandsvorsitzende.

Kein anderes amerikanisches Unternehmen habe aggressiver versucht, Gewinn aus dem Besitz verschiedener Medien in einer einzigen Stadt zu schlagen, urteilte das *Wall Street Journal*. Kein Zeitungshaus habe das Synergiemodell so konsequent kopiert und umgesetzt. Man zwinge keinen Journalisten, dabei mitzumachen, versicherten die Verlagsleute. Wie auch, bekommt doch niemand aufgrund seiner Mehrarbeit mehr Gehalt. Aber nur wer sich zusätzlich engagiert, könne mit einer Beförderung rechnen, berichtete die *New York Times*. Verlagsmanager waren sich sicher, dass sich Journalisten über die zusätzliche Möglichkeit der Selbstdarstellung freuten. Der Verlag stünde an der Spitze der Entwicklung im Multimedia-Journalismus, betonte seinerzeit Tom Goldstein, der damalige Leiter der Journalistenschule der New Yorker Columbia University. Nicht nur das: Der Verlag hatte früh in AOL und andere Internetfirmen investiert. Als die Anzeigen ins Internet wanderten, gründete er eine Werbefirma im Internet.

Und heute? Irgendwas lief schief, denn inzwischen ist der Verlag ein Symbol der Krise. Vor allem die *Los Angeles Times* beschäftige zu viele Mitarbeiter und nehme zu wenig Werbegelder ein, heißt es. 2007 hat der Immobilien-Tycoon Sam Zell, 67, den Verlag gekauft und privatisiert. Zell hatte davor noch nie etwas mit Medien zu tun gehabt. Er ist mehrfacher Milliardär, der die Kaufsumme von mehr als acht Milliarden Dollar ohne Weiteres hätte zahlen können. Doch Zell hat nur 300 Millionen Dollar gezahlt. Den Rest finanzierten Investoren auf Pump und vor allem die Mitarbeiter des Verlags, die dafür ihre Pensionsansprüche einsetzten. Ein hohes Risiko. Der Verlag sitzt nun auf mehr als 13 Milliarden Dollar Schulden. Auf dem Papier sind die Mitarbeiter Eigentümer. In Wirklichkeit bestimmt Zell.

Die Krise hat die gesamte Zeitungsbranche erfasst

Zell hat immer wieder betont, der Rauswurf von Mitarbeitern löse keine Probleme. Aber bei allen seinen Zeitungen werden Leute auf die

Straße gesetzt: 80 Reporter und Redakteure bei der *Chicago Tribune* und 50 beim *Hartford Courant*. Im Juli 2008 ist die Chefredakteurin der *Chicago Tribune*, Ann Marie Lipinski, gegangen. Gekürzt wurde vor allem bei der *Los Angeles Times*, wo 230 Mitarbeiter gehen müssen, darunter 130 Journalisten. Der Herausgeber der *Times* ist ebenfalls abgetreten. Der Zeitungsumfang soll um 15 Prozent schrumpfen, um Druckkosten zu sparen. Es ist Schlussverkauf. Das Lokalblatt *Newsday*, dessen New Yorker Ausgabe vor Jahren eingestellt wurde und das seitdem nur noch auf Long Island erscheint, ging für mehr als 600 Millionen Dollar an den Mediengiganten Cablevision. Das Baseballteam der Chicago Cubs steht zum Verkauf, ebenso die Verlagsgebäude in Chicago und Los Angeles. Trotz des Sparkurses wurde die Schuldenlast und die Finanzkrise dem Konzern zum Verhängnis. Anfang Dezember 2008 meldete die Tribune Company Konkurs an.

Die Krise hat längst die gesamte amerikanische Zeitungsbranche erfasst. Schuld an der Transformation sei das Internet, das zu einem nie da gewesenem Wettrennen zwischen Entlassungen und Erneuerung geführt habe, wobei die großen seriösen Tageszeitungen sehr viel stärker betroffen seien als Lokalzeitungen, betont das gemeinnützige ›Project for Excellence in Journalism‹ in der 2008 veröffentlichten Studie *The Changing Newsroom*. Die Studie gilt als die umfangreichste Bestandsaufnahme zur Krise, für die Mitarbeiter von über 250 der von insgesamt 1217 Tageszeitungen in den USA befragt wurden. Mehr als 50 Prozent der kleinen Titel haben demnach innerhalb der vergangenen drei Jahre Redakteure entlassen; bei den großen Zeitungen mit einer Auflage von über 100.000 Stück seien es dagegen 85 Prozent. Das Blog *Paper Cuts* listet für 2007 mindestens 2185 Entlassungen bei Tageszeitungen; 2008 seien es im August bereits mehr als 7200 gewesen.

Die Studie untersucht, welche Fähigkeiten den Zeitungen abhanden gekommen sind. Am stärksten beklagten die Chefredakteure den Verlust von journalistischem Sachverstand und Fachwissen, die mit dem Abgang erfahrener Kollegen verschwänden. Viele der Entlassenen zählten zu den erfahrensten Reportern. Darunter leide die redaktionelle Bearbeitung von Texten, etwa die Korrektur von Fehlern. Geschichten müssten heute schneller von weniger erfahrenen Reportern und Redakteuren recherchiert und bearbeitet werden. Texte seien weniger gut belegt, klagte der Chefredakteur einer großen Zeitung. Er sehe ›mehr Löcher‹ in den Geschichten.

Junge Mitarbeiter brächten hingegen neue Multimedia-Kenntnisse in die Redaktionen und könnten auch unter Zeitdruck ihre Recherchen mehrfach verwerten. Beim *Miami Herald* müssen sie sechs verschiedene Publikationen bedienen: Neben der Zeitung und deren Website gehören dazu eine weitere Website für Unterhaltung, ein lokaler Fernsehsender, eine TV-Station im Internet und ein Kurznachrichtenservice für Online-Kunden.

Zeitungen seien dünner und Artikel kürzer geworden, so die Befragten. Sie enthielten weniger Berichte aus dem Aus- und gesamten Inland, aus Wissenschaft und Kultur und aus diversen Fachgebieten. Der Schwerpunkt liege auf dem Lokalen. Investigativer Journalismus werde nach wie vor geschätzt und Zeitungen hätten ihn in ihre Websites integriert. Journalisten würden ihre Geschichten nun stets zuerst online veröffentlichen und hielten Enthüllungen nicht mehr für die Printausgabe zurück. Websites lösten intern Hoffnungen, aber auch Ängste aus: Das Web brachte viele neue Leser. Aber Redakteure seien hin- und hergerissen zwischen den Möglichkeiten im Internet und der vielen Energie, die sie für Texte und Projekte aufbringen müssen, deren Wert sie selbst als gering oder fragwürdig einschätzten. Oft fehle Zeit, um Themen und Geschichten eingehend zu besprechen. Ein großer Teil betrachte das Internet als Retter der klassischen Zeitungsredaktion.

Der Autor der Studie, Tyler Marshall, der einst für die *Los Angeles Times* arbeitete, erwartet weitere Entlassungen. Mit Erstaunen registrierte er bei den Verbliebenen die Hoffnung, mit einer stark verkleinerten Redaktion teilweise hochwertigeren Journalismus produzieren zu können. Er erklärt das mit dem Zweckoptimismus, sich motivieren zu müssen. Die *Los Angeles Times* fand übrigens genau darin die gute Nachricht und titelte: »Amerikanische Zeitungsredakteure laut Studie noch optimistisch«.

Wesentlich wird sein, ob die großen seriösen Zeitungen die Krise meistern und wirtschaftlich bestehen können. 2008 hat die *Washington Post* sechs Pulitzerpreise erhalten, mehr als je zuvor (nur die *New York Times* erhielt 2002 noch einen mehr). Für eine der ausgezeichneten Geschichten haben zwei Reporterinnen vier Monate lang recherchiert und 200 Personen befragt. Werden es sich auch Online-Medien leisten können, eine solche Recherche aus eigener Kraft zu finanzieren? Im Juli 2008 hat die *Washington Post* einen neuen Chefredakteur eingestellt. Die Herausgeberin Katherine Weymouth hat bewusst einen Mann gewählt, dem sie glaubt, dass er Print und Online verzahnen könne: Marcus Brauchli war davor Chefredakteur des *Wall Street Journal* und stand dort im Ruf, Website und Zeitung verbunden zu haben. Allerdings gingen seinem damaligen Verleger die Reformen nicht schnell genug. Murdoch drängte Brauchli raus. Die tägliche Auflage der *Washington Post* liegt bei 673.000, ist aber rückläufig, die Redaktion durchlebt gerade den Abschied von mehr als 100 Mitarbeitern in den vorzeitigen Ruhestand. Es ist bereits die dritte Schrumpfungsrunde dieser Art. Brauchlis Hauptaufgabe wird sein, die Website (monatlich rund 9,4 Mio. Besucher) mit der Printausgabe zu verzahnen und Wege zu finden, damit aufwendige und kostspielige Recherchen im Internet nicht nur Leser erreichen, sondern auch finanzierbar werden.

Selbst die *New York Times* gilt nicht mehr als sicher. Die Verlegerfamilie Sulzberger steht unter Druck, ebenso der Aktienkurs. 2008 musste sie 100 Mitarbeiter entlassen. Wer oder was kann sie retten? Medienkritiker nannten als möglichen Käufer das Internetunternehmen Google. ›Don't be evil‹ lautet der Grundsatz des wirtschaftlichen Giganten im Internet, und vielleicht kam deshalb bei einigen Journalisten in den USA der Wunsch auf, Google oder die Google-Stiftung möge doch die *New York Times* erwerben, bevor es irgendein Finanzspekulant tut. Natürlich könnte Google mehr tun, als mit seinem Geld unabhängigen Public Journalism zu fördern.

Google News könnte ein großes Portal sein, das dem Online-Journalismus neue Impulse gibt. *Google News* ist Branchenbeobachtern jedoch ein Rätsel. Sechs Jahre nach dem Start ist die Site kaum konkurrenzfähig. *Google News* gibt es in 20 Sprachen und 43 Ländern. Aber während *Yahoo!News* mit 35,8 Millionen Nutzern im Mai 2008 die Besucherzahlen anführte, rangierte *Google News* lediglich an achter Stelle. Artikel auf *Google News* werden von einem Computer sortiert und gewichtet – Journalismus ist das nicht.

An Einsicht für die Nöte des Journalismus fehlt es an der Spitze der Google-Manager nicht, wie Google-Chef Eric Schmidt wiederholt erkennen ließ. Im August 2008 äußerte er sich besorgt über die Krise der Zeitungen und betonte, wie wichtig investigativer Journalismus für die Demokratie in den USA sei. Er fragte sich auch, ob Google nicht für die Krise mitverantwortlich sei. Aber ein stärkeres Engagement von Google im Journalismus ist (bislang) ein Traum einiger Weniger. Und vielleicht ist das auch gut so, weil ein Riese wie Google eine (berechtigte) Diskussion über Fragen von Abhängigkeiten auslösen würde.

Stiftungsjournalismus – vielleicht ein gutes Zeichen?

Bedeutet das Internet das Ende des Journalismus, wie es bereits eine gut besuchte Website (www.eofj.org) ankündigt? Boulevardjournalismus, parteiischen Journalismus und schlampigen, oberflächlichen Journalismus gibt es so lange, wie es Zeitungen gibt. Der Klatschreporter Walter Winchell half in den 1950er-Jahren dem Politiker Joseph McCarthy, unliebsame Leute als Kommunisten anzuschwärzen. Boulevardfernsehen erlebte spätestens zum Gerichtsverfahren gegen O.J. Simpson einen Höhepunkt. Das Internet war damals, Mitte der 1990er-Jahre, im Kommen, spielte aber noch keine dominierende Rolle als Weiterverbreiter von Gerüchten. Es war das Fernsehen, das Gerüchte und Halbwahrheiten verbreitete, ebenso wie die Zeitungen. Das hat sich mit Bill Clintons Affäre und dem *Drudge Report* geändert. Seitdem gilt das Internet als Gerüchtebörse und große Dreckschleuder, in der Rufmord an der Tagesordnung ist, ohne dass jemand etwas dagegen unternimmt. Geändert haben sich vor allem Geschwindigkeit und Reichweite.

Das Internet wird den Journalismus verändern, keine Frage. Möglicherweise wird es mehr Gerüchte und Halbwahrheiten verbreiten als Fakten und Einschätzungen. Es wird aber auch ein Bedürfnis nach gut recherchierten Texten auslösen. Organisationen wie Pro Publica in New York oder das Center for Investigative Journalism in Berkeley, die mit Spenden und Stiftungsgeldern investigativen Journalismus betreiben, sind dank des Internets nicht mehr auf Gedeih und Verderb auf Kooperationen mit etablierten Medien angewiesen, sondern können ihre Recherchen zudem ausführlich selbst veröffentlichen.

Online-Journalismus muss auch nicht schlechter sein als Print-Journalismus: Online-Magazine wie *Slate* (ehemals Microsoft) und *Salon* liefern seit Ende der 1990er-Jahre Qualitätsjournalismus und haben viele Krisen überstanden: *Slate* gehört heute dem Verlag der *Washington Post*; *Salon* nahm 1999 durch den Börsengang 25 Millionen Dollar ein, ist aber mit einem hohen zweistelligen Millionenbetrag stark verschuldet, der Aktienkurs dümpelt bei rund einen Vierteldollar. Aber *Salon* lebt immer noch von den Einnahmen des Börsengangs und betreibt besseren Journalismus als viele Konkurrenten.

Das Internet bietet unbegrenzt Raum für lange Geschichten. Pro Publica nutzt diese Möglichkeit und stellt wichtige Dokumente als Belege ins Internet. Zeitungen beginnen, Fehler in ihren Veröffentlichungen fortlaufend zu berichtigen, sodass online die korrigierte Version abrufbar ist. Diese Möglichkeit wird bislang noch viel zu selten genutzt. Transparenz und der Wille, Recherchen zu ergänzen und richtig zu stellen, sind Zeichen von seriösem Journalismus. Das Internet bietet dafür neue Möglichkeiten. Allerdings wird seriöser Journalismus aufgrund des wirtschaftlichen Drucks möglicherweise mehr und mehr zu einer Nischenveranstaltung. Womöglich werden heutige Angebote des Mainstreams irgendwann nur noch als alternative Angebote gelten.

Zu welcher Antwort kam Ben H. Bagdikian? Kann eine neue Technologie Altbewährtes verdrängen? Und wann kommt also das Ende des Gedruckten? Seine Antwort: »Gedrucktes ist weder tot noch ist es am Sterben«, schrieb er 1971. Es habe Platz machen müssen für neue Technologien, sei aber nicht verdrängt worden. Das neue Medium spalte und es sei revolutionär. Aber Gedrucktes sei unersetzbar. Jahre später gewann Bagdikian den Pulitzerpreis und schrieb ein Standardwerk über das Monopol einiger weniger Medienunternehmen (*The Media Monopoly*), das in vielen Auflagen erschien. Als er 2004 – mittlerweile als *dean emeritus* der Journalistenschule der University of California in Berkeley – wegen vieler neuer Entwicklungen eine völlig überarbeitete Fassung mit neuen Kapiteln zum Internet schrieb, tauchte die Frage, ob der Qualitätsjournalismus am Ende sei, gar nicht auf. Sie schien ihm nicht in den Sinn zu kommen. Vielleicht ist das ein gutes Zeichen für den Journalismus im Internet.

Literatur

ADAMS, RUSSELL: New-Media Focus Splits Associated Press Members. In: *Wall Street Journal*, 26.6.2008

ALTERMAN, ERIC: Out of Print. In: *New Yorker*, 31.3.2008

BAGDIKIAN, H. BEN: *The Information Machines*. New York, 1971

GLENN, DAVID: The Josh Marshall Plan. In: *Columbia Journalism Review*, 9/10 2007

HELFT, MIGUEL: At Google, Slow Groth in News Site. In: *New York Times*, 24.6.2008

KOVACH, BILL; TOM ROSENSTIEL: *The Elements of Journalism: What Newspeople Should Know and The Public Should Expect*. New York 2001

MCLEARY, PAUL: How Talking Points Memo Beat the Big Boys. In: *Columbia Journalism Review*, 15.3.2007

STATE OF THE NEWS MEDIA 2008: *The Changing Newsroom*, journalism.org, 2008

Robert Basic –
Der Einheizer

Was einem an Robert Basic sofort auffällt ist, dass er ohne jegliche Berührungsängste mit seinem Gegenüber einfach drauflos plaudert. Kommt das aus der Blog-Kommunikation, wo man regelmäßig vor einem Publikum aus Wildfremden in einen anfangs leeren Raum hineinkommuniziert, bis die Leserschaft die eigenen Beiträge zu kommentieren beginnt? Robert Basic, dessen Nachname sich nicht wie das englische ›Basic‹, sondern wegen seiner Herkunft ›Basitsch‹ ausspricht, sagt, er sei halt einfach so.

Bei einem Treffen in einer Frankfurter Rudererkneipe an einem Sommertag fällt es leicht, mit einem der erfolgreichsten Blogger Deutschlands ins Gespräch zu kommen. Basic ist immerhin aus dem beschaulichen Usingen im Hochtaunuskreis extra in die Bankenmetropole gekurvt, um sich dem Porträtisten zu stellen. Dort, wo die Frankfurter Vorortslandschaft noch nicht ganz so nobel ist wie in Kronberg und Bad Homburg, lebt er seit einigen Jahren, betont aber, dass es ihn regelmäßig in die Großstadt ziehe, wo mehr los sei. Es scheint, als wolle er gleich zu Anfang das typische Image des Internet-Freaks korrigieren: Er müsse ja nicht immer vor dem Rechner sitzen.

Für seine 42 Jahre wirkt Basic in dem lässigen T-Shirt mit Internet-Motiv jugendlich. Er habe die Nacht durcharbeiten müssen, entschuldigt er seine Müdigkeit – macht dabei allerdings nicht den Eindruck, dass ihn so etwas wirklich stören würde.

»Ich blogge, was ich fühle«

So recht erklären, warum sein Weblog *Basic Thinking* (das durchaus wie das englische ›Basic‹ ausgesprochen werden soll) inzwischen derart populär ist und je nach aktueller Blogger-Hitliste zwischen Platz 1 und 3 in Deutschland pendelt, kann er auch nicht. Wahrscheinlich habe es damit zu tun, wie viel er im Netz schreibe und, dass er dies seit sieben Jahren verlässlich und nahezu ununterbrochen tue – erst zusammen mit anderen Bloggern, inzwischen unter eigener ›Marke‹, wie er es nennt.

Inzwischen schauen, je nach Wochentag, zwischen 5.000 und 10.000 Leser auf seinem Blog vorbei. Hinzu kommen knapp 10.000, die *Basic Thinking* über eine Nachrichtenlesesoftware (Feedreader) abonniert haben und das Blog zumindest am Rande wahrnehmen. Stellt Basic etwas online, wird es von anderen Blogs aufgegriffen und verlinkt, er ist gut in die Weblog-Community integriert, es wird bei ihm viel kommentiert und diskutiert. Diese Vernetzung findet längst ihre Fortsetzung im realen Leben: Basic wird regelmäßig zu Konferenzen eingeladen und hilft Unternehmen bei der Ausarbeitung und Umsetzung ihrer Online-Strategien. *Basic Thinking* ist sein ständig aktualisiertes Aushängeschild, auf das er verweisen kann, und über das er neue Kontakte knüpft.

Neulich wurde er in einer weltweiten Untersuchung der 50 wichtigsten Blogger als einziger Deutscher aufgeführt. Der britische *Observer* hatte die Liste erstellt, Basic landete auf Platz 19 noch vor international bekannten Blogs wie der Frauenseite *Jezebel* oder dem Start-up *Mashable*. Als Begründung zitieren die *Observer*-Autoren aus einer anderen Hitliste. Durch die sind sie wohl über Basic gestolpert – so ist das in dieser vernetzten Welt nun mal. Was den Blogger indes freuen dürfte ist, dass die britischen Zeitungsmacher das Motto seines Blogs auf Deutsch rezitierten: »Mein Haus, mein Himmel, mein Blog.«

Manche, die eine Einordnung vornehmen wollen, vergleichen Basic gerne mit dem bekannten US-Blogger Michael Arrington, dessen Seite *Techcrunch* Internet-Neugründungen hoch- und wieder herunterzuschreiben vermag, so viel Macht hat sie im Silicon Valley. Doch genau das wolle er nicht, sagt Basic, dafür sei sein Blog zu eigensinnig, obwohl auch er immer mal wieder über Start-ups schreibe. Die Seite sei vor allem ein Abbild seiner selbst, aber keinesfalls ein ›Themenblog‹, wo es nur um ein spezielles Sujet gehe. Er schreibe also über all das, was ihn selbst interessiere. Weil er als ehemaliger Mitarbeiter der IT-Abteilung der Deutschen Bank natürlich stark an Internet, Software und Hardware interessiert sei, spiegele sich das eben auch in seinem Blog wider. »Wie man auf Themen kommt? – Inneneindrücke wie Außeneindrücke zugleich«, sagt er. »Ein Wort, ein Bild, eine Idee, ein Link, ein Gedanke, eine Mail, ein Gespräch.« Die Möglichkeiten zum Themenanstoß seien unendlich. Dabei komme es vor allem darauf an, sagt Basic, aus sich selbst heraus zu schreiben – ob mit Rechtschreibfehlern oder ohne, sei letztlich egal. »Ich blogge, was ich fühle«, will er seine Einstellung auf den Punkt gebracht wissen. Er sagt es so, als ob er nicht anders könnte. Vermutlich würde er lieber aufhören, bevor er sich bei seiner Netzschreiberei zu irgendetwas zwingen muss.

Das Leben der Anderen

Der Hang zu Internet-Themen hindert Basic nicht daran, immer wieder witzige Videos oder Musikstücke zu posten, die die Leserschaft erfreuen – dank *YouTube* sei das heutzutage ja auch kein Problem mehr, sagt er. Trockene Themen wie Datenschutz beackert er ebenfalls, jüngst regte er sich beispielsweise über die Abhöraffäre bei der Deutschen Telekom auf und taufte sie auf den Namen »Stasikom«, ein Begriff, den auch andere deutsche Blogger übernahmen.

Ansonsten ist bei Basic erlaubt, was gefällt. Das betont er gern und häufig. Dass er mit dieser Auffassung offensichtlich einen Nerv getroffen hat, hängt vor allem damit zusammen, dass der Blogger aufgrund seiner Interessenslage stets am Puls des Internet-Geschehens ist – eben weil er das Netz so spannend findet. »Derzeit finde ich Mobiltechnologien cool«, sagt er und deutet auf seinen mit WLAN-Vernetzung ausgerüsteten Musikspieler ›iPod touch‹. Bei solchen Geräten komme, trotz des seit Jahren letztlich unerfüllten Hypes, noch einiges auf uns zu: »Wir werden bald alle mit diesen Dingern herumlaufen.«

Ganz ohne Hypes kommt der *Basic-Thinking*-Blogger allerdings nicht aus. Man könnte ihm vorwerfen, selbst ein Einheizer zu sein, der die aktuelle ›Web 2.0‹-Euphorie weiter befeuert. Er wolle, sagt er ohne Ironie, allen Menschen und Ideen erst einmal mit Offenheit begegnen. »Kritisieren kann man sie ja anschließend immer noch.« Was er auch tut, ohne ein Blatt vor den Mund zu nehmen. Die Rolle des Großkritikers wollte er trotzdem nie einnehmen.

Basic erläutert diese zwiespältige Haltung an einem Beispiel, den von Investoren noch bis vor wenigen Monaten hoch bewerteten sozialen Netzwerken wie beispielsweise *Facebook* oder *studivz*. Die seien trotz des ganzen Tohuwabohus in den Medien doch eigentlich eine grundsätzlich gute Erfindung. »Man muss sich mal anschauen, was passiert, wenn man da seine komplette Verwandtschaft hineinholt. Leute, mit denen man vielleicht einmal im Jahr redet, kommunizieren wieder mit einem. Man bekommt einen ganz anderen Einblick in das Leben Anderer.« Dass der Datenschutz bei dieser Art der Online-Vernetzung keineswegs befriedigend geklärt ist und Firmen bei weitem nicht immer den Nutzer mit seinen Interessen im Auge haben, räumt Basic gerne ein: »Die Digitalisierung des realen Lebens ist heute möglich, aber eben auch schwierig. Unsere Sozialisierung ist darauf manchmal noch gar nicht vorbereitet.« Damit meint er zugleich: fehlende Medienkompetenz.

Den Meißel selbst in der Hand halten

Er selbst scheint jedenfalls zu wissen, was er tut. Basics Blog *Basic Thinking* läuft finanziell nicht schlecht. Mit dem Blog generiert er neben seiner IT-Projektarbeit nach eigener Aussage ein ordentliches Einkommen. Rund 3000 Euro an Werbegeldern kommen durchschnittlich im Monat zusammen – stattlich für deutsche Weblog-Verhältnisse, wo oft nur ein paar Euros verdient werden. Viel tun musste er dafür nicht: Nachdem er seine Leser aufgerufen hatte, ihm gegen Provision doch mal den ein oder anderen Werbekunden zu vermitteln, weil er selbst keine Zeit dafür habe, schalteten diese gleich selbst bei ihm Banner für Internet-Dienste und High-Tech-Produkte. Er glaubt, dass andere Blogger eine ähnliche Chance hätten, um einen Teil ihrer Miete zu begleichen: »Nur kann eben nicht jeder bei Werbekunden einfach anrufen und dann Bannerwerbung eintüten.« Es sei aber auch für Blogger keine Hexerei, Werbekunden zu finden: »Die Möglichkeiten sind da.«

Dank Blog und Internet verwalten die heutigen Internetnutzer Produktionsmittel zur weltweiten Meinungsäußerung, das war eine Generation zuvor noch undenkbar: »Passiv gesehen ist es das Bewusstsein, Teil einer großen Zukunft zu sein, aktiv gesehen entwickelt sich das Bewusstsein, dass man nicht nur schweigend daneben steht, sondern auch einen Meißel in der Hand hält.« Dabei sieht er sich selbst als kleines Rädchen einer großen Bewegung: »Ich stehe nur stellvertretend für viele andere, die daran mitwirken, dass wir alle eine Stimme bekommen und nicht nur ein kleiner Teil der Menschheit.«

Muss der professionelle Journalismus vor dieser Bewegung, die immer mehr Anhänger findet, Angst haben? Schließlich werden dort ebenfalls Inhalte in den großen Online-Kosmos eingespeist. Hinzu kommt: Nirgendwo lassen sich Fehler von Mainstream-Medien besser aufdecken und zurückverfolgen als im Internet. Watchblogs wie *Bildblog* (s. Porträt Niggemeier) tun das täglich und halten Profis den Spiegel vor – eine Tatsache, die für Journalisten anfangs ungewohnt war, sie aber auch zu besserer Arbeit anspornen kann.

Basic will sich den Schuh der starren Konfrontation zwischen ›Old Media‹ und ›New Media‹ allerdings nicht anziehen: Auch als einer der deutschen ›Alphablogger‹, die sich gerne in den Konflikt verbeißen, gibt er erstaunlich ungern den Journalistenjäger. Stattdessen hat er einige gut gemeinte Ratschläge parat, die er auch an einer Journalistenschule vermittelt sehen würde: »Professionalität leitet sich von Dauerhaftigkeit, bewusstem Umgang mit dem Fach und dem steten Aufbau der eigenen Fähigkeiten ab«, sagt er und hat kein Problem damit einzuräumen, dass dies dem Mitmachnetz, in dem sich die Blogger tummeln, nicht per se innewohne.

Engagement und Liebe zum Beruf seien für Profis wichtig: »Daran scheint es hin und wieder dem einen oder anderen Schlechtverdiener unter den Journalisten zu mangeln.« Das Problem: Mit schlechten Texten grenze man sich als Medienmacher von Millionen anderer schreibender Publisher-Amateure eben nicht ab. »Solange letztlich Worte Macht haben und Journalisten die Wortkunst beherrschen, muss man sich aber keine Sorgen machen um die Zukunft der schreibenden Zunft.« Der Durst der Menschen nach Informationen bleibe unstillbar. Vorbilder aus dem Journalismus hat Basic trotzdem keine, die brauche er nicht. Journalist will er keiner sein.

»Wozu alles im stillen Kämmerlein?«

Es gibt Momente, in denen fürchtet sich Basic davor, zu viel Macht zu entwickeln. Er versucht dann, seine Leser bewusst in ungewohnte Richtungen zu lotsen: »Wenn zu viele Menschen auf einen hören, wird es schnell undemokratisch.« Das sei im Internet inzwischen genauso wie in geschlossenen oder gelenkten Massenmedien, schließlich sei die erreichbare Zielgruppe inzwischen gigantisch. Die Zukunft des Journalismus sieht Basic daher auch in der Zusammenarbeit: »Wozu alles im stillen Kämmerlein? Ein iterativer, offener Prozess kann ungemein spannender sein«, appelliert er – und empfiehlt Medienarbeitern, ihre Sozialkompetenz auch aufs Digitale anzuwenden, beispielsweise, den Aufbau von Informantennetzen über das Web zu intensivieren. Tradition sei durchaus angebracht. Die Rückbesinnung auf den Journalismus im eigentliche Sinne sieht Basic dabei als einziges verbliebenes Alleinstellungsmerkmal gegenüber der zunehmenden Intelligenz von

Maschinen, die Nachrichtenrohmaterial von Agenturen inzwischen erstaunlich gut filtern und aufbereiten könnte wie etwa *Google News*. Nur mit eigenem Material seien klassische Medien ökonomisch künftig tragbar, Redaktionsetats müssten in Dinge investiert werden, die Journalismus vom Einheitsbrei abheben. Mit dieser Haltung dürfte Basic bei vielen etablierten Online-Chefredakteuren wie Hans-Jürgen Jakobs von *sueddeutsche.de* oder Jochen Wegner von *focus.de* (s. Porträts Jakobs, Wegner) offene Türen einrennen.

Was das Bloggen anbetrifft, ist Basic vorsichtig optimistisch. Der Wirbel der letzten Monate sei zwar vorbei und nicht jede Firma brauche eine solche Webpräsenz. Doch die gefühlte Krise habe eben auch damit zu tun, wie die Medien mit dem Phänomen umgegangen seien: Bloggen sei erst zum heißesten Trend in Deutschland hochgeschrieben worden, bevor es zu einem Medium auf dem absteigenden Ast tituliert wurde. »Es muss viel geschrieben werden, damit die Leute in die Köpfe bekommen, dass sie jetzt so einfach publizieren können.« Dass die ›Szene‹ gerne von einem hippen Thema zum nächsten zieht, ist auch Basic bewusst: Aktuell sei das der Online-Kommunikationsdienst *Twitter*, über den man in 140 Zeichen SMS-mäßig der Menschheit mitteile, was man gerade tue oder was man gerade fühle. Basic selbst sieht das eher locker und wundert sich manchmal, wie es die Leute schaffen, bei solchen Diensten noch mitzuziehen. Süchtig nach immer neuem Input ist er selbst inzwischen nämlich nicht mehr – er hat kein Problem damit, wenn er ab und zu etwas verpasst. »Wenn es wirklich wichtig war, kriegt man es ja doch irgendwie etwas später mit.«

Wenn man Basic nach seinen Plänen für die kommenden Jahre fragt, reichen diese erstaunlich weit in die Zukunft: Bloggen würde er am liebsten noch mit 80 Jahren. Auf der Plattform *Basic Thinking* wird das aber vielleicht nicht mehr sein: Kurz vor Redaktionsschluss dieses Buches entschied sich Basic, sein altgedientes deutsches Blog zu verkaufen, um mit einem englischsprachigen Netztagebuch namens *Buzzriders*, das sich aktuellen Mobile-Computing-Trends widmen soll, weiter zu machen. Die Online-Auktion sorgte Basic-typisch im deutschen Web für viel Wirbel, mancher Journalist schrieb schon den Tod der deutschen Blogs herbei. Basic ficht das nicht an: »Ich mache das, weil ich die Idee mag, alle zwei Jahre etwas Neues zu machen.« Am ersten Versteigerungstag kamen immerhin bereits über 20.000 Euro an Geboten zusammen. Mein Haus, mein Himmel, mein Blog – nun auch bei eBay für am Ende immerhin 46.902 Euro. BEN SCHWAN

Robert Basic

Geboren am 3. November 1966 in Zagreb (Kroatien)

Ausbildung

Nach dem Abitur Studium der Betriebswirtschaftslehre an der Universität Frankfurt, Abschluss 1995 als Diplom-Kaufmann

Beruflicher Werdegang

Während des Studiums freie Mitarbeit beim Reisekonzern Neckermann

1995-2002 IT-Angestellter bei der Deutschen Bank in Frankfurt am Main

s. 2002 selbstständiger IT-Projektentwickler

2002-2009 Blog *Basic Thinking*

Robert Basic lebt getrennt von seiner Ehefrau in Usingen bei Frankfurt am Main und hat zwei Kinder (6 und 11 Jahre).

Markus Beckedahl –

Der Filter

Ein Mensch wie Markus Beckedahl ist einem schon immer nah, auch wenn man ihn noch nie getroffen hat. Wer Markus Beckedahl treffen möchte, muss sich nicht aus dem Haus bewegen. Das macht die Arbeit für den sogenannten ›professionellen Journalisten‹ einfacher und erschwert sie zugleich. Einfacher ist die Kontaktaufnahme. Man muss sich nicht durch Vorzimmer telefonieren oder durch das Umfeld der zu porträtierenden Person hangeln, um Beckedahl zu erreichen. Man geht auf seine Internetseite und findet eine E-Mail-Adresse, bei der man sicher sein kann, dass das Postfach, zu dem sie gehört, ständig durchgesehen wird.

Einfacher ist zum Zweiten die Planung für ein gemeinsames Treffen. Selbst einem Blog wie *netzpolitik.org*, in dem es um relativ abstrakte Sachen geht, was man schon an der hohen Abkürzungsdichte erkennen kann – ACTA, ISP-Zwangsfilter, WCT/WPPT, DMCA usw. –, ist mitunter zu entnehmen, wo sich Beckedahl aufhält, wenn er nicht in Berlin ist. Mitte Mai stand da: »Die nächsten zwei Wochen wird es eventuell etwas ruhiger hier, da ich unterwegs bin. Am Freitag gehts erstmal nach Zürich, wo ich am Samstag auf diesem Creative Commons Event sprechen werde. Sonntag geht es dann direkt weiter nach New Haven in den USA, um die Computers, Freedom and Privacy-Conference (CFP) an der Yale University zu besuchen. Anschließend werde ich noch eine Woche New York und Boston dranhängen und viele Menschen besuchen.« Viel ruhiger ist es dann übrigens nicht geworden.

Einfacher ist zum Dritten, sich ein Bild zu machen von Markus Beckedahl. Die gesamte re:publica-Konferenz, die er in diesem Frühjahr zum zweiten Mal organisiert hat, ist in lauter Videodateien abrufbar. Man kann natürlich auch *youtube.com* anwählen und ›Markus Beckedahl‹ eingeben. Und dann stößt man etwa auf einen Clip, in dem Beckedahl zum Abschluss der re:publica-Konferenz gefragt wird, was seine Höhepunkte gewesen seien. »Endlich wieder ganz viele Leute zu treffen, die ich den Rest des Jahres digital jeden Tag treffe. Aber mal face-to-face kurz Sachen zu besprechen, abends ein Bier miteinander zu trinken, das war ein schönes Highlight.«

Face-to-face im Hinterhaus

Damit wäre man bei den Schwierigkeiten, die sich beim Schreiben über einen Menschen wie Beckedahl stellen: face-to-face. Klingt wie eine Anwendung oder ein Tool, kurz: wie einer dieser Neologismen, die dem Unkundigen eine Welt eher verschließen, als dass sie Zugang zu ihr böten. Es klingt auch so technisch, dabei ist das etwas Natürliches, dass man sich trifft, einem Menschen begegnet, ein Bier trinkt. Und das Schreiben darüber lebt doch genau von diesen Natürlichkeiten, von den Bierdeckeln der fremden Lebenswelt, in die der sogenannte ›professionelle Journalist‹ eintaucht. Wenn er einen Schlosser porträtiert, dann gibt es eine Werkstatt, die ausgemalt sein will, das Schmieröl, der Kittel, die Gerüche, die Atmosphäre, wenn man so will, die Ausprägungen einer Arbeitskultur. Nun ist es unfair, einen Geistesarbeiter wie Beckedahl mit einem Handwerker zu vergleichen – bei einem Mathematiker verschwindet ja auch alles Lebensweltliche der Arbeitskultur in der Unsichtbarkeit des Unendlichen, in dem sich irgendwelche Funktionen und Vektoren »gute Nacht« sagen. Vielleicht ist alles also nur eine Frage des Schreibens, dass man über eine Welt, die aus Abkürzungen, Anglizismen und schlecht ausgeleuchteten Digitalbildern besteht, anders schreiben müsste.

Wer Markus Beckedahl face-to-face treffen möchte, landet im Hinterhaus eines Bürogebäudes in der Mitte des alten Berliner Ostens. Auf der Schönhauser Allee pflegen lässig und avanciert tätowierte Szenegestalten ihren analogen Lebensstil vor kanonischen chinesischen Restaurantdekorationen mit amerikanischem Fast Food. Hinten steht die Luft, das milieutypische Gemisch aus Elektrosmog und menschlichem Schweiß. Es gibt ein Ost-West-Gefälle, sagt Beckedahl zur Begrüßung, und das ist nicht politisch gemeint. Vorne knallt am Abend die Sonne rein, hinten ist es kühler. Hier sitzt Newthinking Communications, kein Flipper, keine Tischtennisplatte, kein Kicker, nur ein Golfteppich, den ein Praktikant einmal angeschleppt hat und der in einer Ecke liegt. Sonst: arbeitende Menschen hinter surrenden Computern. Das ist so ein Nachteil dieser Arbeitswelt, dass Computer eigentlich nie gut aussehen. Und die einzigen Geräte die gut aussehen, tragen ihr gutes Aussehen derart prätentiös vor sich her, dass man dahinter zwangsläufig Rosstäuscher vermuten möchte.

Dieses Problem ist Beckedahl durchaus bekannt. Newthinking betreibt nicht weit entfernt einen Laden, der ›Store‹ heißt wie die Filialen des Anbieters mit den gut aussehenden Computern. Der Newthinking Store bietet Linux-Software an, organisiert Workshops drumherum. »Es wird ein Mehrwert geschaffen«, wie Beckedahl sagt, und »Mehrwert« sagt er immer wieder, wenn er erklärt, wie man in diesem riesigen Reich des Kostenlosen namens Internet Geschäfte machen kann. Der Store läuft schlechter als erhofft. Es ist teuer, Rechner mit Linux zu versehen, weil man sie nicht ohne Betriebssystem kaufen kann. Und es ist schwer, Leute davon zu überzeugen, dass Linux nicht nur was für blasse Nerds ist, sondern etwas, das größtmögliche Freiheit bedeutet. Weiterentwicklungen werden nicht alle paar Jahre mit großem Brimborium in der Öffentlichkeit lanciert, es gibt sie laufend.

Beckedahl selber arbeitet mit einem Laptop von Samsung, bald will er sich einen von Lenovo kaufen, »weil die als einzige ein 12-Zoll-Modell mit ganz großem Display anbieten. Und sehr kompatibel mit Linux sind.« Und er wundert sich: dass ausgerechnet Apple als cool gilt, trotz aller Restriktionen, die der Konzern seinen Kunden auferlegt; dass kaum ein anderer Computerhersteller Wert darauf zu legen scheint, wie seine Produkte designt sind; wie viele seiner Freunde und Kollegen mit den gutaussehenden Computern von Apple arbeiten. Selbst auf Konferenzen, auf denen es um die Freiheit im Internet geht. »Wenn ihr das praktiziert, worüber ihr sprecht, würdet ihr keinen Apple benutzen«, denkt Beckedahl dann. Das ist für ihn eine Art kategorischer Imperativ bei seiner Arbeit, die Konsequenz von Reden und Handeln. Wo beides sich reibt, entstehen Bauchschmerzen. Wenn er die Werbung eines großen Konzerns auf seiner Internetseite hat und merkt, dass das eigentlich nicht zusammenpasst. Wenn er darüber nachdenkt, für wen Newthinking keinen ›Mehrwert‹ schaffen, keine Dienstleistungen anbieten würde. Sieht Beckedahl als Linux-Befürworter und Apple-Skeptiker sich als Außenseiter in seinem Milieu? »Ich bin kein Außenseiter.«

Blogosphäre vs. sogenannter ›professioneller Journalismus‹

Sieht Beckedahl sich als Außenseiter, weil im Namen seines Blogs so ein uncooles Wort wie ›Politik‹ vorkommt? »Da muss man sich nur einmal die Gesellschaft angucken«, sagt er, »wie viele Leute sich da für Politik interessieren, wie viele Leute in Parteien aktiv sind, wie das Durchschnittsalter dieser Leute ist.« Markus Beckedahl sagt alle Sachen, die er sagt, mit einer bewundernswerten Freundlichkeit und Geduld, obwohl er schnell spricht, hat seine Stimme etwas Ruhiges, Helles, sein einfach gegliedertes Sprechen erinnert an die Lehrfilme aus der *Sendung mit der Maus*, ohne dass sich sein Gegenüber wie ein Kind fühlen muss. Beckedahl ist das Gegenteil des auf Distinktion bedachten Klugscheißers, den man dort, wo etwas neu ist oder ›Trend‹ heißt, häufig trifft. Er trägt eine Art Grundsatzlächeln vor sich her, das jedem Zuhörer bedeutet: Du kannst noch so blöde Fragen stellen, ich werde sie dir alle ausführlich und höflich beantworten.

So lernt der Zuhörer schnell. Wenn man mit Beckedahl eine Weile gesprochen hat und etwa auf die Opposition von Blogosphäre und sogenanntem ›professionellen Journalismus‹ zu sprechen kommen will, dann schämt man sich beinahe, Worte wie ›Qualität‹ ins Feld zu führen. Weil das ein Mantra derer ist, die Sorge haben, ihre Deutungshoheit zu verlieren oder auch nur ihre exponierten, gut bezahlten Anstellungen. Beckedahl, der von sich sagt, dass er als Kind Lexika durchforstet habe aus Langeweile auf der Suche nach Informationen, ist ein Wissensdemokrat. Er engagiert sich für Non-Profit-Organisationen wie Creative Commons, die, statt das Internet kulturpessimistisch zu verdammen, sich lieber fragen, wie man den Urheberschutz an den Gratis-Charakter des Internets anpassen kann. All die Schmähungen, mit denen sich der Computerarbeiter und Blogger außerhalb seiner Welt herumplagen muss, kratzen ihn nicht; er kontert die Ignoranz von unflexiblen Besitzstandswahrern und plumpe wirtschaftliche Interessen der alten Ökonomie mit der Realität, die das Internet darstellt. Wenn man in seiner Gegenwart von Qualitätsjournalismus spricht, muss man noch nicht mal an den prominenten Reporter eines sich elitär dünkenden Zirkels investigativer Journalisten denken, der sich nicht zu schade ist, die eigenen Maßstäbe für eitle Parteigängerei dranzugeben. Man findet plötzlich ganz wenige Beispiele für das, was den sogenannten ›professionellen Journalismus‹ nicht als Schutzbehauptung in einem Abwehrkampf erscheinen lässt. Dabei ist die Sache so einfach: Bloggen ist Kommunikation, selten Journalismus. Man kann den Leuten heute dabei zuschauen, was früher im Verborgenen blieb, in Briefen, Telefongesprächen und dem Dorftratsch. Und guter, qualitativ hochwertiger, professioneller, investigativer Journalismus überlebt da, wo seine Macher begreifen, dass im Internet nichts wichtiger ist als Reputation. Sichtbar bleibt man in der unsichtbaren Weite des Internets durch Glaubwürdigkeit, die wiederzuerkennen ist.

Manchmal erkennt Beckedahl seine eigenen Gedanken wieder, in Artikeln von Journalisten, die sein Blog lesen, ohne dass diese Quelle ausgewiesen würde. Anfangs hat er auch gestutzt und sich gefragt, ob und wie er sich darüber ärgern soll. Andererseits, hat er festgestellt, bloggt er ja nicht aus narzisstischen Motiven, dann würde er teure Produkte testen und damit wohl auch Geld verdienen. Beckedahl bloggt, weil er Politik machen will, und es ihm wichtig ist, dass seine Ansichten weitergetragen werden, er will Leute erreichen, die ihn nie lesen würden. Deshalb ist es ihm auch relativ egal, welche Partei seine Expertisen anfordert. »Am liebsten wäre ich Campaigner.«

Die Macht der Nerds

Mit Freude und auch ein wenig Verwunderung erzählt er davon, wie es ihm und vielen anderen netzpolitisch aktiven ›Nerds‹ aus ganz Europa einmal gelungen ist, eine an sich schon beschlossene EU-Richtlinie über Software-Patente zu kippen. Über das Internet wurden Unterschriften gesammelt, über Wikis sich vernetzt und mittelständische Sponsoren, deren Arbeitsmodell die Richtlinie ebenfalls in Frage gestellt hätte, sowie Einzelspender haben eine Fahrt nach Brüssel finanziert. Dort sind die ›Nerds‹ dann zu den Politikern gegangen, haben ihren Standpunkt dargelegt und durch ihre Glaubwürdigkeit die Arbeit der Scharen von Lobbyisten torpediert, die für nichts anderes bezahlt werden, als die Politik im Sinne ihrer Arbeitgeber zu beeinflussen. Darin liegt für Beckedahl der zutiefst demokratische Charakter der Digitalgesellschaft: dass politische Vorgänge transparent werden und auch Leute, die sich auskennen, ihre Ansichten darlegen können und nicht nur die Anzugträger der großen Unternehmen, die den ganzen Tag im Bundestag unterwegs sind.

Die Themen, die Beckedahl am Herzen liegen – Urheberrecht (»die Magna Charta der Informationsgesellschaft«), Datenschutz, der ganze Überwachungskomplex –, sieht er bei den Menschen, die für die Entscheidungen zuständig sind, schlecht vertreten: Sie sind zumeist über

40 und haben für die digitale Welt kein Verständnis. Als Beckedahl klein war, saßen seine Freunde vor einem C64, bei ihm zu Hause stand ein XT, weil sein Vater gerade auf EDV-Fachmann umschulte. Das Internet hat er zum ersten Mal gesehen, als die meisten anderen noch gar nicht wussten, dass es so etwas gibt; der Vater eines Freundes arbeitete an der Uni, da war Beckedahl 14, 15. Browser gab es noch nicht.

Mit dem Bloggen hat Markus Beckedahl 2002 begonnen, als er zum Weltinformationsgipfel nach Genf reisen konnte. Schon damals ging es ihm nicht um das dauernde Update persönlicher Befindlichkeiten, sondern darum, »News zu aggregieren«. Es mag nicht zum Bild des narzisstischen, nur um sich und seinen Küchentisch kreisenden Bloggers passen, dass Beckedahl ein Wort wie ›datensparsam‹ häufig benutzt. Welche Musik er hört, wie seine Heimatstadt heißt, darüber wird man im Netz nichts finden. »Ich bin ein Filter«, sagt Beckedahl, was wieder so technisch klingt, aber doch verständlich macht, dass der Computer nur ein Arbeitsgerät ist. Beckedahl filtert heraus, was seine politischen Themen berührt. Über 600 RSS-Feeds hat er abonniert, die er jeden Morgen als erstes durchschaut. Das klingt viel, geht aber schnell, wenn man weiß, worauf es einem ankommt. Medienkompetenz sagen Politiker dazu, ein Gemeinplatz, und trotzdem bereitet noch immer keine Schule darauf vor. Ein Lehrbeispiel für die Wirkung, die der ›Filter‹ Beckedahl mittlerweile entfaltet, lieferte unlängst die Aufregung um die Veröffentlichung eines internen DB-Papiers im Zuge der Korruptionsaffäre. Der Konzern schickte eine Abmahnung, die binnen kürzester Zeit zurückschlug als Solidarisierungswelle mit Beckedahl. Der zeigte sich selbst überrascht über die Zahl seiner ›Follower‹, wurde Leuten bekannt, die noch nie auf *netzpolitik.org* gewesen sind, und das beanstandete Dokument verbreitete sich binnen kürzester Zeit im Netz.

Weil bei Markus Beckedahl Arbeit und Beruf ineinander übergehen, fängt der Morgen zwischen sieben und zwölf an, je nachdem, ob der Abend zuvor um sechs oder um eins geendet hat. Im Büro macht er nichts anderes als Kommunikation via E-Mail, *Twitter*, Instant Messaging. Zeitungen liest er im Netz, von FAZ bis *taz*, um die Nuancen auf den Meinungsseiten zu registrieren. Fernsehen ist ihm zu linear geworden, er hat den Videopodcast der *Tagesschau* abonniert, »der komischerweise immer erst um 21.15 Uhr kommt«, und leiht sich sonst DVDs aus mit den Serien und Filmen, auf die er im Programmschema nicht warten will.

Geschaut werden die im Bett, das neben dem Laptop steht. Da horcht der sogenannte ›professionelle Journalist‹ auf. Das ist doch so unbequem, das ewige Umgedrehe und doch schläft einem immer ein Arm ein? Die Tastatur sei schon ein Problem, sagt Beckedahl, aber irgendwann werde es Touchscreens geben, dann ist der Laptop wie ein Buch, und das nimmt man ja auch mit in die Horizontale. Und bis dahin? »Wie man halt im Bett so liegt«, lächelt Markus Beckedahl. In diesem Moment kommt einem diese fremde digitale Welt doch recht nah.

MATTHIAS DELL

Markus Beckedahl

Geboren 1976 in der Nähe von Bonn

Ausbildung

Durchs Abitur gefallen;

Lehre zum IT-Kaufmann;

frühes politisches (Grüne Jugend) und zivilgesellschaftliches Engagement

Beruflicher Werdegang

2001	Leiter eines Projekts für politische Kommunikation im Netz, Tätigkeit im Bundestag und bei der Heinrich-Böll-Stiftung in Berlin
2002-2005	Aufbau eines Netzwerks für einen Weltinformationsgipfel
2003	Gründung der Firma Newthinking Communications, Gründer und Organisator der re:publica, der ersten ›Konferenz für Blogger und andere Netzbewohner‹, Lehrtätigkeit an der Universität Mannheim
s. 2002	Autor bei *netzpolitik.org*
s. 2004	in der heutigen Form

Markus Beckedahl lebt in Berlin und ist ledig.

Wolfgang Blau –

The Dreamer

Als Wolfgang Blau eines Morgens aus unruhigen Träumen erwacht, findet er sich im Bett eines schäbigen Stundenhotels wieder. Sein Blick fällt auf den Fernseher, der mit einem eisernen Fahrradschloss gegen Begehrlichkeiten der Gäste gesichert ist. Quer gestellt an der Wand gegenüber ein weiteres schmales Bett, darin eine Frau – seine Frau. Bei Tag sieht das Zimmer noch gammeliger aus als im schummrigen Abendlicht gestern. Sie beschließen, es sei wohl das Beste, hier auf eine Morgendusche zu verzichten. Schnell raus – auf die Straße und rein in die nächste Stadt.

Im Herbst 2007 war das, Wolfgang Blau und seine Frau Alysa Selene touren durch Deutschland. Nach zehn Jahren USA trifft das Journalistenpaar auf ungeschminkte deutsche Tristesse, aber auch auf begeisterte Gastgeber. Jeden Abend lesen sie in einer anderen Stadt aus ihrem gemeinsamen Buch *German Dream*. Es ist keine klassische Lesereise, sondern eher ein Experiment, das aus einem Internetprojekt entstanden ist. Und es sagt viel über Wolfgang Blaus Drang aus, neue Wege auszuprobieren, Dinge anders zu machen. Kein Vorlesen in Buchhandlungen, keine Frontalbeschallung vor zig Stuhlreihen. Stattdessen folgen die Autoren den halbprivaten Einladungen zur

Lesung und Diskussion in der Küche oder auf der Couch im Wohnzimmer. Einzige Regel: Mindestens 20 Zuhörer müssen dabei sein. Und sie übernachten dann eben dort, wo man ihnen ein Plätzchen anbietet. Am Abend vor dem Stundenhotel-Desaster hatten sie noch eine königliche Unterkunft – im Bad waren Rosenblätter ausgestreut.

German Dream haben die beiden zunächst als Online-Interviewserie fürs ZDF entwickelt: 30 Autoren und Denker aus aller Welt, darunter der ehemalige israelische Botschafter in Deutschland, Avi Primor, der brasilianische Bestsellerautor Paulo Coelho und der amerikanische DNA-Entzifferer Craig Venter, erzählen von ihren Träumen für Deutschland. Es soll das Gegenprogramm zur deutschen Jammer-Arie sein. Das Ergebnis ist ein erfolgreicher Podcast. Das Autorenpaar beschließt, die Serie auch auf Papier zu veröffentlichen und mit den Lesern von Angesicht zu Angesicht über deutsche Träume zu sprechen. Eben noch im Internet, jetzt schon auf der Wohnzimmercouch. Die virtuelle und reale Welt verschmelzen in dem Projekt, das erzählt Blau auch heute noch begeistert. In kürzester Zeit lernen die beiden Deutschland aus einer sehr direkten Perspektive kennen, unverfälscht, drastisch und ganz privat.

Der erste Podcast eines deutschen Medienunternehmens

Es ist eines von Blaus letzten großen Projekten als freier Autor. Danach wird sich alles ändern. Er wird Chef von *ZEIT ONLINE*. Wird aus dem coolen San Francisco ins unterkühlte Eppendorf in Hamburg ziehen. In diesen Stadtteil, wo es die vielen Luxus-Wohnungen an den hübschen Kanälen, aber auch ein bisschen zu viele Perlenketten für seinen Geschmack gibt. Seine Frau, eine Amerikanerin, wird ihn in ein komplett neues Leben begleiten. Da hilft es, dass beide sich Deutschland vorher noch einmal genau anschauen konnten. In den Jahren zuvor war vor allem Kalifornien ihre Heimat. Blau arbeitete dort als freier Autor und Online-Kolumnist. Für *Die Welt* beschäftigte er sich mit den Kreativen und Größenwahnsinnigen des Silicon Valley, berichtete über deren neueste Internet-Hypes und Geschäftsideen. Bei ZDF*online* ist der digitale Umbruch der US-Medienlandschaft sein Leitthema.

Gleichzeitig versucht er, auch ein paar Innovationen nach Deutschland zu senden. 1999 produziert er für *Die Welt* das erste Online-Audioportal einer europäischen Tageszeitung. Für ZDF und Deutsche Welle macht er einen Podcast und ein Blog aus Washington zur US-Präsidentschaftswahl 2004. Es ist das erste Blog des ZDF und der erste Podcast eines deutschen Medienunternehmens überhaupt. Im Jahr darauf werden seine Online-Berichte über die Tsunami-Katastrophe für den Grimme Online Award nominiert. Zwischendrin berät er Medienfirmen, immer auf der Suche nach Möglichkeiten, neue Technik und journalistische Inhalte attraktiv zu verbinden.

Das war von Anfang an so. Nach Abitur und Schauspielstudium mit Schwerpunkt ›Rundfunksprechen‹ in Saarbrücken ging er zum Saarländischen Rundfunk. Mit Anfang 20 war Blau der jüngste ARD-Hörfunksprecher. Auch heute hört man das Training in seiner angenehm weichen Stimme. Von der schwäbischen Abstammung ist sprachlich inzwischen kaum mehr etwas übrig, stattdessen macht sich der Einfluss seiner zweiten Heimat bemerkbar: Er benutzt nicht das deutsche ›Ähm‹, sondern eher ein hypnotisches ›Ohm‹, wie es Amerikaner gern von sich geben. Trotz exponierter Sprecherposition machten die verkrusteten ARD-Strukturen dem jungen Blau irgendwann zu schaffen. Nicht nur, dass er damals keine Beiträge schneiden durfte – um das zu lernen, schleicht er sich nachts heimlich ins Funkhaus –, auch seine Änderungsvorschläge stießen auf taube Ohren. Eineinhalb Jahre dauerte die Debatte um ein Nachrichten-Jingle, das er einführen wollte – da reichte es ihm. Er wechselte zum privaten Nachrichtenanbieter BLR-Radiodienst in München, wurde dort als freier Mitarbeiter Auslandskorrespondent mit Sitz in Kalifornien. Qualitativ überhaupt kein Vergleich, meint er heute, aber man konnte eben viel mehr selber machen: »Das ist etwas, was mich immer fasziniert hat als freier Mitarbeiter und später als Berater: dass die einzelne Person zwar angetan war von einer neuen Idee, die ich vorgetragen habe, diese Idee dann aber trotzdem nicht durchsetzen konnte. Dass es in diesen großen Apparaten ein Wesen jenseits des Individuums gibt, das seinen eigenen Willen entwickelt und sehr reformresistent ist.«

Da war er plötzlich wieder, der eingefahrene Apparat

Jetzt muss er wieder in so einen Kampf ziehen gegen gewachsene Strukturen. Das ahnte er schon, als er in diesem Taxi auf dem Weg zu einer Journalistentagung saß und einen Anruf aus Hamburg erhielt. Ob er sich vorstellen könne, ZEIT ONLINE zu übernehmen? »Ich habe spontan ›nein‹ gesagt, ich dachte, das ist verrückt, ein Himmelfahrtskommando!« Er führt das nicht näher aus. Aber diese spontane Abwehrreaktion scheint auch dem Blickwinkel aus den USA geschuldet, wo journalistische Online-Angebote viel weiter sind. Von dort aus stellt sich der deutsche Online-Markt so dar, dass außer dem *Spiegel* die gesamte Verlagsbranche den frühzeitigen Einstieg ins Internet komplett verpennt hat. Und alle hoppeln hinterher. Nun kriselt's auch noch in der Branche. Wolfgang Blau wirkt konzentriert, während er spricht, sitzt auf der vordersten Kante seines Sessels. Das ›World Cafe‹, eine sehr amerikanische Einrichtung in Eppendorf, ist sein favorisiertes Etablissement zur Koffeinaufnahme, obwohl er den Kaffee fast kalt werden lässt, bevor er ihn trinkt. Er hat endlich ein paar Stunden frei, seit einer halben Ewigkeit. Denn seit diesem Anruf düst er von Konferenz zu Konferenz, zwischen Berlin und Hamburg hin und her.

Das Angebot hatte sich trotz aller anfänglichen Bedenken festgesetzt in seinem Kopf. Blau wendet sich an vertraute Kollegen, lotet aus, wer bereit wäre, mit ihm zu kommen, bespricht das Thema lange mit seiner Frau und schraubt noch etwas an den Bedingungen. Er besteht darauf, nicht nur inhaltlich, sondern auch für die Gestaltung der Website mitverantwortlich zu sein. »Damals hatte der Verlag die Vorstellung, das wäre so, als wenn ein Print-Chefredakteur auch noch die Druckerei kontrollieren wolle«, sagt Blau. Da war er plötzlich wieder, der eingefahrene Apparat, das geheimnisvolle Wesen, das mit viel Überzeugungsarbeit verändert werden muss. »Beim Online-Journalismus ist die Technik Teil des journalistischen Farbenkastens, deshalb muss man da ein Mitspracherecht haben. Nachdem das gesichert war, war mir klar, dass wir eine Chance haben, zu gewinnen.« Was ihn letztlich auch überzeugt hat, sind die Gespräche mit Verleger Stefan von Holtzbrinck. Den nennt er einen »Glücksfall für die Branche« und begründet dies so: »Zum einen, weil ich glaube, dass Zeitungen und Verlage in Familienhand oder Stiftungs-Besitz die größten Chancen haben zu überleben. Wer sich quartalsweise an der Börse rechtfertigen muss, hat es schwer«, so Blau. Zum anderen sei Holtzbrinck einer von wenigen Verlegern, »die in vollem Ausmaß begriffen haben, was da auf die ganze Branche zukommt«. Auch, dass Holtzbrinck keine Trash-Publikationen im Portfolio hat, ist ihm wichtig.

Er wagt also den Schritt, tauscht die Rolle des Freigeistes gegen die eines angestellten Chefs. Die Reaktionen der Kollegen auf die Entscheidung: sehr wohlwollend. Von Bloggern: euphorisch. Blau spricht mit Respekt über *ZEIT ONLINE* und darüber, wie er das Angebot vorgefunden hat. Doch man hört aus der diplomatischen Formulierung auch heraus – das war eine andere Ära. »Die Redaktion hatte den Auftrag, die *Zeit* würdig im Netz abzubilden und möglichst auch profitabel zu werden, aber sah sich nicht als Nachrichtenseite«, sagt Blau. »Es konnte dort durchaus passieren, dass man montags früh eine Buchbesprechung als Aufmacher hatte, und das wurde vom Publikum auch sehr respektiert.« Nur wachse die Leserschaft auf diese Weise nicht, wie sie wachsen muss. Langsam und überlegt äußert er das. Er achtet ohnehin die ganze Zeit peinlich darauf, was er sagt. Oft merkt man es ihm an, dass er, während er einen Gedanken ordnet, schnell noch etwas an den Satz dranhängt, um auf der sicheren Seite zu sein. Online-Chefs sind angreifbar. »Als ich in den USA gelebt habe, musste ich auf nichts und niemanden Rücksicht nehmen und wurde oft eingeladen, um sehr schonungslos meine Meinung zu sagen.« Und das sei es auch, was ihm nicht gefalle an seiner jetzigen Position: »Wie vorsichtig ich sein muss, weil ich letztlich dieses ganze Unternehmen beschützen muss. Und oft dann bei diesen Satzwindungen denke, so wolltest du eigentlich nie klingen.« Deshalb hat er auch keine Riesenlust auf Interviews. Die neue Position muss erst noch in Fleisch und Blut übergehen.

Mit SPIEGEL ONLINE *in den Ring steigen?*

Blau hat viel vor mit *ZEIT ONLINE*. Manches kann man schon erkennen. Eine eigene Akzentsetzung: Der Wille, nicht einfach schnelle News abzuschießen, sondern die gesellschaftlichen Konsequenzen zu erfassen, Analyse zu bieten, nachhaltig zu berichten. Der optische Auftritt ist angenehm unaufgeregt und seriös. Bei den Videos setzt Blau auf einen alten Partner: Das ZDF liefert *100 Sekunden* – Nachrichten aus Material der *heute*-Sendungen. Etliche andere Ideen will er noch umsetzen. Was aus seiner Sicht vor allem fehlt, ist eine Plattform für gesellschaftliche Debatten über die großen Themen, so wie es die *Zeit* auf ihre Weise in Papierform bietet.

Jetzt muss er sich also positionieren. Dabei wirkt er so gar nicht chefig. Groß, schlank und elegant ist er zwar, aber auch etwas scheu. Keiner, von dem man erwartet, dass er auf den Tisch haut. Kein Platzhirsch. Ein unverbrauchter Jahrgang 67 – wer weiß, wie lange noch. Über die Themen, die ihn zur Zeit bewegen, spricht er mit großer Ernsthaftigkeit. Schnell ist er mitten drin in der Debatte, was es im deutschen Online-Journalismus überhaupt für Möglichkeiten gibt, wenn man wirklich erfolgreich sein will. Er und die Redaktion mussten sich fragen: Sollen wir mit *SPIEGEL ONLINE* in den Ring steigen? Eine Nachrichtensite werden?

Oder ›*Zeit* light‹ machen, bisschen Debatte drumherum, bisschen Multimedia, letztlich verschönerte Print-Inhalte? Das erste wäre unrealistisch, das zweite nicht erfolgreich, ist Blau überzeugt. Aber er sieht noch Raum im Markt: Für ein Angebot dazwischen. Denn bei aller Hochachtung für den Marktführer sieht er dort auch Schwächen: »SPIEGEL ONLINE hat sich jetzt in diese Ecke manövriert, immer einen Brüller an der Eins haben zu müssen, auch wenn gerade nix los ist.« Der Branchenprimus laufe zunehmend Gefahr, »Relevanz zu fingieren«. So einen »Nachrichtenlärm« will er nicht bei ZEIT ONLINE, aber trotzdem die wichtigen News bieten mit *Zeit*-typischen Hintergrundinfos. Und er will eine »freundlichere Tonalität«, keine Häme im Gewand des kritischen Journalismus. Was ihn richtig stört, ist das boulevardeske auf den Online-Seiten verschiedener namhafter Konkurrenten. »Ich finde es geradezu fahrlässig wie einige seriöse Printmarken nun ihre Online-Auftritte mit täglichen Sexstudien und Bademoden-Bildergalerien garnieren«. Das ist ein kurzsichtiges Zugeständnis an den Reichweitendruck im Netz, der aber mittelfristig nicht nur die Online-Marke, sondern sehr wohl auch die Glaubwürdigkeit der jeweiligen Print-Marke beschädigen könnte. Fehler, die Blau nicht machen will. Ja, einmal hatten sie die nackte Carla Bruni, er war dagegen, schiebt er schnell hinterher. Trotz des Click-Erfolgs, den ihnen die schöne Präsidentengattin beschert hat, war das eine Ausnahme, versichert Blau und gesteht: »Die Zahlen, die man da einfährt, sind unglaublich. Wenn man das Fass einmal aufmacht, kriegt man es nicht mehr zu. Wenn man mehr Reichweite haben will, muss man nur den Boulevard-Hahn aufdrehen, und die Wanne ist voll.«

»Die Zwei-Klassen-Gesellschaft muss endlich aufhören«

Doch so lupenrein wie er tut, geht es bei ZEIT ONLINE auch nicht immer zu. Es stimmt zwar, dort gibt es keine voyeuristischen Fotostrecken. Aber der Bildungsbürger muss auch hier nicht immer auf blankes Fleisch verzichten. In der Rubrik ›Drehscheibe‹ reckt sich schon mal ein bis auf den schwarzen Lackpumps unbekleidetes, lasziv angewinkeltes Damenbein, ansatzweise findet der dazugehörige, mit einem schwarzen Unterhöschen knapp bedeckte Po auch noch Platz. Darunter der Verweis auf einen Artikel über die *Generation Porno*. Unter ›Ihre Top 5‹ erfährt der Leser, dass just dieser Beitrag der meistgelesene ist. Und die ›Worte der Woche‹ ziert ein Foto der unvermeidlichen Paris Hilton. Das war's aber auch schon mit Boulevard. Blau will die Online-Marke vor einem Imageschaden schützen. Auch weil er hier die große Gefahr einer Spaltung zwischen etablierten Printmarken und ihren Online-Angeboten wittert. Das bewegt ihn, da nimmt er kein Blatt vor den Mund: »Ich hab den Eindruck, dass so etwas wie ein stiller Konsens unter führenden Printjournalisten besteht, das Internet als Gossenmedium zu positionieren. Und diese Freiheit, die nun einigen Online-Medien eingeräumt wird, boulevardesker zu werden, ist eigentlich eine vergiftete Freiheit, weil das Kalkül dahinter sein könnte, damit nur das Ansehen und die Glaubwürdigkeit von Print noch zu erhöhen.«

Die Vorstellung, nachdenklicher Journalismus müsse auf dem Papier stattfinden und das Internet sei eher fürs Schnelle und Schmutzige zuständig, findet Blau absurd. »Ist das Internet ein journalistisches Medium? Nein! Auch Papier ist kein journalistisches Medium. Papier wird größtenteils für andere Dinge verwendet als für Journalismus. Ein Großteil des Spams in meinem Leben kommt als Papier vor meiner Haustür an.« Dass der Online-Journalismus noch immer unter so starkem Rechtfertigungsdruck steht, löst bei ihm Kopfschütteln aus. Deshalb sieht er sich bei aller Konkurrenz doch in einem Boot mit den anderen Online-Chefs. Es gibt Runden, in denen sie sich immer mal wieder treffen und sehr offen miteinander sprechen. Was man dort erzählt, darf später nicht gegen den anderen verwendet werden. Sie nennen es den Rütli-Schwur. Angelehnt an den bei Wilhelm Tell bedichteten Gründungsmythos der Schweiz sind sie so etwas wie Eidgenossen. »Wir wissen, wir haben eigentlich keine engeren Verbündeten als die anderen Online-Chefredakteure«, erklärt Blau. Kürzlich hat er das bei einem dieser Journalistentreffen wieder gemerkt. Dort saßen einige Online-Chefs und der Moderator sagte, jetzt wollen wir ein Streitgespräch, jetzt geht mal aufeinander los. Den Gefallen haben sie dem Moderator dann aber nicht getan. »Uns ist klar, es gibt mehr Dinge, die uns verbinden als trennen. Und was uns verbindet ist, dass kaum jemand unsere Situation versteht und diese Zwei-Klassen-Gesellschaft zwischen Print und Online endlich aufhören muss.«

Bei einer Veranstaltung der dpa im April 2008 hat Wolfgang Blau dann den Ball zurückgespielt und etwas über die Zukunft der Printmedien gesagt. Eine Bemerkung, die danach oft aufgegriffen wurde. Die Tageszeitungen würden sich allmählich zu täglichen Wochenblättern wandeln müssen, wenn sie überleben wollten. Seine Prognose: Je mehr Leute das Internet als primäre Nachrichtenquelle nutzen, desto weniger wollen in der Zeitung die Nachrichten vom Vortag lesen. Also müssten sich die Tageszeitungen immer stärker auf Hintergrund, Analyse und Einordnung konzentrieren, eben wie die Wochenblätter. Das ist teurer und aufwendiger. Viele Tageszeitungen werden sich das nicht leisten können und zugrunde gehen, davon ist Blau überzeugt. Danach häuften sich die Einladungen zu Veranstaltungen, auf denen er diese These wiederholen sollte. Inzwischen hat er keine Lust mehr dazu, auf das Offensichtliche hinzuweisen. Die Rolle nervt ihn. Aber er lässt es auch, weil er ein bisschen Angst hat, als Berufskassandra abgestempelt zu werden. Und dann schiebt er doch noch – sehr kassandrahaft – hinterher: »Das kommende Jahr wird für uns alle sehr hart werden«. Blau sagt das besorgt, nicht rechthaberisch. Er sieht auf den gesamten Medienmarkt eine Revolution zukommen, die Geschäftsmodelle, Machtverhältnisse und das Selbstverständnis der vierten Gewalt infrage stellen wird.

Dreifacher Chef, obwohl er sich nie fest anstellen lassen wollte

Nun ist er angekommen in Deutschland. Das merkt man, wenn sich während des Gesprächs merklich die dunklen Wolken über der Medienbranche zusammenziehen, immer wieder fallen Worte wie »enormer Kostendruck«, »dramatische Einschnitte«. Gleichzeitig beklagt er, hier gäbe es zu wenig Optimismus. Ein kleines bisschen schizophren. Und auch wiederum sehr deutsch. Die amerikanische Offenheit für Neues, die Freude, sich in Experimente zu stürzen, hat er hinüberretten können. Auf der Strecke geblieben ist etwas, das er das »Spielerische im Alltag« nennt. Blau eckte damit anfangs an, als er die amerikanischen Umgangsformen auf deutsche Redaktionsflure verlagerte, und einfach anfing zu Blödeln, um Druck abzubauen. Dann fragte er den Kollegen: Sag mal, ich kenn dich doch von irgendwoher. Arbeitest du hier? In Amerika haben sie dann gelacht, sich ein paar Dinge an den Kopf geworfen und befreit weiter gearbeitet. »Hier hab ich das Gefühl, die Leute halten still und warten, bis das soziale Programm weitergeht.« Blau macht deshalb nicht mehr so viel Quatsch auf dem Flur. Dafür hat er in Deutschland etwas zurück gewonnen, was ihm in den USA fehlte: Tiefsinn. Ein Thema auszudiskutieren, manchmal so lange, bis keiner mehr weiß, worum es eigentlich ging. Das findet er »liebenswert«.

Seit Blaus Heimkehr hat sich sein Auftrag potenziert. Gerade mal neun Monate nach seinem Antritt soll *ZEIT ONLINE* zur führenden journalistischen Qualitätsmarke von Holtzbrinck im Internet ausgebaut werden. Dafür wurden die Redaktionen von *ZEIT ONLINE*, *tagesspiegel.de* und *zoomer.de* zusammengelegt. Hinzu kommt eine Hauptstadtredaktion – insgesamt rund 75 Mitarbeiter, alles unter Leitung von Wolfgang Blau. Chefredakteur, gleich mehrfach. Und das, obwohl er sich nie fest anstellen lassen wollte.

Ungebunden war er und wollte es immer bleiben. Einer, der einfach seinen Namen aufgibt, weil ihm ein anderer besser gefällt. Obwohl er sich jahrelang unter richtigem Familiennamen – Wolfgang Harrer – ein gewisses Standing erschrieben hat. Nun steht seit gut zwei Jahren der Künstlername Blau in seinem Pass. »Ich finde den Namen schön, blau ist meine Lieblingsfarbe«. Und diesmal wirkt er so, als würde er nicht genau überlegen, bevor er es ausspricht, dieses etwas naive Bekenntnis für jemanden in seiner Position. Nicht vorsichtig, einfach ehrlich sagt er: »Ich liebe diese Farbe sehr, so sehr, dass ich als 14-Jähriger anfing zu fliegen, Segelfliegen. Ich bin happy, wenn ich irgendwo liegen kann und den Wolken zuschaue, da habe ich die besten Ideen.« Diese Vorlieben muss er jetzt an sein beschleunigtes Leben anpassen: Die Wolken sieht er nämlich meist nur noch in Fetzen vorbeifliegen – auf seinen vielen ICE-Fahrten zwischen Hamburg und Hauptstadt, bei gut 200 Stundenkilometern. Und was da am Zugfenster vorbeirauscht, ist momentan eher grau. Bis etwas Blau durchbricht – nur eine Frage der Zeit.

IRIS OCKENFELS

Wolfgang Blau

Geboren am 16. Oktober 1967 in Stuttgart

Ausbildung

1989	Schauspielstudium in Saarbrücken

Beruflicher Werdegang

1992	Nachrichtensprecher und Moderator Saarländischer Rundfunk und Bayerischer Rundfunk
1994-1996	Volontariat bei BLR-Radiodienst (Dienstleistungsgesellschaft für Bayerische Lokal-Radioprogramme), anschließend Nachrichtenredakteur und Chef vom Dienst
1999-2000	USA-Korrespondent für BLR
ab 2000	Berichterstattung aus den USA u.a. für *Die Welt* und *ZDF online*
2003	Konzeptentwicklung für die Online-Audioausgabe *Die Zeit*
2004	Podcast und Blog zur US-Präsidentschaftswahl für das ZDF als erster Podcast eines deutschen Medienunternehmens

Auszeichnungen

2005	Nominierung für den Grimme Online Award für seinen ZDF-Podcast über den Tsunami in Südostasien

Publikationen

2007	*German Dream – Träumen für Deutschland.* München [dtv]
2006	Longing for Simplicity. In: *Simplicity – The Art of Complexity. Ars Electronica 2006.* Ostfildern [Hatje-Cantz]
2004	Gibt es einen German Dream? In: *Aufwärts Bitte!* Hamburg [Europäische Verlagsanstalt]

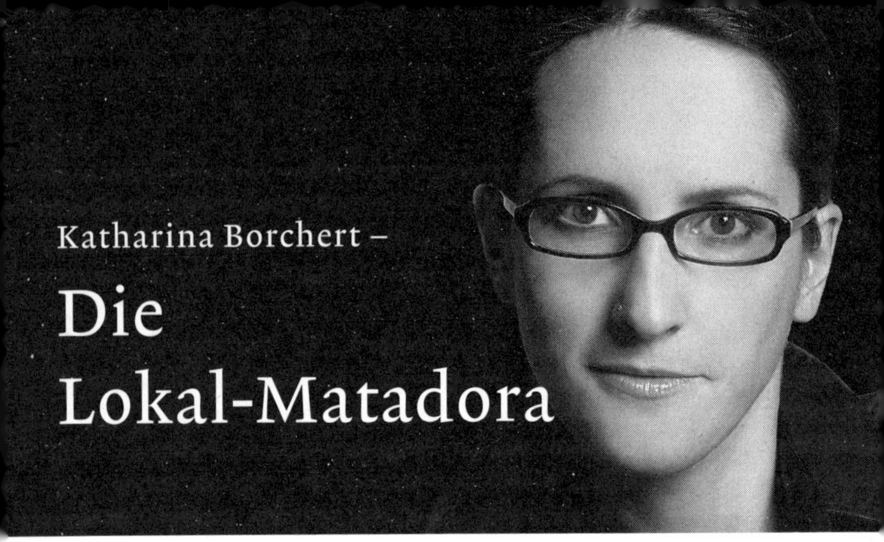

Katharina Borchert –

Die Lokal-Matadora

Wollte man die größten Klischees über Katharina Borchert in einer Schlagzeile zusammenfassen, müsste die ungefähr so lauten: »Von der Sexkolumnistin zur Chefredakteurin – Tochter des früheren Bundeslandwirtschaftsministers Jochen Borchert legt Blitzkarriere hin«. In diesem Satz versammeln sich sämtliche Attribute, mit denen Borchert immer wieder in den Medien belegt wurde. Und obwohl sie stimmen, gehen die Beschreibungen am Wesen der 36-jährigen Online-Chefredakteurin der WAZ Mediengruppe doch komplett vorbei.

»Sie dürfen nicht vergessen, die strengen Haare und die strenge Brille zu erwähnen«, ergänzt Borchert die Aufzählung der über sie kursierenden Pauschalurteile. Ihre dunklen Haare sind wie meistens in einem Pferdeschwanz zusammengebunden, fast ganz in Schwarz gekleidet sitzt sie in ihrem strahlend-weißen Büro – um Bilder an die Wände zu hängen, hatte sie noch keine Zeit. »Ich mag diese Brille und werde sie nicht in etwas Randloses oder Goldiges eintauschen, um bloß nicht streng zu wirken.«

Als sie 2006 aus ihrer Nische als Bloggerin und freie Journalistin heraustrat und von der WAZ Mediengruppe als Chefredakteurin des Online-Bereichs verpflichtet wurde, war das Medienecho gewaltig. Ausgerechnet einer damals gerade mal 33 Jahre alten Quereinsteigerin sollte es gelingen, das bis dahin nicht gerade als internetaffin bekannte, größte regionale Zeitungshaus des Landes auf Online-Kurs zu bringen?

Vor allem die Häme, die ihr aus Teilen der Bloggerszene entgegenschlug, hat Katharina Borchert überrascht – zumal sie zuvor geradezu ein Star der Blogosphäre gewesen war. Rund fünf Jahre lang betrieb die damals in Hamburg lebende Freiberuflerin das preisgekrönte Weblog *Lyssas Lounge*. Darin schrieb sie hauptsächlich über Skurrilitäten, die ihr im Alltagsgeschehen auffielen – oftmals in ihrer Eigenschaft als Hundebesitzerin, aber auch einfach als ironische und aufmerksame Beobachterin der Dinge, die um sie herum passieren. Die Freundin, die verzweifelt aus der Umkleidekabine anruft, weil sie sich in einem Latex-Oberteil verklemmt hat, dürfte die im Laufe der Jahre anwachsende Leserschar genauso erheitert haben wie der ›PussyProsaPreis‹ für schlechte erotische Geschichten, den Lyssa 2004 ins Leben rief. Ihr Stil: pointenreich, teilweise nachdenklich, oft ein wenig spöttisch, ohne sich selbst von diesem Spott auszunehmen.

Bevor Katharina Borchert sich entschloss, ihr Blog ruhen zu lassen, um sich voll und ganz der neuen Aufgabe in Essen zu widmen, lockte sie jeden Tag eine Fangemeinde von rund 6.000 Internetnutzern auf ihre Seite. Mit Anfang 30 hielt sie regelmäßig Lesungen, meldete sich online und in Zeitungen zu Wort. Eine Alpha-Bloggerin. Umso schmerzhafter trafen Borchert, die sich bis heute in der Weblog-Szene heimisch fühlt, die Reaktionen auf ihren Karriereschritt.

»Peitschen-Borchert«

Verrat an der Blog-Kultur wurde ihr vorgeworfen und im übertriebenen Jargon der Szene angedichtet, sie zwinge die WAZ-Journalisten mit der Peitsche zum Bloggen. Ein Bild, das in der Folge immer wieder aufgegriffen wurde und sie schließlich dazu animierte, ein T-Shirt mit der Aufschrift »Peitschen-Borchert« drucken zu lassen. »Ich weiß mich schon durchzusetzen. Aber eigentlich bin ich ein humorvoller

Mensch«, sagt sie. Auch in ihrem Weblog ließ sie sich von Kommentatoren beleidigen, beschwerte sich allerdings, wenn die Beschimpfungen nicht kreativ genug waren.

In der Online-Zentrale in Essen, die mit ihrem frisch renovierten, lichtdurchfluteten Newsroom wie ein Fremdkörper im sonst eher an die 1970er-Jahre erinnernden WAZ-Gebäude wirkt, stemmt sie nun gemeinsam mit ihrem Team von rund 20 Redakteuren und weiteren 30 Mitarbeitern in der WAZ New Media GmbH den Online-Auftritt *DerWesten.de*. Erklärtes Ziel ist es, die Nummer eins unter den regionalen Internetportalen in Deutschland zu werden. Doch bis dahin ist es noch ein weiter Weg. Marktführer ist derzeit RP *Online*, die Online-Tochter der *Rheinischen Post* in Düsseldorf. Im November 2008 kamen die Düsseldorfer nach Angaben der IVW im Monatsdurchschnitt auf rund 6,3 Millionen Visits. *DerWesten.de* verzeichnete rund 5,1 Millionen Visits. Einen ähnlichen Abstand zeigten auch die Page Impressions. »Wir müssen uns noch ganz gewaltig steigern«, sagt die WAZ-Online-Chefin dazu. Trotzdem ist sie nicht unzufrieden: Ihr Portal liege deutlich über den Vorjahreszahlen und entwickle sich weiter kontinuierlich nach oben.

Betrachtet man die Entstehungsgeschichte von *DerWesten.de*, ist dieses positive Zwischenfazit gut nachvollziehbar. Denn bevor Borchert von WAZ-Manager Dimitrios Agirakos nach Essen geholt wurde, konnten die Online-Auftritte des Konzerns wenig überzeugen. Uninspiriert und asynchron liefen die Internetausgaben der verschiedenen Zeitungstitel nebeneinander her, die Technik war veraltet, die Betriebssysteme inkompatibel. »Im Grunde genommen haben wir eine völlig neue Kultur geschaffen«, erzählt Borchert. Das Anstregendste von allem sei der Ausbau des Newsrooms gewesen. Wo heute Flachbildschirme von der Decke hängen und die Redakteure ihre Laptops ans System anschließen, befand sich bis vor zwei Jahren noch ein staubiges Archiv.

Das Pfund, mit dem Katharina Borchert im Netz wuchern will, ist die lokale Kompetenz der WAZ. Mehr als 900 Journalisten arbeiten im Ruhrgebiet und im Sauerland für die Zeitungen des Konzerns. Borchert ließ sie alle schulen. Sie nahm an den Konferenzen der Lokalchefs teil und warb vor Ort dafür, die Webseite bei der täglichen Redaktionsarbeit zu berücksichtigen und mit lokalen Inhalten zu bestücken. »Wir haben mit den beteiligten Titeln in der Fläche hier in NRW 94 Lokalredaktionen, die aus 140 Städten berichten und noch mal etwa 120 Stadt-Sportseiten bestücken. Das ist irre viel. Darin liegt die Stärke der Mediengruppe, denn das sind einzigartige Inhalte. Die liefert keine Agentur.«

Wenige Monate nach dem Gespräch mit Katharina Borchert erscheinen ihre Aussagen jedoch in einem etwas anderen Licht: Wie Ende Oktober 2008 bekannt wurde, ergreift die WAZ Mediengruppe bei ihren Zeitungen im Ruhrgebiet harte Sparmaßnahmen. 300 der 900 Redakteursstellen sollen abgebaut werden. Zudem sollen die *Westdeutsche Allgemeine Zeitung*, die *Neue Ruhr Zeitung/Neue Rhein Zeitung* und die *Westfälische Rundschau* einen gemeinsamen redaktionellen Pool (›Content Desk‹) erhalten, aus dem sich die Titel dann bedienen. Damit läutet der Medienkonzern das Ende des sogenannten ›WAZ-Modells‹ ein, welches während der vergangenen Jahrzehnte garantierte, dass die vier Ruhrgebietszeitungen – neben den drei genannten auch die *Westfalenpost* – redaktionell unabhängig voneinander arbeiteten. Welche Folgen die Eingriffe für die lokale Kompetenz der Mediengruppe im Westen haben, kann zum Zeitpunkt der Drucklegung dieses Bands nur erahnt werden. Beobachter befürchten einen herben Qualitätsverlust im Lokalen und eine Erhöhung des Arbeitsdrucks.

Borchert ist indes überzeugt, dass die Menschen gerade in der vernetzten und globalisierten Welt von heute wissen möchten, was sich in ihrer unmittelbaren Umgebung tut – denn davon sind sie direkt betroffen. Die Schließung eines Kindergartens, die Baustelle auf der benachbarten Autobahn oder regionale Fußballspiele sind die Inhalte, auf die Borchert setzt. Und das mit möglichst modernen Mitteln.

Zwischen Unmut und Anerkennung

Eine wichtige Rolle spielt beispielsweise das Bewegtbild. Neben einer umstrittenen Kooperation mit dem öffentlich-rechtlichen WDR, dem die WAZ lokale Videos für ihre Website abkauft, startete der Konzern auch ein eigenes Pilotprojekt. Fünf Lokalredaktionen wurden mit Kameras und neuer Schnitttechnik ausgestattet – auf ihren eigenen Wunsch, wie Katharina Borchert betont. Nun will man herausfinden, mit welcher Technik die Lokalredakteure am besten umgehen können, welche Art von Schulung sie benötigen und wie zeitaufwendig es ist, die Kurzfilme zu produzieren.

Dass die Arbeit für das Portal den Kollegen vor Ort einiges an Mehraufwand abverlangt, ist Borchert durchaus bewusst. Teilweise waren ihre Appelle an die Lokalredaktionen, sich mehr für den Internetauftritt zu engagieren, nicht unbedingt beliebt – und der im Herbst angekündigte Stellenabbau dürfte den Unmut über zusätzliche Aufgaben noch weiter verschärfen. Denn außer dem kleinen Stab in der Essener Zentrale gibt es bislang keine reinen Onliner. Stattdessen obliegt es den Zeitungsredakteuren, den *Westen* zusätzlich zu ihrer üblichen Arbeit für die Printausgabe mit Inhalten zu bestücken. Hört man sich bei der Belegschaft um, ist aber auch eine Anerkennung der Leistung Borcherts und ihres Teams zu spüren.

Umgekehrt bemüht sich auch Borchert, Verständnis zu zeigen: »Mir geht es darum, häufiger online mitzudenken und manchmal einen Arbeitsablauf umzustellen«, sagt sie. »Das ist ein langfristiger Prozess, und ein Umdenken kann man nicht von oben herab so einfach verordnen. Wir müssen dahin kommen, dass auch Lokaljournalisten Online als ihr Medium verstehen.«

In der Tat ist es inzwischen gelungen, ein modernes gemeinsames Portal für die WAZ-Titel zu formen. Ganz glatt gelaufen ist jedoch nicht alles: So musste der angepeilte Starttermin immer wieder nach hinten geschoben werden, bevor *DerWesten* im Oktober 2007 online ging. Auch dann traten noch diverse technische Probleme auf. Aktuelles Sorgenkind ist ein Tool namens ›Geotagging‹, das den Nutzern mittels einer angezeigten Landkarte ermöglichen soll, den jeweiligen Ort des Geschehens zu erfassen. Nicht nur die journalistischen Inhalte, auch die Heimat der in der Community angemeldeten User soll in das Geotagging miteinbezogen werden. Doch noch läuft die Realisierung schleppend. Katharina Borchert räumt ein: »Unsere Darstellung ist noch nicht gut genug, und damit bin ich alles andere als glücklich.« Trotzdem soll der Bereich weiter ausgebaut werden. Denn Borchert und ihr Team sind überzeugt, dass künftig im Internet immer mehr über Karten navigiert werden wird. »Und da haben wir uns gedacht, anstatt immer nur die Letzten zu sein, machen wir diesmal unsere eigenen Fehler, und dafür müssen wir ein bisschen länger üben, bis wir es richtig hinkriegen.«

Der Druck, der von Seiten des Konzerns, der Nutzer und der externen Beobachter auf ihr lastet, ist noch längst nicht gewichen. Zwar hat Katharina Borchert bewiesen, dass sie in der Lage ist, Verantwortung zu übernehmen und ein Projekt dieser Größenordnung zu bewältigen. Nun kommt es aber darauf an, dass ihr Konzept auch langfristig aufgeht. Dabei steht die eigene Ungeduld ihr wohl noch manchmal im Weg – auch wenn sie inzwischen zu betonen weiß, wie wichtig es ist, sich auch mal auf die Füße treten zu lassen, wenn Dinge nicht so schnell oder unkompliziert funktionieren, wie es auf den ersten Blick scheint.

Im großen WAZ-Konzern dürfte es so einige Strukturen geben, an die sie, die Freiberuflerin, die gewohnt war geradeheraus zu sagen, was sie denkt, sich erst gewöhnen musste. Umgekehrt könnte genau diese Eigenschaft ein Grund dafür gewesen sein, dass Katharina Borchert nach Essen geholt wurde – für die Außendarstellung der Mediengruppe eignet es sich geradezu ideal, eine Vertreterin der direkten, authentischen und modernen Kommunikation, für die die Weblogszene steht, als Aushängeschild der neuen Online-Strategie präsentieren zu können. Noch dazu eine junge, meinungsstarke Frau.

Bloggerin und Chefredakteurin – beides geht nicht

Aufgegeben hat Katharina Borchert ihre spontane, kommunikative Art nicht, auch wenn sie wohl etwas vorsichtiger geworden ist. Gelegentlich kommentiert sie Einträge von Bloggern, die sich mit dem *Westen* beschäftigen – »wenn ich das Gefühl habe, ich kann noch etwas sachlich Sinnvolles zur Diskussion beitragen«. Kürzlich sprach ein Journalistenkollege sie darauf an, wie es denn mit der sonstigen Verlautbarungspolitik des Hauses zu vereinbaren sei, dass sie als Chefredakteurin so transparent Auskunft geben würde. »Da war ich sehr verblüfft«, erzählt Borchert, »weil ich dachte, meine Kommentare in diesen oft regionalen und lokalen Blogs würden keinem auffallen«.

Ihr eigenes Blog weiterzuführen ist der Online-Chefredakteurin im Moment zu heikel. Im Weblog, erklärt sie, trete sie ausschließlich als Privatperson in Erscheinung, die über ihren Alltag plaudert – doch habe sie große Zweifel, dass die Leser zwischen Katharina Borchert, der Bloggerin, und Katharina Borchert, der Chefredakteurin, unterscheiden könnten. Auch mangele es an Zeit, um das Blog zu pflegen. 14 Stunden arbeitet Katharina Borchert an einem normalen Tag. Ein Pensum, das ihr eigentlich zu viel ist. Inzwischen habe sie gelernt zu delegieren. Doch noch immer sitzt sie meist bis spät in den Abend am Schreibtisch.

Die Freude an der Online-Welt hat Borchert aber nicht verloren. Sie bezeichnet sich selbst als »furchtbaren Web-2.0-Junkie«. »Ich bin Beta-Tester bei fast allem, was es gibt, und probiere alles einmal aus.« An den Wochenenden ist es ihr größtes Vergnügen, in ihrem Lieblingskapuzenpulli im Schneidersitz auf dem Sofa zu sitzen und mit dem Laptop all die Seiten anzusurfen, zu denen sie unter der Woche nicht gekommen ist. Übers Netz schickt sie Freunden und Bekannten Kurznachrichten oder informiert sie online über die Ziele ihrer Reisen.

Schon früh hat Katharina Borchert das Internet entdeckt. 1994, während ihres Jura-Studiums in Hamburg, legte sie sich ihre erste E-Mail-

Adresse zu, um mit Freunden in Übersee plaudern zu können. Auch in Chats hielt sie sich viel auf. »Das hat ein ganz neues Tor zur Welt geöffnet«, erzählt Borchert. Von dem Moment an, in dem sie den kommunikativen Aspekt von Computernetzen entdeckte, habe sie hart arbeiten müssen, um ihre horrenden Telefonrechnungen bezahlen zu können. Dabei stand sie anfangs mit Computern auf Kriegsfuß: »Meinen ersten Rechner habe ich mir zugelegt, weil die Universität Hamburg sich weigerte, meine Seminararbeiten handschriftlich anzunehmen.«

Auch zum Journalismus kam Borchert durchs Internet. In einem Chat lernte sie die Macher eines Magazins kennen, das sowohl online als auch gedruckt erschien. Dort übernahm sie erst Korrekturarbeiten, später schrieb sie auch Artikel. Die meisten journalistischen Aufträge bekam sie allerdings über ihr Weblog. Titel wie die *Frankfurter Allgemeine Sonntagszeitung*, *Welt am Sonntag* und *c't* wurden durch *Lyssas Lounge* auf sie aufmerksam und verpflichteten sie als freie Autorin.

Die berüchtigte Sexkolumne namens *Stadtgeflysster*, auf die in Berichten zu ihrem Werdegang immer wieder angespielt wird, verfasste Borchert für ein Berliner Online-Stadtmagazin. Dass diese Episode so oft betont wird, geht der ihr auf die Nerven. »Ich habe eine witzige Kolumne über das Sexualleben junger Frauen geschrieben und keinen Hardcore-Pornokram.« Nach wie vor, sagt Borchert, stehe sie zu jedem einzelnen ihrer Beiträge, auch aus dem Archiv ihres Blogs habe sie bewusst nichts gelöscht. Doch die Frage »Darf die eigentlich als Online-Chefredakteurin bei der *WAZ* firmieren, obwohl sie früher Sexkolumnen geschrieben hat?«, die oft unterschwellig in Medienberichten mitschwinge, stört sie. Schließlich habe auch der frühere *Spiegel*-Chefredakteur Stefan Aust einmal bei den *St. Pauli Nachrichten* angefangen – »und die sind nicht ironisch-distanziert«.

Auf dem Rindertransporter durch Afrika

Wenig amüsant findet sie es auch, wenn ihre Karriere in Zusammenhang mit ihrem Vater Jochen Borchert gebracht wird, der unter Helmut Kohl Bundeslandwirtschaftsminister war. Schon während der Schulzeit sei sie von Lehrern, aber auch von Mitschülern immer wieder auf ihr Elternhaus reduziert worden, erzählt Borchert, deren Mutter ebenfalls Politikerin ist. »Mir wurde keine eigene Meinung zugetraut, stattdessen hat man mich als verlängertes Sprachrohr der CDU gesehen, obwohl ich das nun wirklich nie war.«

Der Schatten ihres bekannten Vaters war es auch, der sie direkt nach dem Abitur aus dem heimischen Wattenscheid trieb. Sie ging möglichst weit weg – nach Namibia. Dort arbeitete die damals 19-Jährige ein Jahr lang in einem Entwicklungshilfeprojekt auf einer abgelegenen Farmschule. Ihr Afrika-Jahr bezeichnet Katharina Borchert als »das Beste, was ich je machen konnte«. Selten habe sie sich in so kurzer Zeit so stark weiterentwickelt. Ihre Tätigkeit umfasste eine Fülle von Aufgaben: »Ich habe die Kinder beim Hausaufgabenmachen betreut, Theater mit ihnen gespielt, Fußballturniere organisiert, Zäune geflickt, Regale gebaut, Bettwäsche genäht, Wunden verbunden und teilweise auch unterrichtet, wenn die Lehrer krank waren.«

In ihrer Freizeit trampte Borchert kreuz und quer durch die Region – »in jugendlichem Leichtsinn«, wie sie im Rückblick sagt. Einmal reiste sie auf der Ladefläche eines leeren Rindertransporters nach Simbabwe. »Ich habe noch zwei Wochen später nach Rinderdung gestunken, aber es war toll.«

Inzwischen wohnt sie wieder in Wattenscheid. Dass sie nach langen Jahren in Hamburg nun doch im Ruhrgebiet gelandet ist, wo sie noch immer regelmäßig auf ihre Herkunft angesprochen wird, ist fast eine ironische Schicksalswendung. Denn das, wovor Borchert jahrelang davongelaufen war, hat sie auf einer anderen Ebene wieder eingeholt: die Abstempelung als öffentlich agierende Person.

Schon als Kind wollte sie auf gar keinen Fall Politikerin werden. »Das Bild, was die Presse von meinem Vater vermittelte, hatte im Grunde nichts mit ihm zu tun.« Kürzlich habe sie dann einmal sonntags mit ihm beim Frühstück gesessen. »Da war ein Artikel in der *Welt am Sonntag*, und er grinste sehr zufrieden über den Rand der Zeitung hinweg und sagte: ›Da hättest du auch Politikerin werden können. Im Moment machst du nur Politik und bist ständig irgendwo in der Zeitung.‹ Da musste ich ihm leider zustimmen.«

Zu ihren Eltern hat Katharina Borchert ein gutes Verhältnis. Seit sie selbst im Licht der Öffentlichkeit steht, ist ihr Vater zu einem wichtigen Ansprechpartner geworden – gerade im Umgang mit dem Druck der Öffentlichkeit. »Er sagt mir auch mal ins Gesicht: ›So ist es eben, sonst hättest du irgendwo Sachbearbeiterin werden müssen.‹«

Wie ihre Eltern ist auch Borchert ein politischer Mensch – wenn auch nicht im parteilichen Sinn. Mit dem Online-Auftritt der *WAZ* will sie nicht nur Service liefern, sondern auch eine Haltung vermitteln. In der wöchentlichen Kolumne, die sie auf *DerWesten.de* verfasst, geht es ihr, dem Online-Junkie, oft um internetnahe Themen wie Datenschutz oder Gewalt in Online-Spielen. »Wir versuchen, politische Akzente zu setzen und Diskussionen loszutreten und nicht nur über die tolle Grafik in einem Online-Spiel zu berichten«, sagt sie. Debatten um Werte, um die Organisation menschlichen Zusammenlebens und gesellschaftliche Prinzipien interessieren sie – auch ein Grund, warum sie, die niemals Anwältin werden wollte, Jura studierte. Als Jugendliche hatte sie den Traum, als Ethnologin nach Samoa zu gehen und unbekannte Völker zu erforschen.

Qualitätsjournalismus ist für Katharina Borchert keine Frage des Mediums. Selbstverständlich sei er auch online möglich – »viele Verlage haben ihn einfach nur jahrelang vernachlässigt und online nicht viel mehr gemacht als Agenturmeldungen sortiert und durchgereicht«. Hinzu komme, dass Online-Journalisten in vielen Häusern noch immer deutlich schlechter bezahlt werden als ihre Printkollegen. Da sei es nicht verwunderlich, wenn die Qualität nicht so hoch sei wie in gedruckter Form, wo Journalisten oft auch mehr Zeit für Recherchen hätten.

Was online an hervorragender Berichterstattung möglich ist, zeigen nach Borcherts Ansicht auch einige Blogger wie beispielsweise Stefan Niggemeier (s. Porträt Niggemeier), die »auf ihrem Gebiet deutlich bessere Arbeit machen als die meisten Journalisten«. Sie ist überzeugt, dass etliche gute Schreiber künftig ins Internet wechseln, »auch weil sie dort multimedial arbeiten können«. Online-Medien müssten daher endlich als »absolut gleichwertig« begriffen werden, die in mancher Hinsicht mehr Möglichkeiten bieten als Print, beispielsweise wenn Originalquellen oder weiterführende Informationen mit Artikeln verknüpft werden.

An den Tod der Zeitung glaubt Katharina Borchert jedoch nicht. Wohl aber an die Notwendigkeit, sie an die Gegebenheiten der modernen Informationsgesellschaft anzupassen: »Die Zeitung muss sich ändern, weil kaum jemand heutzutage am nächsten Tag noch auf den ersten drei Seiten die Nachrichten von gestern braucht.« Ihrer Meinung nach werden in Zukunft einige Zeitungen im Internet aufgehen, während viele andere, denen die Weiterentwicklung gelingt, weiter bestehen werden.

Wo sie sich selbst in fünf oder zehn Jahren sieht, darüber hat Katharina Borchert sich noch keine Gedanken gemacht. »Vielleicht sitze ich dann doch im Dschungel auf Samoa«, sagt sie scherzhaft. Ohne Internet? »Oh Gott, da habe ich gar nicht dran gedacht.« Sinnierend sucht Borchert nach einem Ausweg. »Bis dahin«, triumphiert sie kurz darauf, »gibt es Satelliten-Flatrates.« ANNA VON GARMISSEN

Katharina Borchert

Geboren am 10. Oktober 1972 in Wattenscheid

Ausbildung

1990	Schulabschluss in den USA nach Austauschaufenthalt
1992	Nach dem Abitur einjähriger Aufenthalt in Namibia bei einem Entwicklungshilfeprojekt auf einer Farmschule, anschließend Studium der Rechtswissenschaften in Hamburg und Lausanne

Beruflicher Werdegang

1997	Zunächst redaktionelle Mitarbeit bei *das internet programm,* einem monatlichen Printmagazin zu Internet und Netzkultur, später Übernahme der Chefredaktion
2002	Gründung des Weblogs *Lyssas Lounge*
	Durchgehend Tätigkeit als freie Autorin, unter anderem für die *Frankfurter Allgemeine Sonntagszeitung, Welt am Sonntag, c't* u.a.
2006	Online-Chefredakteurin der WAZ Mediengruppe
2007	Im Oktober Launch des Internetportals *www.DerWesten.de*
2008	Zusätzlich Übernahme der Geschäftsführung von WAZ NewMedia

Katharina Borchert ist ledig. Sie lebt in Wattenscheid.

Mercedes Bunz –

Das Tornado-Mädchen

Es gibt Menschen, da macht schon der Name neugierig: Mercedes Bunz. Ganze Forenbeiträge beschäftigen sich mit dem Namen, der so klingt wie ein Kunstprodukt. Und was für ein Ruf eilt dieser Frau voraus. Als »Urbane Pennerin« hat sie sich noch vor ein paar Jahren bezeichnet. Bei SPIEGEL ONLINE wurde sie dann zur »Ausgeschlafenen«. Und die *taz* machte sie gleich zum »Tornado« unter den »Medienmädchen«. Redaktionsleiterin, zuvor von *Tagesspiegel online*. Eine leidenschaftliche Bloggerin, die über die Geschichte des World Wide Web promovierte. Für die das Internet Lebenswelt ist. »Ich bin mit dem Computer verwachsen« sagt Mercedes Bunz, und man glaubt es ihr sofort.

Wir treffen uns an einem Donnerstag auf einen Milchkaffee in der Potsdamer Straße. Sie trägt eine Hornbrille und die Haare streng nach hinten gekämmt. Zwei weitere Markenzeichen, die Mercedes Bunz wie ein Kunstprodukt erscheinen lassen. Oder auch wie ein Szeneprodukt, das gleichermaßen gut nach Ost und West passt. Und damit auch zum *Tagesspiegel*. Im Frühjahr 2009 wird die Zeitung an den Askanischen Platz ziehen. Von West nach Ost. Luftlinie ein Kilometer von der Potsdamer Straße entfernt. Vom alten ins neue Berlin. Und dann wird – abgedroschen, aber wahr – auch beim *Tagesspiegel* das zusammenwachsen, was zusammen gehört: Tageszeitung und Online-Redaktion.

Mercedes Bunz ist das entscheidende Scharnier, auch wenn *zeit.de*-Chef Wolfgang Blau (s. Porträt Blau) seit Februar 2009 die Online-Geschicke des Holtzbrinck-Konzerns lenkt.

Bunz hat Kunstgeschichte und Philosophie studiert. Ihre Interessen: elektronische Musik, digitale Kultur. 1997 gründete sie mit Freunden die Zeitschrift *De:Bug – Zeitung für elektronische Lebensaspekte*, ein monatlich erscheinendes Magazin, das aus der in Konkurs gegangenen Techno-Zeitschrift *Frontpage* hervorging. Schwerpunkt: Musik, Webdesign, Netzkunst sowie soziologische und politische Aspekte des Internets. 1999 wurde Bunz Chefredakteurin der monatlich erscheinenden *De:Bug*. Bis heute ist sie Herausgeberin. Nach ihrer Promotion folgte 2006 dann der Bruch mit dem Internet: Bunz wird Chefredakteurin einer ganz normalen Stadtillustrierten – des Berliner Magazins *zitty*. Bis ein Jahr später dann der Ruf des *Tagesspiegels* ertönte.

Kühl, schnörkellos und die News-Maschinerie im Blick

Und nun gehört sie zwar nicht zu den ganz großen, aber doch schon ziemlich großen Online-Playern. »Ich fühle mich irgendwie als mobiler Server mit konstanter Kommunikation. Konferenzen, Meetings, Redaktionssitzungen, Abrufen von Daten, Verteilen und Gewichten von Inhalten.« Und als Bindeglied zu den Edelfedern des *Tagesspiegels*. »Am Anfang gab es im Haupthaus große Vorbehalte gegenüber den Onlinern. Doch das legt sich langsam.« Die Aufteilung ist klar: Bunz begreift ihre Leute als Nachrichtenredaktion. Es gibt keine Ressorts, jeder schreibt über alles, Schnelligkeit zählt. »Alles andere würde bei uns keinen Sinn machen«, sagt Bunz mit einer Rationalität, die sich auch in den Räumlichkeiten der Redaktion wiederfindet. Kühl und schnörkellos, ein riesiges Großraumbüro, an dessen Ende die Redaktionsleiterin sitzt und ihre News-Maschinerie im Blick hat.

Hintergründe, Dossiers und Kommentare werden vom *Tagesspiegel* übernommen. »Und inzwischen haben wir eine ganze Reihe von Print-Leuten, die auch gerne extra für uns schreiben«, erzählt Bunz nicht ohne Stolz. »Lange hat man im Internet das alte Format im neuen gesucht, wie man in Anlehnung an ein McLuhan-Zitat sagen könnte. Erst jetzt wird sich der Qualitätsjournalismus im neuen Medium neu erfinden können – und dabei den Journalismus tiefgreifend verändern.« Und man merkt, dass Mercedes Bunz sich darüber freut. Denn sie ist eine treibende Kraft dieser Veränderung.

Ihren ersten Laptop kaufte sich Mercedes Bunz 1995. Es war ihr erster Computer überhaupt – ein Apple. Leidenschaft auf den ersten Blick. »Wenn man angefangen hat, sein Gerät lieb zu gewinnen, hört die Freundschaft nicht mehr auf.« Inzwischen, so erzählt sie, verbringt sie gerne mal zehn bis zwölf Stunden pro Tag am Computer. Sie guckt TV-Serien online, sie skypet und sie freut sich jedes Mal, wenn sie mit Freunden in New York video-chattet und feststellt: »Hey Mann, du hast ja einen Bart!«

»Wir kommen noch lange nicht mit der Beschreibung des Internets hinterher«, meint Bunz. Und kaum eine kennt das World Wide Web besser als sie. 2005 schloss sie ihre Dissertation über die Geschichte des Internets an der Bauhaus-Universität Weimar ab. Und wenn sie es nicht vorher schon war, so wurde sie spätestens dann zur leidenschaftlichen Online-Frau mit wissenschaftlichem Hintergrund. Man könnte auch sagen, sie sei ein Kind des Internets. Über die Gefahren des Netzes redet sie nur ungerne. Das sei so typisch deutsch, alles schlecht zu reden und nicht die Chancen zu begreifen.

Eine Gefährdung des investigativen Journalismus durch das Internet sieht sie nicht. »Ich glaube, dass es den Journalisten Angst macht, dass es keine Meinungshoheit des Journalismus mehr gibt. Sollen sie doch Angst haben.« Natürlich gebe es inzwischen ein Überangebot an Informationen durch das Netz. Aber die Probleme hat der klassische Journalismus auch ohne das Netz bekommen. »Es ist einfach weniger Geld da, die Tageszeitungen müssen sparen und das wird nun den Onlinern in die Schuhe geschoben!« Sie selbst empfindet das Netz als Bereicherung. Es sei doch großartig, dass sich jeder einmischen könne. Eine Bedrohung für den Journalismus sei das nicht. »In einer Welt, in der ein Überangebot an Information besteht, braucht es professionelle Journalisten mehr denn je. Nach wie vor spüren sie Geschichten auf, nur eben nicht mehr im Verborgenen, sondern im Überangebot.«

»Ein Blogger kann diesen Aufwand nicht betreiben«

So verwundert es auch nicht, dass sich Mercedes Bunz für eine liberale Handhabung des Urheberrechts im Internet ausspricht. Alles andere würde die Kultur des Internets komplett verändern, meint sie. Dass private Blog-Betreiber in gewissen Bundesländern strafrechtlich verfolgt werden, weil sie die Rechte für ein genutztes Bild nicht geklärt haben, findet sie absurd. »Da wird der private kleine Blogger so behandelt, als wäre er ein großes Verlagshaus wie der *Tagesspiegel,* aber es gibt natürlich einen Unterschied. Es ist klar, dass ein Haus wie der *Tagesspiegel* einen gewissen Aufwand betreiben muss und eine gewisse Qualitätskontrolle in den Kommentaren, aber der private Blogger sollte dafür nicht verurteilt werden können. Er kann diesen Aufwand nicht leisten.«

www.Mercedes-Bunz.de. Das Blog von Mercedes Bunz. Damit angefangen hat sie im Dezember 2004. Sie sei eine Spätstarterin gewesen, was das Bloggen angeht, erzählt sie. Und sie sei auch keine typische Bloggerin. »Irgendwie war mir das Format lange Zeit viel zu persönlich. Ich wollte ja keinen Seelen-Striptease abziehen. Öffentliches Tagebuch führen, Marke: Hilfe, mir ist heute eine Laus über die Leber gelaufen und die Milch im Kühlschrank hat mich komisch angeguckt – wie uninteressant.« Insofern waren ihre Beiträge anfangs eher magazinorientierter – Gedanken zu Sachthemen. »Mein Blog ist weniger persönlich als vielmehr der Versuch, Thesen auszutesten. Ich stelle Dinge zur Diskussion und warte auf Reaktionen. Eine Plattform, um Ideen öffentlich zu diskutieren.«

In der Tat handelt es sich bei dem Blog von Mercedes Bunz eher um eine Sammlung von gesellschaftspolitischen Reflektionen oder einfachen Beobachtungen: »Dienstag saß ich auf den Mainzer Tagen der Fernsehkritik vor Kurt Beck. Denn der hat eine Rede gehalten über

Public Value im Netz. Was ein Elend. Wenn Kurt Beck und seine Frisur tatsächlich Kanzler werden, muss man sich ernsthaft überlegen auszuwandern, in den Untergrund zu gehen oder in die – Schluck – Opposition.«

Zudem nütze sie das Blog auch als Recherchemittel. Den Begriff ›Urbane Penner‹, der Mercedes Bunz ein Stück weit berühmt gemacht hat, habe sie zum Beispiel in ihrem Blog gefunden. Bunz machte daraus eine *zitty*-Titelgeschichte und so wurde der ›Urbane Penner‹ zum Sinnbild für die unterschätzte kreative Elite Berlins, die kein Geld, aber viele Ideen hat.

»Zielgerichtet von Zufällen geprägt«

Urbane Penner, so Bunz, gibt es viele in Berlin. Schlecht bezahlte, oft studierte Männer und Frauen, die nicht mehr wissen, wie sie ihre Miete bezahlen sollen. Die eben keine traditionell gesicherte Existenz haben. Aber in Gegensatz zu früher sei dieses ›prekäre‹ Leben keine »Besonderheit der Linken mehr, nichts Selbstgewähltes mehr, keine Entscheidung für ein besseres Leben mit wenig Geld«. So schrieb sie in der *zitty*: »Gleich ob wir unser Geld selbst verdienen oder unterstützt werden, selten haben wir im Monat mehr zur Verfügung als um die 1000 Euro. Nach Abzug von Miete, Krankenversicherung und Mobiltelefonrechnung bleibt da nicht viel. Jetzt könnte man natürlich sagen, die Armut des Urbanen Penners ist eben der Preis für den Luxus selbstbestimmter Arbeit. Nur: Luxus ist gut – in dieser Stadt haben wir dazu keine Alternative.« Weil es in Berlin zu viele Kreative und zu wenig Jobs für Kreative gibt. »Trotzdem bleiben wir hier. Wieso leben wir eigentlich in einer Stadt, die uns nicht ernährt?«

Dass Mercedes Bunz nicht mehr ›Urbane Pennerin‹ sondern der ›Tornado unter den Medienmädchen‹ ist, würde sie wohl als »zielgerichtet von Zufällen geprägt« beschreiben. So sieht sie ihren Lebenslauf. Zielgerichtet ist auf jeden Fall richtig, man könnte auch zielstrebig sagen. Ehrgeizig. Und direkt.

Vorbilder? »Keine!« Wo will sie in zehn Jahren stehen? »Das ist eine Frage aus den 80ern. In der heutigen Welt hat es wenig Sinn, so weit zu blicken.« Traumjob im journalistischen Bereich? »Der, den ich momentan mache.« Abgeklärt, schnörkellos und direkt.

Und der Name? Sie weiß, dass der immer wieder für Spekulationen sorgt. Und ein Stück weit auch für Häme. Und doch ist er ihr Markenzeichen. Was ist da im Netz nicht alles geschrieben worden. Bei *Neues vom Glöckner* zum Beispiel: »Vielleicht ist also ›Mercedes Bunz‹ (ha, ha) gar nicht die Tochter von Gotthilf Daimler von den Fischer-Chören (ha, ha) und Berta Bunz-Brenner (ha, ha), sondern von Karl oder Egon Bunz und Frieda oder Erna Bunz aus Magdeburg, die 1971 mit dieser Namensgebung lediglich in einem damals sicherlich subversiven Akt ihren innersten Sehnsüchten Ausdruck verleihen wollten?« Ganz so ist es dann doch nicht. Mercedes hieß von Geburt an Mercedes. Der Name Bunz kam jedoch erst später dazu: Als ihre Mutter den Herrn Bunz geheiratet hat und der ihr Stiefvater wurde. Ganz unspektakulär also, wie Mercedes Bunz eigentlich auch. Und das ist auch gut so. BEN BOLZ

Mercedes Bunz

Geboren am 16. November 1971 in Magdeburg

Ausbildung

1991 Abitur am Celtis-Gymnasium, Schweinfurt;

Studium der Philosophie und Kunstgeschichte an der Freien Universität Berlin

Beruflicher Werdegang

1997	Mitbegründerin der Monatszeitschrift *De:Bug – Zeitung für elektronische Lebensaspekte*
1999-2001	Chefredakteurin von *De:Bug*
2001-2005	Promotion an der Bauhaus-Universität Weimar zur Geschichte des Internets (1959-1984), Stipendiatin der Heinrich-Böll-Stiftung
2005	durchaus prekäres Arbeitsleben als freie Journalistin
2006	Post-Doktorandin der Universität Bielefeld, Chefredakteurin des Berliner Haupstadtmagazins *zitty*
2007	Chefredakteurin von *Tagesspiegel-Online*
2009	Redaktionsleiterin von *Tagesspiegel-Online*

Mercedes Bunz ist Journalistin und Kulturwissenschaftlerin. Sie arbeitet zu den Themen Kultur, Neue Medien und Gesellschaft.

Thierry Chervel –

Der Gedankensammler

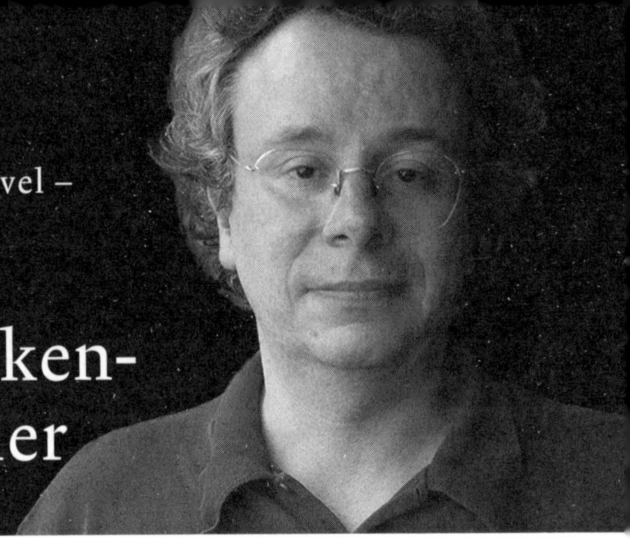

»Das Internet ist eine viel größere Revolution als es die Erfindung des Fernsehens oder des Radios jemals waren. Vielleicht lässt es sich am ehesten mit dem Aufkommen des Buchdrucks vergleichen,« sagt Thierry Chervel. Revolution aber bedeutet Kampf, und das ist im Falle von Chervel ein Überlebenskampf, den er Tag für Tag austrägt. Schließlich ist er Unternehmer, Internet-Unternehmer der zweiten Generation. Einer, der wie *Bildblog*-Niggemeier (s. Porträt Niggemeier) oder *Spreeblick*-Häusler zäh im kleinen Kreis an seiner Idee werkelt. Nicht ungewöhnlich ist es für diese Generation, das im Familenverbund zu tun: Thierry Chervel gründete und betreibt den *Perlentaucher* zusammen mit seiner Lebensgefährtin, der Journalistin Anja Seeliger. Er nennt das »eine ganz traditionelle Form des Arbeitens«, die keinerlei Probleme bereite. Für jedes Paar eigne sich das Konstrukt dennoch nicht, findet Chervel. Genauere Angaben über die familieninterne Arbeitsteilung möchte er nicht machen.

Mit den Dotcom-Gründern der ersten Generation vom Typ Peter Kabel haben Chervel und Seeliger so viel gemein wie Michael Ballack mit Angela Merkel. Den Peter Kabels hatte die Gier der Kleinanleger die Taschen aufgepumpt; mit dem Geld kauften sie dann auf der ganzen Welt Firmen, von denen niemand wusste, womit genau sie nichts verdienten. Gewinn oder Verlust spielte keine Rolle, Hauptsache, die Gründer verkauften ihre Aktien, bevor der ganze Schwindel aufflog. Auch das Kulturmagazin *Perlentaucher* entstand in dieser Zeit: Am 15. März 2000 ging die Seite online, das Platzen der Börsenblase stand unmittelbar bevor. »Damals dachten wir: Das ist ein Riesen-Pionierland, und wir sollten ganz schnell Pflöcke in den Boden hauen und unser Terrain abstecken, weil sich in kürzester Zeit auch so ziemlich alle anderen Journalisten hier tummeln werden. Aber dann mussten wir völlig überrascht feststellen, dass wir erst mal nahezu allein blieben in diesen Land.«

Das lag auch daran, dass das Internet in den folgenden Jahren »ziemlich gebasht« wurde: Die Erkenntnis, dass sich die Ökonomie doch nicht neu erfinden lässt und niemand ihre Regeln umschreiben kann, hatte jenem Medium, mit dem einst alles begann, schweren Imageschaden zugefügt.

»Gedanken über anderer Leute Gedanken«

Der ist zwar weitgehend repariert; mittlerweile haben auch die größten Skeptiker – jedenfalls soweit sie unter 50 sind – kapiert, wie radikal das Internet unser Leben verändert hat und dies weiter tun wird. Entsprechend gibt es die beschriebene neue Generation von Internetunternehmen. Die funktionieren im Jahre 2009 genauso wie Heizungsbauunternehmen und Pizzabringunternehmen: Sie müssen Geld verdienen, sprich Gewinn machen, wenn sie überleben wollen. Eine Idee nach ein paar Monaten an die Börse zu bringen oder an irgendeinen Großen zu verkaufen, das läuft – von Ausnahmen abgesehen – nicht mehr. Deshalb schreibt Thierry Chervel nicht nur, sondern er akquiriert auch, das heißt er versucht, Anzeigen auf *Perlentaucher.de* zu verkaufen. Chervel will erst gar nicht den Eindruck erwecken, das Geschäft liefe wie von selbst: »Suchen Sie mal ein Online-Medium, das sich aus eigener Kraft finanziert. Das gibt es allenfalls bei Wirtschafts- oder Technikthemen, im Kulturbereich ist das dagegen sehr schwierig.« Deshalb haben sich Chervel und Seeliger ein spezielles Geschäftsmodell, eine besondere Art des ›Perlentauchens‹ ausgedacht. Eines, das ihnen schon eine Menge Ärger eingebracht hat und es vermutlich weiterhin tun wird.

Perlentaucher.de ist eine hervorragende Seite für alle, die spannende Buchempfehlungen suchen oder sich ganz generell über Neuerscheinungen informieren wollen. Dazu wertet das Online-Kulturmagazin täglich die Feuilletons der großen deutschsprachigen Qualitätszeitungen wie FAZ, *Neue Zürcher Zeitung* oder *Süddeutsche Zeitung* aus und fasst sie zusammen, die Rubrik ›Ewige Werte‹ enthält eine sehr gute Linkliste. Es gibt eine internationale Magazinrundschau sowie eine Buchdatenbank mit derzeit 35.000 Einträgen, in der sich Resümees zu praktisch allen in diesen Zeitungen seit dem Jahr 2000 veröffentlichten Buchkritiken finden. Das heißt, der *Perlentaucher* veröffentlicht nicht nur »Gedanken über anderer Leute Gedanken«, wie die Autorin Sybille Berg den Feuilleton-Journalismus einmal charakterisiert hat, sondern auch Zusammenfassungen der Gedanken anderer über Gedanken anderer. Das Verdienst des *Perlentauchers* liegt darin, auf der Basis vorhandener Inhalte – als »Zwerg auf den Schultern von Riesen«, wie Chervel es nennt – ein einzigartiges Angebot mit hohem Nutzwert für Leser und Anzeigenkunden zu schaffen. 2003 erhielt *Perlentaucher.de* dafür den renommierten Grimme Online Award.

Allerdings hat die Idee nicht nur für Begeisterung gesorgt, sondern in Zeiten der lückenlosen Inhalte-Verwertungsketten auch einem alten Streit neues Leben eingehaucht. Die Frage lautet: Sind die auf *Perlentaucher.de* veröffentlichten Resümees eigenständige geistige Werke, oder sind sie es nicht? Wenn ja, dürfen Chervel und Seeliger ihre Feuilleton-Rundschau auch an Dritte weiterverkaufen, obwohl sie selber den Zeitungen nichts für die Nutzung der ›Vorlagen‹ bezahlt haben? »Wir resümieren Buchkritiken, Buchkritiken resümieren Bücher. Das heißt alle sind Teil einer Kette. In der Kultur ist nichts voraussetzungslos. Wenn ich mich in die Öffentlichkeit begebe mit einer Idee, dann muss ich damit Leben, dass diese Idee gespiegelt wird. Sich Gedanken über anderer Leute Gedanken zu machen, ist geradezu die Definition von Kultur«, findet Chervel. Seine ärgsten Gegner sind die FAZ und die *Süddeutsche Zeitung*, die vor Gericht erwirken wollen, dass derartige Abstracts – zumindest wenn sie Orginalzitate enthalten – verboten werden. Zweimal haben die Zeitungsverlage gegen Chervel & Co. geklagt und zweimal verloren. Aufgeben wollen die Medienhäuser deshalb noch lange nicht, die nächste Runde wird vor dem Bundesgerichtshof ausgetragen. Dass er in dritter Instanz verliert, kann sich Chervel nicht vorstellen, ja er will sich noch nicht einmal mit einem ›Worst-case‹-Szenario beschäftigen. »Die Begründungen der beiden ersten Instanzen waren sehr dicht und überzeugend. Ich kann mir nicht vorstellen, dass der BGH total hinter diese Entscheidungen zurückfällt.«

Natürlich geht es um Geld

Thierry Chervel sieht sich als eine Art Avantgardist im wörtlichen Sinne, als Vorreiter in die neue Zeit, den diejenigen aufzuhalten suchen, die entweder nicht schnell genug mitkommen oder deren Geschäfte auf dem Status quo fußen. »Es gibt im Moment eine Art Phantomschmerz bei den traditionellen Medien. Sie leiden darunter, dass die Öffentlichkeit rückkanalfähig geworden ist und sich jeder sein kleines Medium schaffen kann, statt auf die Großen angewiesen zu sein. Als der Buchdruck aufkam, bekamen die Handschriften-Ateliers auch Probleme. Wahrscheinlich haben sie sich jahrelang damit beschäftigt, den gedruckten Büchern Fehler nachzuweisen.« So gewagt, wie der Vergleich zunächst klingt, ist er keineswegs: Auch die modernen ›Handschriftenateliers‹, sprich Qualitätszeitungen, warnen immer wieder vor dem Internet als Hort des unkontrollierbaren, ungefilterten Bösen und der entsprechend unterirdischen journalistischen Qualität. Also ein klassischer Konflikt zwischen Erneuerern und Bewahrern? Nicht wirklich. Denn im Grunde berührt der Streit um die Buchkritik-Resümees die Frage des Verbreitungsmediums nur am Rande. In der

Auseinandersetzung geht es um Urheberrechte und darum, wann das Kopieren aufhört und die eigene kreative Leistung anfängt. Und natürlich geht es um Geld. Die Sache mit den Resümees ist nicht die einzige schmerzhafte Berührung zwischen den *Perlentauchern* und der FAZ. Bei der anderen handelt es sich um die Causa *Eurotopics*, einer täglichen europäischen Presseschau im Internet, die die Perlentaucher Medien GmbH zusammen mit dem Pariser *Courier International* drei Jahre lang erstellt hatte. Auftraggeber war die Bundeszentrale für Politische Bildung. Am 29. Juni 2007 erschien auf der Medienseite der FAZ ein Artikel unter der Überschrift *Die Gedanken der Anderen*. Darin schreibt der Autor, Thierry Chervel verdiene sein Geld »mit den aufgeschriebenen Gedanken anderer Leute«. Weiter unten berichtet der Artikel über den *Eurotopics*-Newsletter und seine Finanzierung. Zitat: »Das kostet den Steuerzahler über das Budget der Bundeszentrale brutto 559.342,50 Euro allein fürs erste Jahr, der Vertrag läuft über 36 Monate.« Die Kritik des FAZ-Autors Olaf Sundermeyer zielt im Kern darauf, dass der Staat indirekt eine Firma mit dubiosem Geschäftsmodell subventioniert, damit diese ein ebenfalls zwielichtiges Projekt umsetzen kann. Ob es an diesem Artikel lag oder nicht, jedenfalls schrieb die Bundeszentrale für Politische Bildung das Projekt *Eurotopics* neu aus, und die Perlentaucher Medien GmbH verlor ihren größten Auftrag.

Die Geschichte steckt voller Zufälle. Der erste: Die Recherche an dem FAZ-Artikel begann – zumindest nach Angaben von *Perlentaucher.de* – mit einer Mail des Autors am 30. November 2008. Also genau eine Woche, nachdem die erste Klage von FAZ und SZ gegen den *Perlentaucher* abgewiesen wurde. Der zweite: Das FAZ-Stück erschien erst ein halbes Jahr nach der Recherche – und drei Wochen vor der Berufungsverhandlung zu besagtem Urteil. Der Dritte: Olaf Sundermeyer, Autor von *Die Gedanken der anderen*, gehörte – zumindest bis zum Sommer 2006 – zu jenem Netzwerk, das den Auftrag für *Eurotopics* erhielt, nachdem die Bundeszentrale für Politische Bildung den Newsletter neu ausgeschrieben hatte. Thierry Chervel schrieb damals, als die Sache hochkochte, von »Machtmissbrauch« – und dabei bleibt er bis heute.

Was wohl passieren würde, wenn das Chervel'sche Geschäftsmodell das Feuilleton-Reservat verlassen und sich auch in anderen Bereichen des Journalismus einnisten würde – darüber räsonierte FAZ-Autor Sundermeyer schon im Sommer 2007. Die Frage ist in der Tat spannend: Warum sollte nicht jemand auf die Idee kommen, die – extrem rechercheintensiven – Wirtschaftsgeschichten aus der *Süddeutschen Zeitung* griffig zusammenzufassen und auf eine Webseite zu stellen? Und warum sollte dieser Jemand nicht Thierry Chervel sein? Für übertragbar hält er das ›Prinzip *Perlentaucher*‹ auf jeden Fall, allerdings bräuchte er dafür einen finanzstarken Partner. Ob es hier schon Gespräche gibt, dazu möchte er »gar nichts sagen«. Zunächst soll sich der *Perlentaucher* »mit der Kulturthematik noch sehr weiterentwickeln«. Chervel will die guten Kontakte zu den Buchverlagen ausbauen, sie spielen in seinen Zukunftsplanungen eine entscheidende Rolle. »Die Buchverlage sind dem Internet gegenüber aufgeschlossener als aktuelle Printmedien. Sie haben begriffen, dass sie übers Netz gut verkaufen können. Zeitungen fürchten dagegen ständig, dass ihnen das Internet etwas wegnimmt.« Hilfreich ist *Perlentaucher.de* dort, wo das Online-Magazin Rezensionen mit den Webseiten der Verlage verlinkt. Deren Internetauftritte – ansonsten kaum beachtet – werden publik. In Zukunft soll das Band noch enger werden, Chervel möchte den *Perlentaucher* zu einer »Relaisstation im Netz« für die Verlage machen. In dieser Station könnten sich dann Autoren virtuell mit ihren Lesern treffen oder Leser untereinander über eine Neuerscheinung diskutieren.

»Kundiger Geschäftsmann« und brillanter Autor

Wenn der Bundesgerichtshof das *Perlentaucher*-Modell absegnet, wird es Nachahmer finden, daran kann kein Zweifel bestehen. Für freie Journalisten, die von ihren Gedanken und vor allem auch von der Mehrfachverwertung derselben leben müssen, ist die Vorstellung alles andere als beruhigend, dass jeder ihrer Artikel von irgendwem zusammengefasst und weiterverkauft werden kann. Thierry Chervel sagt, es habe sich noch nie ein Autor bei ihm darüber beschwert, »dass wir ihn zitieren. Es sind die Verwerter, die sich immer mehr an die Stelle der Urheber setzen.« Das ändert allerdings nichts daran, dass schlecht bezahlte freie Buchrezensenten sicher nichts dagegen hätten, von dem, was der *Perlentaucher* – auch – mit ihren originellen, mit Liebe erdachten Zitaten verdient, etwas abzubekommen. Zu Chervels Plänen für die Zukunft gehört es auch, mehr eigene Texte zu produzieren, »weil wir mittlerweile so weit sind«. Wobei *Perlentaucher.de* schon bisher keineswegs nur aus Feuilleton-Rundschauen und Abstracts besteht, die Seite hatte schon immer eigene Texte. Und Thierry Chervel ist nicht nur ein »kundiger Geschäftsmann«, wie Olaf Sundermeyer über ihn schrieb, was in Feuilleton-Kreisen die vermutlich übelste aller denkbaren Beschimpfungen ist. Der Gedankensammler ist auch ein brillanter Autor, dessen Texte sich durch jenen analytischen Scharfsinn auszeichnen, mit dem der Kulturteil von Tageszeitungen seine Leser nicht immer verwöhnt.

Am 29. Juni 2002 beschäftigte sich Chervel zum Beispiel mit dem Ende der Berliner Seiten der FAZ. Darin rechnet er mit dem in jenen Jahren heißgelaufenen Zeitgeist- und Popjournalismus ab: »Zuweilen hatte man den Eindruck, dass sich ein Scherflein von Jungaristokraten und Einser-Abiturienten die Krawatten lockerte. [...] Die Generation Golf erbt in einem Moment des Niedergangs, und ihr fällt die unmögliche Aufgabe zu, auf Geheiß der Leitungsetagen die Oberfläche aufzurauen, ohne sie anzukratzen. Wir leben in Zeiten, wo es sehr viel schwerer ist als seinerzeit, noch Aufnahme in die bestehenden und so alternativlos wirkenden Institutionen der Bundesrepublik zu finden. Die Popironie ist die Ironie derjenigen, die es gerade noch hinein geschafft haben und sich nun mit der – trügerischen – Perspektive des Fortkommens innerhalb der Hierarchien des Systems befassen müssen. [...] Wie falle ich auf, ohne als inkompatibel zu gelten? Wie gelte ich als originell, ohne mit Ideen die bestehende Routine zu verstören? So blieb das Spiel mit den Formen, deren Unterhöhlung überdies als subversiv galt, als Aufklärung der Medien über ihre eigenen Wirkungsweisen. In Wirklichkeit aber artikuliert es den Zweifel des Journalismus an seiner eigenen Relevanz und ist ein typisches Symptom mächtiger, aber an sich zweifelnder und um sich kreisender Institutionen.«

Fragt sich, wie es weitergeht mit diesen Institutionen. Nach Ansicht von Chervel besteht deren Problem nicht nur darin, dass sich Werbeetats von Zeitungen zu Online-Medien verlagern, sondern dass »Werbung jenseits von Medien stattfindet.« Als Beispiel nennt er Google. »Die Werbetreibenden machen sich unabhängiger von dem Wasser, in dem sie schwimmen.« Und nicht nur die Werbenden, sondern die gesamte Öffentlichkeit wird nach Ansicht des *Perlentaucher*-Machers unabhängiger von den Old-Economy-Medien. Schließlich kann heute jeder im Netz seine eigene Öffentlichkeit erschaffen. Vorausgesetzt, er hat Ideen. Zum Beispiel die, das Meer der Information nach Perlen abzusuchen.

CHRISTOPH LIXENFELD

Thierry Chervel

Geboren am 6. Juni 1957 in Paris

Ausbildung

Studium der Politikwissenschaft

Beruflicher Werdegang

Kulturredakteur und Feuilletonchef der *taz;*

Paris-Korrespondent für das Feuilleton der *Süddeutschen Zeitung;*

Redakteur auf den Berliner Seiten der *Süddeutschen Zeitung;*

s. 2000 Gründung und Herausgabe von *Perlentaucher.de,* zusammen mit der Journalistin Anja Seeliger, die auch seine Lebensgefährtin ist. *Perlentaucher.de* ist ein echtes Familienunternehmen: Geschäftsführer ist Anja Seeligers Bruder Niclas, Thierry Chervels Mutter Lisa Cludius übersetzt für den *Perlentaucher* und liest Korrektur.

Literatur

2007 *Islam in Europa. Eine internationale Debatte.* Frankfurt am Main: Suhrkamp

1992 *Redefreiheit ist das Leben. Briefe an Salman Rushdie.* München: Piper

Holm Friebe –
Der Prophet

Der Leser

Im ICE München-Berlin, ein grauer Wintertag. Die Reporterin streift durch den Zug und geht für einen Artikel der These nach: Der Mensch ist, was er liest. Jens ist Ende 20 und liest *Wir nennen es Arbeit – Die digitale Bohème* von Holm Friebe und Sascha Lobo. Warum beschäftigt ihn das? »Weil es momentan in aller Munde ist und zu meinen Lebensumständen passt,« sagt Jens. »Ich versuche gerade, mich als freischaffender Illustrator zu etablieren, und schaue lesend voraus, was mich da erwartet: laut Buch ein Leben als Freiberufler, der mit dem Laptop arbeitend im Café sitzt. Das Buch übertreibt, aber der Trend stimmt. Es geht um eine ganze Szene von Leuten, die unabhängig sind und sich jenseits der traditionellen Arbeitsverhältnisse neu arrangieren.« Also: wenig Geld, aber flexibel, keine Festanstellung, aber gut vernetzt. Jens versucht das, was ihm Spaß macht – zeichnen und entwerfen – zum Beruf zu machen. Aufträge bekommt er sporadisch. Arbeit und Freizeit sind für ihn fast Synonyme. Wer *Wir nennen es Arbeit* Glauben schenkt, für den steht fest: Jens ist ein Symptom des sich ändernden Arbeitsmarktes. Er ist frei, kreativ und gut drauf dabei. Er ist ein digitaler Bohemien. Wer dem Buch nicht glaubt, denkt: Hoffentlich geht das mal gut mit Jens.

Die Erfinder

Im Netz, ein paar Tage später, auf der Suche nach den Erfindern der digitalen Boheme. Es finden sich Interviews zuhauf mit den beiden Autoren, gedruckte und gefilmte. Eines davon: Sascha Lobo trägt einen knallroten, sehr effektvoll in Szene gesetzten Irokesenschnitt. Holm Friebe ist blond und wirkt neben Sascha wie der brave Nachbarsjunge im Konfirmationsanzug. Der *good cop*. Die halblangen Haare kann er sich sehr telegen raufen. Auf Fotos sieht er manchmal aus wie ein Berlin-Mitte-Boy: hip, dabei betont lässig, die Hände in den Hosentaschen, Trainingsjacke, ein Blick in die Kamera, der signalisiert: immer bereit! Kann der wirklich 36 sein? Friebe sagt in den Interviews wohlformulierte Sätze, seine Botschaft ist klar: Selbstverwirklichung durch Selbstständigkeit! Ihr seid frei, macht was draus! Lasst euch nicht von der Festanstellung – oder schlimmer: der Sehnsucht danach – versklaven. Die digitale Boheme bietet euch den Ausgang aus der selbstverschuldeten Unmündigkeit 2.0. Holm Friebe klingt wie der Prophet einer neuen Zeit. Keine Spur von Prekariats-Gejammer. Es klingt verlockend, fast paradiesisch. Aber wer kümmert sich im Paradies um Miete, Finanzamt und Altersvorsorge?

Der Prototyp

In Berlin-Mitte, ein sonniger Sommertag 2008. Holm Friebes Büro besteht aus einem einzigen, weißen, großen Schreibtisch. Darauf ein aufgeklappter Laptop, der von halbmeterhohen Bücherstapeln eingerahmt wird. Sein Schreibtisch ist einer von mehr als einem Dutzend im weitläufigen Zimmer, ein Großraumbüro, in dem sich Freiberufler zusammengeschlossen haben. Texter, Designer, Cutter, alle sitzen sie vor ihren Laptops mit dem angebissenen Apfel, der Insignie der Freiberufler-Gilde. Der Bildschirmschoner von Holm Friebe springt an. Er ist nicht da. Er steht draußen, auf der Terrasse in der Sonne, und telefoniert. Oder »prokrastiniert«, wie er es gerne nennt. Prokra- wie bitte?

Nachschlagen im Fremdwörterbuch. Auf Deutsch heißt das: aufschieben. Etwas tun, um etwas anderes nicht tun zu müssen. Folgt man der Philosophie von Holm Friebe führt das Prokrastinieren zu großer Produktivität, schließlich arbeitet man dadurch, dass man immer ein bisschen arbeitet, ständig. »Hallo, ich bin Holm«, sagt er schnörkellos. Holm Friebe trägt Converse-Turnschuhe, eine Cargohose und ein irgendwie kariertes Hemd. Doch kein hipper Mitte-Boy, nicht hier und heute.

Im nahen Café bestellt er sich eine Bionade und sucht sich eine Hollywood-Schaukel zum Sitzen aus. Friebe redet bedächtig, er lässt sich Zeit beim Formulieren. Ein Allzeit-bereit-Typ ist das nicht. Dafür merkt man Friebe schnell an, dass er ein Sohn aus gutem Hause ist: der Vater Steuerberater, die Mutter Lehrerin und Galeristin. Habitus, würde Friebe das selbst nennen, nach dem Soziologen Pierre Bourdieu. Der Habitus verrät ihn. Friebe ist redegewandt, unaufdringlich selbstsicher, er kann sich darstellen, ohne sich preiszugeben. Eine behütete Kindheit in Lüdenscheid, dann ein solides Wirtschaftsstudium, gepaart mit Geisteswissenschaften. Akademisches Rumstöbern, eigene Projekte wie eine Zeitschrift gemanagt, rumgemacht, ausprobiert, viel gelernt. Elternhaus, Bildung und Selbst-Bewusstsein, das alles gibt Friebe die Freiheit und die Sicherheit, digitaler Bohemien zu sein. Er kann es sich leisten. »Erzählen Sie mal der prekär beschäftigten und mies bezahlten Kassiererin bei Lidl, dass man sich als digitale Bohème von den Fesseln der Festanstellung befreit. Das ist eine Frechheit!«, sagt ein Kritiker. Er verstehe nicht, wie Friebe und Co. solche elitären Lebenskonzepte zur Allgemeinware verklären konnten. So betrachtet wirkt Friebe überheblich, fernab der sozialen Realität. Ein wohlstandssatter Bürgerssohn, finden einige. Neoliberaler, raunen andere. Hedonist, sagt ein Dritter. Es ist Holm Friebes Vater. »Nachdem er *Wir nennen es Arbeit* gelesen hatte, hat er augenzwinkernd-wohlwollend gesagt: ›Selten ist Faulheit so eloquent in Worte gepackt worden!‹«, erzählt Friebe. Trotzdem meint er, das Buch seinen Eltern als »reflektierte Zukunftsstrategie und eben nicht als Hedonismus« verkauft zu haben. *Wir nennen es Arbeit* ist für ihn auch ein imaginäres Zwiegespräch mit der Elterngeneration, der man erklären müsse, dass sich Leben und Arbeiten grundlegend geändert haben. Lebenslange Festanstellung und arbeiten von 9 bis 17 Uhr ist nicht mehr.

Auf die Frage nach seinem typischen Tag erzählt Holm Friebe, dass er am Morgen mit seinem Sohn vier Stunden in der Klinik verbracht habe. »Da bringt die freie Zeiteinteilung die PS auf die Straße. Die wichtigen Gespräche des Tages habe ich heute im Krankenhaus geführt. Da nicht irgendwo sein zu müssen, das erleichtert das Leben mit Kind ungemein. Die Erleichterung wiegt die größere Unsicherheit allemal auf, wenn's einigermaßen läuft.« Gerade sei es alles ein wenig viel auf einmal, die Rush-Hour-Phase des Lebens. Trotzdem: Er unterrichtet, netzwerkt, schreibt wie nebenher Bücher und Kolumnen. Ein echter Alpha-Journalist eben. Nein, widerspricht Friebe, er sei gar kein Journalist. Wie bitte?

1. Erkenntnis: Holm Friebe ist kein Journalist

Er fühlt sich nicht als Journalist. Nicht mehr. »Das war nur eine wichtige Phase, in der ich dachte: Es haut mich aus etwas raus, das ich bestimmt nicht sein will. Um mich nicht als BWLer zu fühlen. BWL war die absolute Hölle. Vorlesungen um 8 Uhr morgens mit 800 Studenten in einem unterirdischen Hörsaal. Blanke Sichtbetonwände und flackerndes Neonlicht. Das war so die Zeit, als Fahrenheit-Parfüm in der Luft lag, unter BWLern sehr beliebt. Der Geruch von Angstschweiß und Fahrenheit, das ging alles gar nicht.« Friebe wollte journalistisch schreiben, um jemand anders zu sein. Anders als die, zu denen man zählt, aber zu denen man nicht gehören will. Er, der BWLer, wollte ein Alleinstellungsmerkmal. Als er dann jemand anders geworden war, kamen weitere Identitäten und Einnahmequellen hinzu: Trendagentur, Buchautor, Geschäftsführer des Freiberuflernetzwerks Zentrale Intelligenz Agentur (ZIA). Journalistisch arbeiten ist sein Zubrot, eine Nebenstraße des eigenen Ichs geworden. Holm Friebe schreibt nur noch, wenn ihm etwas einfällt. Seine Trendkolumne *Das nächste große Ding* zum Beispiel: die Vier-Stunden-Arbeitswoche, Mikroben als Vorbilder für soziale Netzwerke oder das Reisen in Zeiten des Web 2.0 treiben Friebe als Kolumnist um. Perspektivenjournalismus könnte man das nennen. Man nehme eine Sache, betrachte sie als Phänomen und schreibe aus dem Blickwinkel des digitalen Bohemien darüber. Also: fortschrittsoptimistisch, spürnasig, trendaffin. Mit Recherche im klassischen Sinne will Holm Friebe nichts zu tun haben. Leute anrufen, durch die Gegend laufen, etwas Neues herausbekommen – das ist nicht seins. Er will nicht aufdecken, sondern aufzeigen. »Warum denn den Autor interviewen, ich habe doch sein Buch schon gelesen, da steht doch alles drin!«, entgegnete er dem gestandenen Journalisten Thomas Ramge, mit dem zusammen er sein neuestes Buch *Marke Eigenbau* geschrieben hat. Holm Friebe nähert sich der Welt nicht, indem er in sie hinausgeht, sondern indem er vor dem Computer über sie nachdenkt.

Holm Friebe ist also kein Reporter, aber was dann? Akademiker? Friebe hat keinerlei Skrupel, vier Fremdwörter in einen Satz zu packen und dann noch zweimal Pierre Bourdieu und Niklas Luhmann zu zitieren, wenn er schreibt. Wenn er redet, sind seine Sätze ausgefeilt und druckreif. Eloquent, finden die einen; Phrasendrescher, sagen die anderen. Mit seiner Prägung hält er gar nicht hinter dem Berg: »Wir bei der ZIA bekennen uns dazu, dass wir alle akademisch affiziert sind und das auch nicht verbergen können. Und wahrscheinlich zu schlau für 90 Prozent der Bevölkerung oder die Zielgruppe von irgendwas sind.« Holm Friebe hat jahrelang in Kolloquien für Doktoranden der Kulturwissenschaften gesessen und sich Gedanken über Gott, die Marke und die Welt gemacht. Intellektuell sein ist Teil seines Selbst, Name-Dropping und lange Ausführungen inklusive. Trotzdem hat er Reißaus genommen: Die Kolloquien waren Alibihandlungen, die Doktorarbeit hat er nie geschrieben, dafür aber Bücher, mit denen er heute seinen akademischen Komplex auslebt. Erkenntnisse und Autoren aus der Doktorandenzeit sind in das Bücherschreiben mit eingeflossen. »Das ist doch sehr viel reizvoller, wenn man dafür bezahlt wird und ein paar Tausend, idealerweise Zehntausende Leute ansprechen kann statt eines einzigen, der eventuell mal die Doktorarbeit durchliest. Das ist der Journalismus-Virus: geil, seinen Namen in einer bestimmten Auflage gedruckt zu sehen und hinderlich, wenn es darum geht, sich jahrelang durch eine Dissertation zu beißen.«

Wenn man Friebe nach seinem Beruf fragt, antwortet er: Geschäftsführer der ZIA – das heißt neben Texten und schlauen Konzepten – zum Beispiel für eine Radiofeature-Reihe – auch Buchhaltung, Umsatzsteuererklärung, Kundenakquise. Dinge, die ihm seit seinem BWL- und VWL-Studium vertraut sind. ZIA-Geschäftsführer, das vereint alles, was Friebe einmal gelernt hat: journalistisches Schreiben, akademisches Hintergrundwissen, wirtschaftliches Denken. Holm Friebe ist ein Hybridwesen, das sich einen maßgeschneiderten Beruf zugelegt hat. Vor dem Unibetrieb in das journalistische Schreiben ausgebüchst, von dort aus weiter in das Bücherschreiben, ab da in eine eigene Firma und wieder rückwärts, eine Schleife durch andere Gebiete drehen. Bei einem Festangestellten würde der Personalchef bedenklich mit dem Kopf wiegen: zu sprunghaft, zu unstet. Dem digitalen Bohemien – der gerne damit kokettiert, dass er seit Ewigkeiten keine Bewerbung um einen Job mehr geschrieben hat – steht die schief gezogene Mütze namens Lebenslauf ganz gut. Vor allem, wenn er sich damit im Spiegel selbst sieht. Und noch jemand ein Foto von ihm schießt.

2. Erkenntnis: Holm Friebe ist nicht witzig, hat aber Humor

Holm Friebe ist kein lustiger Mensch. Er lacht nicht, erzählt keine Witze, scherzt nicht. Ab und an grinst er schelmisch, das ist das Maximum an Verwegenheit, zu dem er sich während des Interviews hinreißen lässt. Humor ist erstaunlicherweise aber das Fundament, auf das er baut. Im Porträtfilm *Holm und wie er die Welt sah* wäre folgende (wahre) Anekdote die Schlüsselszene: Holm Friebe und die anderen, ›Pappen‹ genannten Mitglieder des Web-Forums *Hoeflichepaparazzi.de*, das diskret und beiläufig von zufälligen Prominentenbegegnungen erzählt, treffen sich das erste

Mal in der analogen Welt. Der extra ausgewählte Ort der Pappen, irgendwo in Deutschland, ist logisch: Pappenheim. Als erstaunte Anwohner die Pappen fragen, was denn all diese Menschen bei ihnen machen, bekommen sie als Antwort: Wir veranstalten eine Murmelolympiade. Ja, wo sie denn herkämen? Aus dem Internet. Danach fragten die Pappenheimer nicht mehr. Erzählt Friebe und grinst dabei ein wenig.

Humor – mit einem kräftigen Schuss Satire und einer Prise Ironie – funktioniert als Ausschlusskriterium bei Holm Friebe ganz gut. Humor-Outsider müssen leider draußen bleiben. Das beginnt schon beim Namen der Zentralen Intelligenz Agentur, einer Art Türsteher, die nicht von ungefähr wie der amerikanische Geheimdienst heißt: »Der Name funktioniert als Einstiegsfilter für Leute, die etwas von einem wollen. Wenn sie diesen Humor nicht mögen und nicht verstehen, dann wäre es auch nicht besonders sinnvoll, mit denen zusammenzuarbeiten. Der Name ist im positiven Sinne so merkwürdig, dass er als Marke funktioniert und genau diese Andersheit, die man störrisch und eigensinnig behauptet, transportiert.«

Auch das zu Studienzeiten von Holm Friebe gegründete Satiremagazin funktionierte über Ausschluss: Der Name *Luke & Trooke* sei ein Intelligenztest. Wer ihn dechiffrieren kann, der darf über die Türschwelle treten. Holm Friebes Humor grenzt nach außen ab, stützt aber auch den inneren Zusammenhalt. Blogs wie *Hoeflichepaparazzi.de* oder *Riesenmaschine.de* sind auch soziale Netzwerke, in denen sich Leute finden, die ihren Stil der Kommunikation und Weltsicht gemeinsam pflegen. Holm Friebe sagt dazu: »Es ist ein Humor im Sinne des Kugelblitzes der Erkenntnis. Sachen, die man sonst sehr wortreich erklären müsste, werden auf einen Kurzschluss reduziert. Humor als erkenntnisförderndes Mittel ist uns sehr recht. Er darf weder pointenlos noch pointless sein.« In der Printvariante des *Riesenmaschine-Blogs* – tatsächlich, ein Buch – sind zum Beispiel solche eingestreuten Randbemerkungen zu finden: »So geht's: Fußpflegerlehre beginnen (mit 34). So nicht: Erasmus vortäuschen (Studenten). So geht's: Fang den Hut beim KKK. So nicht: beim Tippen einschla...«.

3. Erkenntnis: Holm Friebe ist eine Marke

»Marken und Trends sind mein Steckenpferd«, sagt Friebe. Seine angefangene Dissertation und sein Buch *Marke Eigenbau* handeln davon, als Universitätsdozent in Zürich unterrichtet er Modestudenten, wie sie ihr Design erfolgreich präsentieren. Weitergeben will er »eine mühsam erworbene Street Smartness in Business-Belangen. Wie man sich möglichst gut verkauft, wie man eventuell auch ein bisschen auf den Schlamm haut, sei es in Präsentationen oder im Auftreten. Und wie man sich vor allen Dingen nicht unter Wert verkauft.« Holm Friebe weiß inzwischen, was er wert ist. Er ist selbst zur Marke geworden. Sein Alleinstellungsmerkmal ist es, gleichzeitig Erfinder und Mitglied der digitalen Boheme zu sein und das medial gut vermitteln zu können. Wer ein reales Produkt bei ihm kauft – ZIA-Projektarbeit, Texte –, der kauft auch immer sein Image mit: selbstbewusst propagierte Freiheit in Zeiten des Sozialstaatabbaus, ein Leben zwischen »Leistungswut und Lässigkeit« und dem »virtuosen Spielen auf der Klaviatur der Hypermoderne«, wie es Peter Glaser (s. Porträt Glaser) formuliert. Die Marke Holm Friebe nutzt dabei auch geschickt das Image der Marke Berlin: »arm, aber sexy«, kreativ und als Trendpionier – auch in Sachen neue Lebensformen – immer an vorderster Front dabei. Holm Friebe widerspricht. Er findet, dass digitale Bohemiens auch in Bielefeld oder Nürnberg leben. Er selbst lebt in Berlin im Epizentrum der Hauptstadt-Hippness, in Mitte und Prenzlauer Berg.

Sein bisher einziges Jahr in der Nonsensbucht, also als Festangestellter, hat er in einer Trendagentur verbracht. Mit der Werbebranche verbindet ihn eine Mischung aus Faszination und Ekel. Aufgehört hat er, als es unter anderem darum ging, Personalverantwortung zu übernehmen und sich wirklich mit Job und Unternehmen zu identifizieren. »Ich glaube, dass ich das alles ganz gut könnte, aber zu einem extremen Arschloch würde, wenn ich Chef wäre. Man konnte das alles mitspielen und sich angucken, solange man das letzte Glied in der Hackordnung war.« Als aus dem Spiel Ernst wurde, ging Friebe. Teil des Systems zu sein und gleichzeitig ironisierender Außenbetrachter, der mit beiden Rollen Geld verdient, das war nicht möglich. Der Fremdmarkenartikel Holm Friebe war unmöglich. Eigene Markenzeichen funktionieren hingegen prima – wie Powerpoint-Karaoke beweist, ein Unterhaltungsformat, das Holm Friebe und seine ZIA-Kollegen erfunden haben. Anhand wahllos aus dem Netz gezogener, unsinniger Powerpoint-Folien hält ein rhetorisch und Fantasie-Begabter aus dem Stegreif einen Vortrag dazu. Ziel des Ganzen ist es – neben der Lockerung der Lachmuskeln – den Nonsens zu entlarven, den die Arbeitswelt produziert. Die digitale Boheme braucht die Angestelltenwelt als Kontrastfolie und zur Abgrenzung. Ohne Powerpoint kein Karaoke. Holm Friebe macht sich einerseits lustig über den Angestellten- und Expertensprech der Powerpoint-Präsentationen, andererseits nutzt er ihn. Denn um sich und seine Ideen zu verkaufen, müsse man die »Schwelle der Nachvollziehbarkeit überwinden. Und da helfen dann auch solche schmutzigen Instrumente wie Powerpoint-Präsentationen weiter. Es ist gut, wenn man sie beherrscht«. Das bringt er seinen Studenten bei.

Auch eine andere Regel hat Friebe verinnerlicht: Eine Marke braucht Anerkennung. Deshalb schreibt er, der Blogger, Bücher. Der Akademiker Friebe erklärt das so: »Bücher sind nach wie vor das Nadelöhr, durch das etwas durch muss, um in den Diskurs eingespeist zu werden und Rückflüsse zu generieren, die es einem erlauben, das nächste Buch zu schreiben und währenddessen nicht zu verhungern.« Der digitale Bohemien denkt, plötzlich ganz analoger Angestellter seiner Zukunft, also auch an die Altersvorsorge. Urheberrechte und Tantiemen sind seine persönliche Riester-Rente. »Intellectual property is the oil of the 21st century«, findet er. Seine Bücher sind von ihm angelegte Ölfelder, auf denen die Quellen sprudeln sollen, wenn er ein alter digitaler Bohemien ist.

Eine Marke braucht Werbung. Was aber, wenn der Mensch eine Marke ist und Interviews die Werbung? Jens Friebe, Musiker und selbst medial erfahren, befremdet die Selbstdarstellung, das »Branding« seines Bruders Holm – sagt er in einem Interview:

»[Jens] Jemand, der einen seit seiner Kindheit kennt, kann nicht beurteilen, wie man sich am besten Leuten zeigt, die einen gar nicht kennen. Da heißt es schnell: Das bist doch gar nicht du.

[Zeit Campus] Zum Beispiel?

[Jens] Wenn ich Interviews sehe. Das ist mir immer total fremd, wie sich jemand so in der Öffentlichkeit gerieren kann.

[Holm] Wenn du Interviews von mir siehst?

[Jens] Ja, also...

[Holm] Willst du sagen, du schämst dich für mich? (beide lachen)

[Jens] Schämen ist das falsche Wort. Aber das Auftreten, das man sich für die Öffentlichkeit zurechtlegt, befremdet Menschen, die einen privat sehr gut kennen.«

Freizeitpark

Apropos privat, was macht Holm Friebe eigentlich zuhause, mit Freunden, in seiner Freizeit? Falls es die bei der fehlenden Grenzziehung zwischen ›arbeiten‹ und ›frei haben‹ überhaupt gibt? Holm Friebe muss ziemlich lange überlegen. Ein Buch lesen wäre mal wieder schön. Mit der Familie in den Urlaub fahren. Hobbys? Er habe sich mal als Bonsaizüchter versucht. Sich 50 Jahre mit ein- und demselben Baum beschäftigen! In völliger Zweckfreiheit! Er ist gescheitert, zwei Pflanzen gingen ein.

Arbeitswelt

Das Interview neigt sich dem Ende entgegen. Holm Friebe bittet, ihm bei Rückfragen lieber eine Mail zu schreiben statt anzurufen. Telefonieren, damit zwingt man das Gegenüber zum Antworten in diesem einen Moment. Die ZIA bevorzugt die asynchrone Kommunikation per Mail, da kann man reagieren, wann man will. Friebe grinst und sagt: »Nee, kannst natürlich auch gerne anrufen!« Ein ZIA-Kollege kommt im Café vorbei, er holt Holm Friebe ab. Sie schlendern zu ihren Fahrrädern. Es ist Montagabend, 19 Uhr 15. Das wöchentliche ZIA-Treffen steht an, der einzige feste Termin der virtuellen Firma. Der Feierabendverkehr in Berlin hat sich schon gelegt. Holm Friebe sagt: »Na, dann gehen wir mal arbeiten.« MIRIAM JANKE

Holm Friebe

Geboren am 6. August 1972 in Lüdenscheid

Ausbildung

1992-1999	Studium der BWL, später VWL, Soziologie und Kulturwissenschaften in Münster und Berlin. Der Titel seiner VWL-Diplomarbeit lautet: *Der Berliner Tageszeitungsmarkt: Intakte Vielfalt oder Verdrängungswettbewerb?*
2000	Studienaufenthalt in London

Beruflicher Werdegang

1993-1997	Mitherausgeber des Comic- und Satirefanzines *Luke & Trooke*
s. 1995	freier Journalist u.a. für *Konkret, Titanic, Jungle World, taz, Berliner Zeitung* und *Neon*
2000-2001	Mitarbeiter einer Trendagentur in Hamburg – das bisher einzige Jahr als Festangestellter
2001	Zusammen mit seinem Ziehvater Christian Y. Schmidt Headwriter der Literatursendung *Lesezirkel* mit Benjamin von Stuckrad-Barre für MTV
2002	Gründung der virtuellen Firma und des Freiberuflernetzwerks Zentrale Intelligenz Agentur GbR (ZIA)
s. 2004	schreibt er zusammen mit ZIA-Kollegin und Bachmann-Preisträgerin Kathrin Passig *Das nächste große Ding*, eine monatliche Trendkolumne in der *Berliner Zeitung*
2005	Gründung des kollektiven Weblogs *Riesenmaschine.de* zum Großthema Fortschritt der Zivilisation
2007	Künstlerische Leitung des dreitägigen Festival-Camps *9to5. Wir nennen es Arbeit*
s. 2007	Dozent an der Hochschule für Gestaltung Zürich im Studiengang ›Style & Design‹. Seminartitel: *Das nächste große Ding*

Literatur

2008	*Marke Eigenbau – der Aufstand der Massen gegen die Massenproduktion*, zusammen mit Thomas Ramge
2006	*Wir nennen es Arbeit. Digitale Bohème oder Intelligentes Leben jenseits der Festanstellung*, zus. mit Sascha Lobo

Holm Friebe ist mit einer festangestellten Journalistin liiert. Sein Sohn Luke Velten wurde im Oktober 2007 geboren. Er lebt in Berlin in den Bezirken Mitte und Prenzlauer Berg.

Matthias Gebauer –

Der Globetrotter

Matthias Gebauer ist ein freundlicher, junger Mann mit viel Sinn für die Schnelllebigkeit des Internets. Aber manchmal kommt es vor, dass er wutentbrannt aus dem Ausland in der Redaktion in Hamburg anruft und sagt: »Wisst ihr was? Wenn ihr mich so schnell von der Seite oben runterhaut, dann könnt ihr mich mal! Dann fahre ich jetzt zum Flughafen und komme zurück nach Hause. Das ist sonst einfach zu viel Arbeit für nichts.« So wie bei der Reise nach Bangladesch. Drei Tage war er nach dem langen Südasien-Flug noch bis zu seinem Ziel unterwegs gewesen. Erst mit dem Auto durch die Mangrovenwälder, dann mit dem Boot bis zu einer kleinen Insel in der Bucht von Bengalen, wo die Bauern einen aussichtlosen Kampf gegen den Monsun und den steigenden Wasserspiegel führen. Die Geschichte gehörte zu einer vierteiligen Reihe über die Auswirkungen des Klimawandels, wie sie bereits heute zu besichtigen sind, und war eine der aufwendigsten in der mittlerweile 14-jährigen Geschichte von *SPIEGEL ONLINE*. Nach seinem Anruf wurde sie dann doch wieder besser auf der Website platziert, und Gebauer blieb noch drei Wochen in Bangladesch und zwei weitere in Pakistan.

»Wenn du gut bist, dann steht dein Text vier Stunden oben auf der Seite bei den Aufmachergeschichten. Ausnahmsweise vielleicht auch mal sechs«, erklärt der 34-Jährige die Rotationsgeschwindigkeit der prestigeträchtigen Nachrichten-Site. Danach rutscht der Artikel auf die sogenannte ›Centerpage‹ hinunter und wird eine Schlagzeile in der Rubrik Politik – für einen Tag. Dann geht es Klick für Klick weiter hinein in die Verästelungen des Web, in die Unterrubrik Ausland und schließlich ins Archiv. Stündlich kann der Autor dabei erfahren, wie viele Menschen seinen Text gerade angeklickt haben. Und wie viele Leser die eventuelle zweite Seite des Artikels noch aufschlagen. »Das war natürlich ein neues Erlebnis«, erzählt Gebauer, der als Polizeireporter bei *Bild* und der *Berliner Zeitung* gearbeitet hat, über seine Anfangszeit. »Dass du mitbekamst, wie viele Leute deine Sachen lesen. So dass du wusstest: Wow, das haben sich jetzt in der letzten Stunde 150.000 Leute angeguckt.«

Damals, im Jahr 2000, zeichnete sich noch nicht ab, dass er der erste Krisenreporter im Dienste eines Online-Magazins sein und fast wöchentlich rund um den Erdball reisen würde. Er kam gerade frisch von der Henri-Nannen-Schule und einem Praktikum beim *Spiegel* und bei *Spiegel* TV. Auf einer Party in Hamburg hatte er den damaligen Leiter des Deutschland-2-Ressorts angesprochen. Er sei nur hierher gekommen, um sich bei ihm für ein Praktikum vorzustellen. »Das fand der wohl ganz lustig, so viel Aufwand zu betreiben«, erzählt er. »Weil die Praktika normalerweise von der Schulleitung vergeben werden. Und alle wollen zum *Spiegel* und alle wollen zu D2.« Tatsächlich bekam er den Platz, saß dann aber erst einmal ratlos zusammen mit einem Kollegen der Nannen-Schule, der heute als Jerusalem-Korrespondent für den *Spiegel* arbeitet, im Praktikantenzimmer. Es gab nichts zu tun. Doch dann ging die CDU-Spendenaffäre los und alle fingen an zu rotieren. Plötzlich gab es viel zu tun. »Wir saßen wie die Häschen dabei, als die großen Dinger besprochen wurden. Etwa: Wann kriegen wir Kohl? Natürlich wussten wir dazu nicht viel beizutragen«, erinnert er sich.

Schließlich kam jemand auf die Idee, sie sollten jede Woche ein kleines Porträt über die Hintermänner dieser Affäre schreiben. Nicht über die ganz großen kriminellen oder politischen Köpfe, sondern über Leute wie Brigitte Baumeister, die Schatzmeisterin der CDU, die damals in der Öffentlichkeit kaum bekannt war. Für die erste Geschichte mussten sie nach Stuttgart fliegen. Schon das war für den 24-Jährigen, der noch nie innerdeutsch geflogen war, aufregend: »Man sagte zu einer Sekretärin: Ich muss heute nach Stuttgart. Und die sagte dann nicht: Ich schau mal, welches die billigste Zugverbindung ist. Sondern: Geh einfach zum Flughafen, dann liegt da dein Ticket.« In Stuttgart angekommen stöberten sie in den Archiven der Jungen Union, trieben sich in der Stadt herum und versuchten mit CDU-Leuten zu reden, was meist misslang, weil alle dem Beispiel ihres Parteivorsitzenden folgten und *Spiegel*-Leute ignorierten. »Es lief aber letztlich doch ganz gut, weil man viel bunten Stoff kriegte oder hier und da mal ein Fotoalbum von alten Freunden aufgriff.« Am Ende hatten sie tatsächlich in jeder der verbleibenden sechs Wochen eine Geschichte im Blatt. Normalerweise schafft ein Praktikant beim *Spiegel* mit viel Glück *eine* Veröffentlichung.

»Guten Morgen, Herr Doktor Kohl!«

Eine andere Recherche-Reise verlief zwar weniger erfolgreich, hinterließ aber einen nachhaltigen Eindruck. Gebauer war Helmut Kohl nach Krakau hinterhergeflogen, wo der ehemalige Kanzler von einer katholischen Universität die Ehrendoktorwürde verliehen bekam. Für einen Boulevard-Reporter gab es dort perfekten Stoff: Der Abt, der das Kloster leitete, erzählte, wie er extra ein neues breites Bett hatte anfertigen lassen und zeigte in der Schneiderwerkstatt die zeltartige Robe, die für Kohl dort entstand. »Als ich das allerdings nach Berlin schickte«, erzählt Gebauer, »kam als Antwort: Alles ganz nett, aber so etwas machen wir nicht.« Also beschloss er, Kohl direkt anzusprechen und fuhr früh morgens um sechs dahin, wo dieser aus seinen Schlafgemächern kommen und vom Chauffeur abgeholt werden sollte. »Es war auch noch ein Fotograf bestellt, der an einer Straßenecke fotografieren sollte, wie der *Spiegel* nun Kohl mit allen möglichen Vorwürfen zur Spendenaffäre konfrontierte«, sagt er mit einem jungenhaften Grinsen. »Der Dicke kam also auf mich zu und ich kriegte nur fünf

Worte raus: ›Guten Morgen, Herr Doktor Kohl.‹ Und der sagte: ›Guten Morgen‹, stieg in sein Auto und fuhr ab. Ich stand da wie eine Salzsäule und dachte: ›Oh Gott, jetzt ist deine Mission völlig verbaselt, das ganze Geld umsonst.‹« Der Redaktionsleiter, dem er sein Versagen am Telefon beichtete, meinte daraufhin nur: »Du hättest mich sehr beeindruckt, wenn du ihm wirklich drei harte Fragen gestellt hättest. Ich hab mich das auch noch nie getraut. Schick uns einfach, was er heute bei der Verleihung sagt und ein bisschen Atmo, dann ist alles gut.«

Am Schluss seines Praktikums hatte Matthias Gebauer im Haus an der Brandstwiete aber auch so Eindruck hinterlassen. Und nicht nur dort. Als die Henri-Nannen-Klasse am Ende der Ausbildung gemeinsam nach New York flog, traf er sich mit Mathias Müller von Blumencron, damals noch *Spiegel*-Korrespondent. Was Gebauer nicht wusste: Müller von Blumencron hatte bereits den Vertrag als Chefredakteur von SPIEGEL ONLINE unterschrieben. Drei Wochen später rief der ihn an, um ihn – ausgegliedert aus der Hamburger Redaktion – als Online-Reporter nach Berlin zu holen. Müller von Blumencron wurde so etwas wie sein Förderer. Damals gab es SPIEGEL ONLINE seit sechs Jahren und zur Redaktion gehörten rund 15 Leute inklusive Techniker. Auf der schlichten Website standen einige Agenturnachrichten, keine Bilder und am Samstag der neue *Spiegel*-Titel mit ein paar Vorabmeldungen. Es war noch exotisch, für ein Online-Magazin zu arbeiten: »Wenn du in der Bundespressekonferenz dein Laptop dabei hattest und mit dem daran angeschlossenen Telefon deinen Text per E-Mail wegschicktest, machten die altgedienten Kollegen große Augen. Weil die ganz klassisch in ihr Büro zurückgingen, ihre Artikel mit Schreibmaschine schrieben und dann weiterfaxten.« Auch beim gedruckten *Spiegel* existiert diese Arbeitsweise – bis auf das Faxen – zum Teil heute noch. Mancher Ressortleiter hat keinen Computer auf dem Tisch, sondern geht mit seinen Papieren am Ende zur Sekretärin.

Die Zusammenarbeit zwischen *Spiegel* und SPIEGEL ONLINE war von Anfang an holprig und von einem Zwei-Klassen-Denken geprägt: hier die Edelfedern, dort die Internet-Fuzzis. Etwas geändert hat sich das nach dem 11. September 2001. Die schnelle Reaktion des Webmasters von SPIEGEL ONLINE sicherte der Seite so viel Rechnerkapazität, dass sie als einziges Nachrichtenangebot im Netz dem Ansturm der User standhielt und laufend die aktuellsten Erkenntnisse weitergeben konnte. Gebauer fuhr damals nach Hamburg, um mit einem riesigen *Spiegel*-Team zu recherchieren. Seine Aufgabe war es unter anderem, die internationalen Ermittlungen und die ausländischen Zeitungen im Auge zu behalten und die Listen mit den beteiligten Männern zu aktualisieren. Schon damals sagte er zu den Kollegen vom *Spiegel*: »Leute, es gibt Tageszeitungen, und vielleicht solltet ihr versuchen, kleinere Happen, die ihr habt, schon einmal online zu stellen.« Das ging offenbar nur mäßig gut.

Seit dem großen Erfolg von SPIEGEL ONLINE und spätestens, seit Mathias Müller von Blumencron einer von zwei neuen Chefredakteuren des Magazins geworden ist, hat sich das Standing der Internet-Kollegen verbessert. Man lebt in einer sportlichen Konkurrenz zueinander, auch unter den Auslandsreportern. Dazu meint Gebauer, der viel im Nahen und Mittleren Osten unterwegs ist: »Die Gegend ist groß genug für mehrere von uns.« Dennoch ist es immer noch ein Ritterschlag, wenn es eine Online-Geschichte ins Heft schafft. So wie die von Gebauer und einem Kollegen über die beiden deutschen Ingenieure, die im Sommer 2007 in Afghanistan entführt worden waren, wobei der eine von ihnen gleich zu Beginn nach einem Schwächeanfall von den Kidnappern erschossen wurde. An dieser Story hatte er drei Monate gearbeitet und es war klar, dass sie die übliche Länge eines Online-Artikels überschreiten würde.

»Fahrende Bombe und Supermarkt zugleich«

Besonders stolz ist er auf Geschichten, »bei denen wir den Leuten tatsächlich geholfen haben.« Wie bei der Indonesien-Berichterstattung nach dem Tsunami. »Weil man Interesse erzeugt hat für eine Gegend, die niemand kennt, und weil sich anschließend Leute bei uns meldeten, die ganz konkret helfen wollten.« Einer flog dann sogar mit einer selbstgecharterten Maschine dort hinunter. Ansonsten hat es ihm – in bester *Spiegel*-Tradition – der investigative Journalismus angetan: der Fall Kurnaz, der BND-Einsatz im Irak, die Facetten der deutschen Politik, die sonst ein blinder Fleck geblieben wären. »Deutschland ist eine Republik der Geheimnisse und der Verschlusssachen«, findet er. »Die Hauptarbeit eines investigativen Journalisten besteht hier darin, dass du Akten hinterherläufst, die ein Gericht, das im Namen des Volkes ein Urteil fällt, angefertigt hat. In Amerika beschäftigt sich ein Reporter damit, die Akten auszuwerten und Spuren zu finden, die die Staatsanwaltschaft nicht gefunden hat. Bei uns ist es schon ein Erfolg, wenn wir eine Akte der Staatsanwaltschaft überhaupt besorgt haben. Und daraus berichten wir dann.«

Die Initialzündung für seine Karriere als Krisenberichterstatter kam im März 2003 mit dem Beginn des Irakkriegs. Die damalige Redaktionsleiterin schickte ihn nach Amman, um etwas näher am Geschehen zu sein. Er fuhr dann weiter nach Kuwait, wo sich die US-Armee aufbaute, und unternahm einen Tagestrip in den Irak. »Ich war am Anfang relativ hilflos, hatte keine Ahnung, wie so etwas geht und vor allem überhaupt kein Budget. Aber immerhin ein Satellitentelefon. Ich wandte mich schließlich wie ein Depp an internationale Kollegen und fragte ganz simpel, wie die das machen. So lernte ich Leute von *Newsweek* kennen, die auch so offen waren, mir zu erklären, was sie vorhatten – was relativ ungewöhnlich ist.« Am Ende tat er sich mit einem *Spiegel*-Kollegen zusammen, der auch nach Basra wollte und einen Mietwagen hatte. Nach einer Woche dort fuhr dieser nach Hause und übergab Gebauer noch ein paar tausend Dollar und den Wagen, mit dem er dann fast zwei Monate durch den Irak kurvte. »Vollgeladen mit Sprit- und Wasserkanistern ist man dann immer fahrende Bombe und Supermarkt zugleich.«

Bei dem berühmten britischen Nahost-Korrespondenten Robert Fisk hatte er gelesen, dass man auf der Suche nach einem Dolmetscher im Zweifel am besten im Englisch-Department der Universität nachfragt. Also fuhr er am zweiten Tag auf das zerstörte Unigelände von Basra und fand tatsächlich einen jungen Mann, der zunächst Gegenstand seiner ersten Geschichte und später für 50 Dollar am Tag sein Dolmetscher wurde. »Anfangs habe ich einfach ziemlich genau meinen Tag erzählt. Ich glaube, das mögen unsere Leser, diese Ich-Reportage, in der es darum geht, wie man an Sprit oder an ein Visum kommt, was es da zu essen gibt und wo man übernachtet.« Mittlerweile verfügt er über ein zuverlässiges Netz an Stringern und Kontaktleuten vor allem in Afghanistan, Pakistan und Irak.

Was unterscheidet – außer der technischen Schnelligkeit – seine Arbeit heute von der eines klassischen Krisenreporters früher? »Bei der Informationsbeschaffung gibt es ganz andere Möglichkeiten. Man kann selbst in einem Land wie Afghanistan telefonieren und mailen und kommt so schneller an die Leute ran. Dadurch können wir heute genauer recherchieren, mit sehr viel mehr Gesprächen vor Ort, die vorher so gar nicht möglich waren. Was auch dem Umstand geschuldet ist, dass es mittlerweile eine echte Konkurrenz gibt. Man kann auch aus dem abgeschottetsten Land keine Märchen mehr erzählen, sich ins Hotel setzen und Begegnungen erfinden. Das kommt raus. Nicht, dass das früher alle gemacht hätten, aber man konnte es damals noch. Es gab schon einige Karl Mays, die eben viele Bücher gelesen hatten.«

Wo früher Reportagereisen Monate dauerten und lange vorher geplant werden mussten, steigt er heute mit seiner stets gepackten Reisetasche, die in seinem Büro am Brandenburger Tor steht, in einen Flieger und macht sich für eine Woche auf den Weg zur nächsten Flutkatastrophe, von wo aus er mit Blackberry-Handy und Laptop oftmals innerhalb von drei Stunden berichten kann. Mit dieser Arbeitsweise verkörpert er eine irritierende Mischung aus Abenteurertum und Multimedia-Journalismus und muss sich von seinen Zeitungskollegen vor Ort manchmal anhören, er habe ihnen mit seinem Online-Gewerbe ganz schön die Ruhe verhagelt. Wobei es bei diesem Gewerbe nicht nur auf Schnelligkeit, sondern auch auf Glück und Originalität ankommt. Das tollste Gefühl, findet Gebauer – und dabei gerät er richtig ins Schwärmen – sei es doch immer noch, am Ende eines Tages eine Nachricht generiert zu haben: »Unser Ziel ist es, den Agenturen zu zeigen, dass wir auch schnell sind und andere Dinge entdecken. Und den braven Nachrichten-Stil kann man getrost denen überlassen.« Seine Vorbilder und Orientierungspunkte sind denn auch nicht so sehr Akteure aus der kleinen deutschen oder gar Berliner Journalistenszene, sondern Reporter wie der Pulitzer-Preisträger John Lee Anderson, der für *The New Yorker* unter anderem im Nahen und Mittleren Osten unterwegs ist. Gebauers Wunsch für die Zukunft wäre, als fester Asien-Korrespondent zu arbeiten, am liebsten in Bangkok, Singapur oder Peking. »Wahrscheinlich würde das eine Mischstelle werden, von wo aus man etwas für Online, fürs Blatt und wohl auch für *Spiegel TV* macht.« Und von wo aus man bestimmt auch schnell Nachrichten generieren kann. SIMONE SCHELLHAMMER

Matthias Gebauer

Geboren am 20. Juli 1974 in Lünen/Westfalen

Ausbildung

1994	Abitur am Gymnasium Altlünen in Lünen/Westfalen
1995	Studienbeginn in Hannover (Politik/Philosophie)

Beruflicher Werdegang

1990-1994	freie Mitarbeit als Sportreporter bei den *Ruhr-Nachrichten* in Lünen und der Kulturzeitschrift *kaleidoscope*
1995	Freie Mitarbeit bei der *Neuen Presse* in Hannover
1996	Praktikum in der Polizeiredaktion der *Bild*-Zeitung in Berlin, danach Pauschalist bei *Bild* Berlin
1997-1998	Polizeireporter bei der *Berliner Zeitung*
1998-2000	Henri-Nannen-Schule / 23. Lehrgang (Praktika bei *Spiegel* / *Die Zeit* / *ARD Panorama* / *Spiegel TV* / *Stern*)
s. 2000	Reporter bei *SPIEGEL ONLINE*, basiert in der Berliner Redaktionsvertretung

Auszeichnung

2006	Goldener Prometheus als Online-Journalist des Jahres

Matthias Gebauer ist ledig, wohnt in Berlin und hat zwei Geschwister. Er ist Gründungsmitglied des *Netzwerk Recherche e.V.*

Peter Glaser –

Der Lyriker

Krautrock und Punk, der Chaos Computer Club und die Redaktionsräume einer nur beinahe erschienenen deutschen *Wired*-Ausgabe: Peter Glaser war immer dort, wo die Zeichen auf Sturm standen. Wo die Ikonografie des Informationszeitalters neu verhandelt wurde. Inzwischen bloggt der Bachmann-Preisträger auf Einladung einer traditionellen Tageszeitung aus seiner ›Glaserei‹. Als »Lyriker einer hypermodernen Verdichtung« – und als Schalk im Nacken der Datenflut.

Der Weg führt schnurstracks hinaus aus der Mitte. Immer westwärts über die Heerstraße, jener Magistrale eines preußischen Sinns für das Geometrische, 1910 von Kaiser Wilhelm II. persönlich eingeweiht. Der Weg führt nach Berlin-Spandau in die vierspurige Wilhelmstraße, in eine zweistöckige Remise im zweiten Hinterhof, in der ehedem ein Glaser seinem Gewerbe nachging.

Peter Glaser lebt, denkt und schreibt also in einer Glaserei. Alleine das ist eine Geschichte, so rund wie die Welt und so gut, dass der gebürtige Österreicher sein Blog, das er seit Juli 2008 auf den Internetseiten der *Stuttgarter Zeitung* hegt und pflegt, gleich ›Glaserei‹ genannt hat. Wörtlich genommen, produziert der Schriftsteller-Journalist also beinahe täglich Lupen, Brenngläser und Zerrspiegel für einen virtuosen Blick auf »Bemerkenswertes aus der digitalen Welt«, wie es im Untertitel heißt. Am 24. Oktober postete Glaser dort diese Worte aus dem Jahr 1968: »Elektrisch zusammengezogen ist die Welt nur mehr ein Dorf. Die elektrische Geschwindigkeit, mit der alle sozialen und politischen Funktionen in einer plötzlichen Implosion koordiniert werden, hat die Verantwortung des Menschen in erhöhtem Maß bewusst werden lassen. [...] Es ist dies das Zeitalter der Angst, weil die elektrische Implosion uns ohne Rücksicht auf ›Standpunkte‹ zum Engagement und zur sozialen Teilnahme zwingt.«

So, wie es Marshall McLuhan 1968 in seinen ›Magischen Kanälen‹ formuliert hat, mag auch Peter Glaser das sehen. Das weltweite Netz nicht als virtuelles, sondern als radikal soziales Projekt, die Rede- und Kommentarfreiheit des Blogs als »großes Demokratielabor«. »Arbeitsbedingungen, Geschlechterverhältnisse, überhaupt menschliche Beziehungen – wir leben in einer Zeit, in der viel mehr Dinge als früher immer wieder neu verhandelt werden müssen.« Peter Glasers Glaserei ist ein Ort für solche Verhandlungen. Und nebenbei Hitchhiker's Guide in die funkelnden Nischen der digitalen Galaxie. Der Amerikaner Ben Cook hat den neuen amerikanischen Präsidenten Barack Obama in Lego porträtiert. Die Glaserei liefert den Link zum Werk. Wer will, darf selbstverständlich auch Unterhaltung dazu sagen.

»Die Welt ist eine Google«

Peter Glaser ist ein Glücksfall, ist gleichzeitig Akteur der virtuellen Praxis wie ihrer virtuosen Theorie. Weshalb der 51-Jährige im Kleingedruckten schon mal ›Internetphilosoph‹ genannt wird. Mindestens aber ist er der Analyst des Informationskulturunternehmens Google. Die Reflektion dieses permanentesten und voyeuristischsten aller digitalen Leitmedienkonzerne durchzieht seine Glaserei wie auch seine Blog-Beiträge für die Online-Ausgabe der deutschen *Technology Review*, deren Autor Peter Glaser seit März 2006 ist. »Google agiert global in einem Zeitalter forcierter Globalisierung. Jeder, der im Internet vorhanden sein will, braucht Google. Ungooglebar zu sein bedeutet im Internetzeitalter, nicht zu existieren«, sagt Glaser und postuliert damit nicht weniger als eine spätmoderne Existenzphilosophie. Oder in jener prägnanten Kurzform, die auf den Internetseiten der *Frankfurter Allgemeinen Zeitung* auch schon mal ohne die zitierenden Anführungszeichen verwendet wird: Die Welt ist eine Google.

»Der Satz liegt gut in der Hand. Es ist meine Aufgabe als Autor, solche Sätze zu erdenken, und wenn sie verbreitet werden, freut einen das«, kann man diesbezüglich in der Glaserei, Eintrag vom 12. August 2008, nachlesen. Aber eben auch und vor allem ein Hinweis auf die Glaser'sche Liebe zu den Worten; auf das Spiel mit dem Bedeuteten, den Bedeutungen und dem Bedeutsamen, um es mit dem französischen Zeichenphilosophen Roland Barthes zu sagen. Ein Hinweis auf den festen Glauben, dass das weltweite Netz und mit ihm das Blog als tatsächlich literarisches Medium eben nicht vom Ende des Textes – und damit vom Ende des Autors – erzählt, sondern geradezu umgekehrt von seiner Renaissance. »Die Leute wollen tatsächlich lange Texte, die Leute lesen lange Texte«, so Glaser, der die Klicks seiner Blog-Besucher freudig verfolgt: »Wenn ich nun also beinahe täglich mit diesem Medium Blog arbeite, dann soll das ja durchaus in einer Sprache passieren, die auch dem Schriftsteller Peter Glaser gefällt. Ich möchte schon, dass sich das ein bisschen wie ein Manufactum-Katalog liest.«

Von »chemischer Selbstausbeute« ist dann kurz die Rede, weil der Autor automatisch beides unter einen Hut bringen möchte: das Tempo des Bloggens und die Konsistenz des literarischen Schreibens. »Für die *Stuttgarter Zeitung* war deshalb klar, dass ich das Blog nur zwei- oder dreimal in der Woche updaten müsse. Aber man merkt schon nach ein paar Tagen, dass dieses Medium nach einem anderen Tempo verlangt. Letzten Endes kommt nun fast täglich etwas Neues hinzu.«

Einmal mehr allerdings macht Google dem listigen, in Dekonstruktion und Bricolage versierten Literaten einen Strich durch diese Rechnung, denn: »Google ist dumm – Google kennte keine Wortspiele«. Anders gesagt: Eine Headline bleibt für die Suchmaschine nur dann tatsächlich nutzbar, wenn sie letztlich nichts weiter als die radikal komprimierte Zusammenfassung des dahinter verborgenen Datensatzes – eines Textes beispielsweise – ist. Google kann nicht zwischen den Zeilen lesen. Und es mag zwar eine künstliche Intelligenz geben, aber keinen künstlichen Intellekt.

Bald müssen alle ein wenig Journalist sein

Also ist weiterhin der wache User gefragt. Eine zutiefst beruhigende Erkenntnis. Peter Glaser findet die passende Allegorie hierfür im Übrigen auf einem Konzert der Krautrock-Konzeptband Kraftwerk. Er findet sie im vibrierenden Düsseldorf der ganz, ganz frühen 1980er-Jahre, wohin es ihn damals aus seiner Heimatstadt Graz verschlagen hatte. Krautrock, Punkrock, Kunstakademie. Düsseldorf war der heiße Scheiß, war ein gutes Pflaster. Und der junge Peter Hein, Sänger der Band Fehlfarben, bald der Coverboy des ersten Buchs des jungen Peter Glaser. Ja, vielleicht ist dieses Düsseldorf sogar ähnlich wichtig für die Digitalisierung deutscher Jugendentwürfe wie es das Haight Ashbury der Hippies und Aussteiger für die Entstehung des Silicon Valley war. Dazu später mehr. Zunächst zurück zu Kraftwerk.

»In den 1970er-Jahren hatte Popmusik einen Zustand der kompletten Dekadenz erreicht. Es gab den Bombastrock, Bands wie Ten Years After mit ihrer gefürchteten Endlosfidelei, es gab im Jazz diese supernarzisstischen Bands, wo jeder mal eben ein zwanzigminütiges Solo hinlegen durfte. Kurz: ein absolut maßloses Verschwenden der Töne. Und dann habe ich 1980 in der Philipshalle die Gruppe Kraftwerk gesehen und das war für mich ein religiöses Erweckungserlebnis. Da waren diese Synthesizer, ein Füllhorn an Möglichkeiten. Und Kraftwerk haben mir gezeigt worum es geht: nämlich darum, dass der Mensch der Souverän ist. Kraftwerk haben ja immer so Lieder gemacht, die aus fünf Tönen und einem Wort bestanden haben – ›Me-tro-po-lis‹. Die Maschine hatte noch Milliarden von weiteren Tönen. Aber Ralf und Florian (Ralf Hütter und Florian Schneider-

Esleben, die beiden Gründer der Band, Anm. d. Red.) haben einfach gesagt: ›Danke, reicht schon.‹«

In der Rückschau wird dieses Kraftwerkkonzert für Peter Glaser zu einer Parabel über die Informationsgesellschaft. Es geht längst nicht mehr darum, möglichst viel Wissen anzuhäufen. Das war das hehre Ziel der Moderne. In der Postmoderne ist vielmehr die Fähigkeit gefragt, aus der überbordenden Menge der bereitgestellten Informationen und Desinformationen, aus all den Googles und Wikipedias, das Richtige und Wichtige herauszufischen. Herauszufiltern besser gesagt, so wie die frühen Moog- oder Korg-Synthesizer immer auch einen Filter hatten, einen Drehregler, mit dem der Frequenzgang des angeschlagenen Tons beschnitten und moduliert werden konnte. Nichts anderes als solche Filterfähigkeiten aber fordert der Umgang mit den Archiven und Speichern der Informationsgesellschaft.

»Mit all diesen Datenmengen umzugehen, das gleicht letzten Endes dem Versuch, aus einem aufgedrehten Hydranten zu trinken«, sagt Glaser. Seine Folgerung: »In Zukunft müssen alle ein wenig Journalist sein. Der Journalismus, diese Fähigkeit, Quellen zu vergleichen, zu verknüpfen und zu hinterfragen, ist eine absolute Anforderung an das Bildungssystem.«

Ehrenmitglied des Chaos Computer Clubs

Ist dieser Mann am Ende ein spätmoderner Aufklärer? Genau darin liegt denn auch Glasers Zuneigung für Verschwörungstheorien unterschiedlicher Couleur begründet. »Mir gefallen Verschwörungstheorien im Prinzip, weil sie Rohformen eines aufklärerischen Geistes sind. Der Idee einer Verschwörungstheorie geht ja voraus, dass man der offiziellen Lesart, der angeblichen Wahrheit misstraut. Dass man bereit ist, hinter die vermeintliche Eindeutigkeit der Dinge zu schauen.«

Peter Glaser spricht von den drei, eigentlich sogar vier Peter Glasers. Und davon, dass die Rezeption seines Werkes und seiner Person zumeist in Bezugnahme auf einen dieser Peter Glasers funktioniert.

Da gibt es den jungen wilden Subkultur-Autoren, den Peter Glaser aus dem Düsseldorf von Punk und New Wave. Der den Oberlippenbart und die Krawatte schmal getragen hat und der mit Peter ›Jamie‹ Hein, Sänger der wunderbaren Fehlfarben, befreundet ist.

Oder den digitalen Peter Glaser des Chaos Computer Clubs, dessen Ehrenmitglied er noch immer und aus Überzeugung ist. Jener Peter Glaser, der 1979 mit dem Motorrad zu einem Bekannten gefahren ist, um das Wort ›Hallo‹ in einen Fernseher zu tippen – »von einem Monitor hat damals ja noch niemand gesprochen«. Und der augenblicklich ganz genau wissen wollte, wie so ein Computer funktioniert: »Es hat mich eine ganz tiefe Panik erfasst, dass ich möglichst schnell lernen muss, das zu verstehen, weil ich sonst nicht mehr fähig bin, in der modernen Zeit zu existieren. Was ja ein ganz zeitgenössisches Gefühl ist, in der Zwischenzeit lebt ja die halbe Weltwirtschaft von dieser Panik.« Schon in den frühen 1980er-Jahren hat Peter Glaser das Begleitprogramm zu seinen Lesungen von der Floppy-Disk eines Commodore C16 abgespielt. Später ist er gar nicht mehr persönlich erschienen und hat dem Computer die gesamte Performance überlassen.

Daneben gibt es den Peter Glaser des literarischen Feuilletons, der im Jahr 2002 für seine Erzählung *Geschichte vom Nichts* den renommierten Ingeborg-Bachmann-Preis erhalten hat. Und natürlich den Journalisten Peter Glaser, der von 1986 bis 1996 Kolumnist der tatsächlich einmal tempelstürmenden Illustrierten *Tempo* gewesen ist: »Bei *Tempo* zimmerten wir einmal im Monat ein komplett neues Universum, das alte gab es dann augenblicklich nicht mehr«. Und der Ende der 1990er-Jahre beinahe Mitglied der Gründungsredaktion einer deutschen *Wired*-Ausgabe gewesen wäre. Letztere sollte allerdings nie erscheinen. Unter anderem, weil man in einem renommierten deutschen Verlagshaus zwar das ökonomische Potenzial eines solchen Magazins verstanden hatte – »*Wired* war wie die *Vogue*, das ging los mit 30 Seiten Werbung« – nicht aber ihr kulturelles Selbstverständnis. »*Wired* war ja im Grunde genommen eine Computerzeitung ohne Computerzeitung.« Bits and Bytes, dieses Metier der Nerds mit den Kassengestellen, waren plötzlich cool geworden.

Peter Glaser, für den ein *Wired*-Abo einmal der Grund gewesen ist, sich eine Kreditkarte zuzulegen, wurde später immerhin Redakteur eines Computermagazins mit dem augenzwinkernd deutschen Namen *Konr@d*, so etwas wie das digitale Kind der Illustrierten *Stern*. Es blieb indes ein kurzer, einmaliger Ausflug ins Angestelltendasein. »Ich bin hoch optimiert, ich weiß, wann meine produktiven Phasen sind und die liegen nicht zwischen neun und 18 Uhr mit einer Kantinenpause exakt um 12.30 Uhr. Irgendwann schaltete ich dann auf Simulationsmodus und tat einfach so, als wäre ich mit irgendwas beschäftigt.«

2008 gesellt sich nun also ein weiterer Peter Glaser zu diesen verschiedenen Peter Glasers – der Blogger Peter Glaser. Vielleicht aber, was wünschenswert wäre, gelingt es gerade diesem, die verschiedenen in der öffentlichen Wahrnehmung kursierenden Benutzeroberflächen dieses Autoren-Ichs zu einem kongruenten Bild zusammenzufügen. Schließlich ging und geht es dem einen Peter Glaser doch immer darum: das tagtägliche Leben mit all seinem Sinn und Wahnsinn einzufangen, abzubilden und all dem eine, seine Sprache zu geben: »Alltag im 21. Jahrhundert bedeutet, dass sich immer mehr Hauptsachen in Nebensachen verwandeln, geregelte Mahlzeiten in geriegelte, Nachrichtensendungen in Informationsseitenwinde. Nicht einmal die Möbel mögen mehr feststehen, am liebsten hat man sie auf Rollen. Die Dinge, die uns umgeben, sind faltbar, klappbar, provisorisch, gedacht für kurze Lebensphasen, Perioden, Etappen. Das Leben zerflimmert zu einem Gewölk von Zwischendurchs.«

Aus diesem Leben erzählt Peter Glaser. Und nennt sich dabei selbst einen »Lyriker der hypermodernen Verdichtung«. Einen, der kunst- und lustvoll zusammenfügt, was die Welt diesseits und jenseits des weltweiten Datennetzes so an funkelnden, messerscharfen Realitätsscherben bereithält. Peter Glaser wühlt sich gern durch diese Datenberge: »Wenn ich zwei Tage mal nicht am Rechner und im Netz war, habe ich plötzlich 10.000 neue Headlines, die ich abarbeiten muss.« Macht aber nichts oder, besser gesagt, macht sogar jede Menge Spaß, denn: »Alle sollen doch gefälligst begeistert sein, dass es so viel Zeugs gibt.« Nein, zum Kulturpessimisten ist Peter Glaser nicht geboren. Er sagt es und grinst der Krise, welcher auch immer, mitten ins Gesicht. CLEMENS NIEDENTHAL

Peter Glaser

Geboren am 30. Juni 1957 in Graz, Österreich

Beruflicher Werdegang

s. 1980	Journalist in Deutschland (u.a. Düsseldorfer Stadtmagazin *Überblick, Konr@d*)
1986-1996	Kolumnist bei *Tempo* (›Glasers heile Welt‹)
s. 2006	Blog für die Online-Ausgabe der deutschen *Technology Review*
s. 2008	Blog *Glaserei* auf dem Internetportal der *Stuttgarter Zeitung*

Auszeichnungen

2002	Ingeborg-Bachmann-Preis

Literatur (Auswahl)

1996	*Online-Universum. Meiré und Meiré und Peter Glaser loggen sich ein.* Düsseldorf: Metropolitan
1995	*24 Stunden im 21. Jahrhundert. Onlinesein. Zu Besuch in der neuesten Welt.* Frankfurt am Main: Zweitausendeins
1985	*Schönheit in Waffen.* Köln: Kiepenheuer & Witsch
1984	*Rawums. Texte zum Thema (als Herausgeber).* Köln: Kiepenheuer & Witsch
1983	*Der große Hirnriss. Neue Mitteilungen aus der Wirklichkeit.* Reinbek b. Hamburg: Rowohlt

Hans-Jürgen Jakobs –
Der Konvertit

Wer ist eigentlich diese Sandy Meyer-Wölden? – fragen die beiden Mitarbeiterinnen den Chef. Na, das ist doch die Tochter von Axel Meyer-Wölden, diesem mittlerweile verstorbenen Berater, der auch Manager von Boris Becker war, sagt der Chef, geht zum Telefon, ruft das Archiv an, und bestellt gleich mal ein paar Artikel über Sandy, die neue (und inzwischen schon wieder Ex-) Verlobte des ehemaligen Profi-Tennisspielers. Da machen wir 'ne schöne Geschichte draus, freut sich Hans-Jürgen Jakobs, Chefredakteur von *sueddeutsche.de*, dem Web-Auftritt der *Süddeutschen Zeitung*. Als Internet-Nachrichtenmacher, so viel wird gleich zu Beginn des Redaktionsbesuchs klar, darf man keine Angst vor den Untiefen des People-Journalismus haben.

Alltag eines Onliners: Ein Community-Manager sitzt in T-Shirt und Shorts vor einer langen Liste von Kommentaren, die einige Nutzer von *sueddeutsche.de* zu Artikeln abgegeben haben. Nicht alle kann man verwenden. Alle 15 Sekunden werden neue Kommentare auf ihren Inhalt überprüft und dann hochgeladen. Wortmeldungen, die beleidigend oder noch schlimmer sind, fliegen raus. Ob heute schon was dabei gewesen sei, fragt Jakobs. Einiges, lautet die Antwort des Community-Managers. In Georgien ist Krieg ausgebrochen, da gibt es viele User, die ihre Meinung kundtun. Mal fundiert, mal weniger fundiert, mal ahnungslos, mal eindeutig interessengeleitet. Jakobs ist kein uneingeschränkter Freund des Web 2.0, dem großen Versprechen des Mitmach-Webs.

Wettlauf um die bizarrsten Klickmonster

Weiter geht es zur Fotoredakteurin, die vorhin eine ›Slideshow‹, eine zusammenhängende Fotoserie über die Olympischen Spiele in Peking auf die Seite gestellt hat. Michael Phelps, Wunderschwimmer aus den USA, ist darauf zu sehen, bildfüllend in schwarz und weiß statt bunt. Man hat ein wenig in die Budgetkasse gegriffen und die bekannte Fotografin Regina Schmeken nach Peking beordert, um von dort ausdrucksstarke Bilder in die Heimat zu schicken. Eine solche Slideshow aus etwa 15 bis 20 Fotos generiert in der Web-Statistik nur einen Klick, anders als eine Galerie, bei der jeder Klick in die für Werbekunden wichtige IVW-Zählung eingeht. In diesem Fall, sagt Jakobs, sei ihm das egal, Klickzahlen wären nicht das Nonplusultra. »Guten Journalismus muss ich nicht erklären.« Er gehe davon aus, dass sich Qualität herumspreche und durchsetze.

Auch *sueddeutsche.de* hat freilich beim Wettlauf um die bizarrsten Klickmonster mitgemacht. Beispielsweise mit *Durst-Strecke: Die 100 besten Biere der Welt* oder einer umfänglichen Galerie mit Fotos von Luxusuhren. »Da frage ich mich heute schon, wie es dazu kommen konnte«, übt sich Jakobs in Selbstkritik. Solche Galerien seien eher Katalog- als Journalistenarbeit und würden nicht mehr produziert. Seit einiger Zeit gelte für Fotostrecken eine interne Grenze von 25 bis 30 Elementen.

Jetzt noch kurz vorbei bei den ehemaligen Kollegen in der Medienredaktion der *Süddeutschen*, die Jakobs fünf Jahre leitete. Die Medienseite im Kulturteil gehört in der Branche zur Pflichtlektüre, auch und gerade wegen der exzellenten Insiderstücke von Jakobs, der Anfang der 1990er-Jahre gemeinsam mit Uwe Müller *Augstein, Springer & Co.* schrieb, ein Buch mit Porträts von elf Verlegerfamilien. An der Ausrichtung der Medienseite gab es freilich immer wieder mal Kritik von Kollegen, die sich eine stärker feuilletonistische Herangehensweise wünschten, wie sie etwa Jakobs Vorgänger Alexander Gorkow praktizierte. Man kann es eben nicht allen recht machen.

»Macht das Internet Doof?«

Die beiden Kollegen Christopher Keil und Caspar Busse diskutieren gerade über eine Geschichte, die heute im Blatt ist. Es geht um die verblüffende Ähnlichkeiten eines *Spiegel*-Covers mit einer Titelseite im *Atlantic Monthly* vor wenigen Monaten. »Macht das Internet Doof?«, fragt der *Spiegel*, und die beiden ›O‹s sind an die Google-Optik angelehnt, so wie es auch die amerikanischen Kollegen (vor)gemacht hatten. Jakobs ist über den Aufmacher im *Spiegel* schwer enttäuscht: Für die großen Ressourcen, die den Journalisten bei dem Nachrichtenmagazin zur Verfügung stünden, sei das eine schwache Leistung, simples Copy und Paste, meint er. Zwischen 1993 und 2001 war Jakobs selbst Redakteur beim *Spiegel*. Auch wenn er das Medienressort nicht mehr leitet, hat er das Thema nicht aufgegeben, steuert immer noch Zeitungsartikel bei, führt gelegentlich Interviews. »Im Umgang mit Medienseiten zeigt sich, wie unabhängig einzelne Medien wirklich sind«, ist Jakobs überzeugt.

Schließlich geht es mit dem Lastenaufzug in den 4. Stock des alten Verlagsgebäudes. Bis kurz vor Drucklegung dieses Buches hatte der Süddeutsche Verlag seinen Sitz noch mitten in der Innenstadt von München, in der Nähe des Sendlinger Tors. Im Oktober 2008 zog der Verlag in ein Hochhaus in einen Randbezirk der Stadt. Im alten wie im neuen Domizil sitzen die Onliner gemeinsam mit den Printkollegen in einem Großraumbüro. Ohne enge Verzahnung zwischen den zwei Medien geht es bei einem tagesaktuellen Titel nicht mehr. Homepage-Chef Lars Langenau gibt Jakobs schnell noch ein kurzes Update und antwortet auf einige Nachfragen. Der Rundgang durch das Jakob'sche Büro-Universum ist damit beendet.

Medienjournalisten schreiben immer für ihren nächsten Job, hat Hans Leyendecker (der ebenfalls vom *Spiegel* zur SZ wechselte) sinngemäß mal geäußert. Im Fall von Hans-Jürgen Jakobs muss man diese eher kritisch gedachte Sentenz wohl ganz neutral auslegen. Der 52-jährige Wiesbadener volontierte bei der *Mainzer Allgemeinen* und dem *Wiesbadener Tagblatt*, ging dann nach Düsseldorf zur Verlagsgruppe Handelsblatt, die zur Verlagsgruppe von Holtzbrinck gehört, um ein Branchenmagazin namens *Copy* zu leiten. Das spielt in den Annalen der Holtzbrinck-Gruppe heute jedoch keine Rolle mehr.

1990 ging Jakobs zur Münchener *Abendzeitung*, deren damaliger Chefredakteur Uwe Zimmer ihn zum Ressortleiter ›Geld‹ ernannte. »Dieses Ressort hatte ich dem Verlag schmackhaft gemacht«, erinnert sich Zimmer heute. Jakobs wurde damit zum ersten Leiter eines Wirtschaftsressorts einer Boulevardzeitung in Deutschland. »Wegen seiner guten Leistungen wurde Jakobs dann abgeworben«, sagt Zimmer. Das war 1993. Das Angebot kam vom *Spiegel*. Der vorläufig letzte Karriereschritt war dann die Übernahme der Online-Redaktion der SZ.

»Es war mir ein inneres Bedürfnis, nach fünf Jahren Medienseite etwas anderes zu machen«, sagt Jakobs über seinen späten Wechsel ins Online-Fach. »Ich bin kein Digital-Freak, aber das hat mich aus journalistischer Sicht sehr interessiert«. Zur Erinnerung: Die Website der *Süddeutschen* war in keinem guten Zustand, als Jakobs sie übernahm. Manche sagen sogar: Sie war eine Schande für die Zeitung. Es mangelte vor allem an Geld und dem Willen, es mit dem Wettbewerb aufzunehmen. Nachdem die Internet-Blase im Jahr 2001 geplatzt war, wurde die bis dahin personell ganz ordentlich aufgestellte Online-Redaktion von 25 auf zehn Leute abgebaut. Irgendwann lag ein Vorschlag auf dem Tisch: Während eher magazinig angehauchte Themen aus München beigesteuert werden sollten, wollte der Verlag eine Online-Nachrichtenredaktion in Prag aufbauen. SZ-Chefredakteur Kilz legte sein Veto ein. Nun war der Ball bei ihm gelandet.

Schließlich wurde beschlossen, die Sache in die Hände des erfahrenen und von Kilz geschätzten Jakobs zu legen.

Erste Erfolge sind nachweisbar: Im Dezember 2006 erzielte *sueddeutsche.de* rund 8 Millionen Visits und 55 Millionen Page Impressions (PIs). Im November 2008 waren diese Werte auf 18,5 Millionen Visits und 140 Millionen PIs gewachsen – die Redaktion wurde als Belohnung wieder personell aufgestockt. Zum Vergleich: *SPIEGEL ONLINE* kam im November 2008 auf 628 Millionen PIs, *WELT ONLINE* auf 147 Millionen PIs und *FAZ.net* auf 91 Millionen PIs. Was nicht verschwiegen werden darf: Ein nicht unbeträchtlicher Teil der PIs (von rund 18 Millionen) resultiert laut IVW-Ausweisung aus Spielen – eine völlig von interaktivem Gedöns freie Seite macht auch Jakobs nicht.

Das erste Jahr, erzählt Jakobs, sei eine Art Findungsphase gewesen. So lange habe es gebraucht, Standards zu definieren, der Seite eine einheitliche Ansprache zu geben, eine Identität. Heute werden rund 200 neue Artikel täglich auf die Seite geschaufelt. Etwa ein Viertel davon, sagt Jakobs, stammt aus der gedruckten Zeitung. Der Rest werde von der Online-Redaktion produziert, exklusiv fürs Netz geschrieben (auch von Print-Redakteuren) oder ist Agenturmaterial, das aber in der Regel noch einmal umgetextet oder ergänzt werde. »Wir setzen eigene Themen«, betont Jakobs. Die Marke *Süddeutsche* muss sich auch im Internet behaupten.

»Optimierung kann in Manipulation übergehen«

Als eines seiner Vorbilder bezeichnet Jakobs *Spiegel*-Gründer Rudolf Augstein. »Im Mittelpunkt steht für uns der klassische Journalismus« hatte der *sueddeutsche.de*-Chef nach seinem Antritt in einem Interview mit dem Branchendienst *kressreport* gesagt. Implizit lässt sich das auch als eher skeptische Haltung gegenüber dem von einigen Kollegen hochgejubelten User Generated Content bewerten. Nachdem die Debattier-Community *sued-café* nur noch werktags zwischen 8 Uhr und 19 Uhr für Kommentare offenstand, erhob sich in der Blogosphäre Protest, es fiel sogar das Wort ›Zensur‹. Diese Beschränkung der Kommentarfunktion, gegeißelt beispielsweise von dem bloggenden Medienjournalisten Stefan Niggemeier (s. Porträt Niggemeier), wurde als ›Bankrotterklärung‹ kritisiert, als Beleg dafür, dass den Machern an echter Debatte nicht viel gelegen sein könne.

Jakobs mag sich auf Nachfrage nicht zu einer Kritik am Prinzip ›Web 2.0‹ hinreißen lassen. Er lobt Blogs als treibende Kräfte hinter so mancher Enthüllung. Aber er sagt auch, dass in Online-Foren nicht nur das Grundrecht auf freie Meinungsäußerung gelte, sondern eben auch Absatz 2 des Artikels 5: »Diese Rechte finden ihre Schranken in den Vorschriften der allgemeinen Gesetze, den gesetzlichen Bestimmungen zum Schutze der Jugend und in dem Recht der persönlichen Ehre.« In Foren würden Menschen »grundlos beleidigt«, es gebe immer wieder hetzerische und antisemitische Kommentare. Den Rahmen der Zivilisation dürfe das Internet nicht einfach aufsprengen. Auf *sued-café* konnte man kurz nach der Zensur-Debatte wieder diskutieren – aber nur als registrierter User.

Zum gefräßigen Datensammler Google pflegt Jakobs ebenfalls ein eher gespaltenes Verhältnis. Suchmaschinenoptimierung, auch SEO abgekürzt, mag er nicht ablehnen, doch: »Optimierung kann in Manipulation übergehen.« Exzessive Optimierung, sagte er gegenüber dem Branchenmagazin *Horizont*, sei »journalistische Wettbewerbsverzerrung«. Kritiker werfen Jakobs jedoch vor, dass er nicht hinreichend differenziere, zum Beispiel zwischen überall praktizierten und vollkommen akzeptablen SEO-Maßnahmen und dem ebenfalls im Prinzip zulässigen, aber anrüchigen Zukauf von Keywords bei Google. Weder für das eine noch das andere könne und wolle man bei der *SZ* groß Geld ausgeben, sagt Jakobs und stellt klar: »Wenn ich Journalismus für Google mache, wäre das eine Verformung.« Einem Computer-Algorithmus mehr vertrauen als dem journalistischen Gespür – ein Unding. Er sehe nicht ein, warum man Artikel nach Kriterien aufbauen und verschlagworten sollte, die nicht journalistischer Natur seien.

»Geist oder Geld?«

Ob es sich Jakobs auf Dauer leisten kann, den Mechanismen des Internet-Marktes zu trotzen, bleibt abzuwarten. Je mehr Traffic, desto größer die Werbeumsätze – dieses Prinzip galt und gilt nicht viel anders auch in der analogen Medienwelt. Und erkaufter Traffic, darauf hat bereits eine Reihe von Internet-Experten hingewiesen, ist letztlich nichts anderes als die bei Zeitschriften akzeptierten Sonderverkäufe, zum Beispiel an Hotels, Mietwagenfirmen oder Fluglinien. Man müsse diese Abnahmen eben nur extra ausweisen, um den Anzeigenkunden die Auflagenstruktur transparent zu machen. Jakobs präsentiert sich indes als Journalist alter Schule, für den die einen das Blatt machen und die anderen dafür sorgen, dass Anzeigen auf die Seiten kommen, möglichst mit einer hohen Mauer zwischen beiden Bereichen. Er sagt: »Medien sind den Werbungtreibenden nicht verpflichtet.« Unabhängigkeit, das sei nach wie vor die wichtigste Währung von Medienmachern. »Wir müssen alte Ideale in der neuen Welt am Leben halten.«

Das hinterherhechelnde ›Muße-Medium‹ Print

Innerhalb der Redaktion möchte Jakobs für mehr Miteinander zwischen Print und Online werben. »Das Internet wird die Zeitung nie ersetzen können«, glaubt er, denn die Medien erfüllten ganz unterschiedliche Funktionen. Für das Printmedium bedeute das: weniger den Nachrichten ›hinterherhecheln‹, mehr auf Themen von morgen setzen. Und auf Entschleunigung. Eine Seite Drei der SZ funktioniere doch nur im ›Muße-Medium‹ Print. »Die Zeitungen müssen sich vom Mainstream verabschieden«, sagt Jakobs, denn ihr altes Geschäftsmodell, das auch auf Rubrikenanzeigen beruht, funktioniere nicht mehr.

Für das Internet bedeute das umgekehrt: Nicht einfach das ins Netz stellen, was in der Zeitung steht. Auch im Netz den Überfluss regeln, und nicht einfach auf die Seite schmeißen, was gerade da ist. Neue Formate entwickeln. »Im Internet kannst du alles machen«, sagt der Konvertit begeistert über das neue Medium. Ist aber alles sinnvoll, was technisch machbar ist? Jakobs zweifelt. Mit Bewegtbild könne man sich »wahnsinnig verzetteln«. Nur ein Beispiel: Einen Tag hatte ein Videoreporter den ehemaligen bayerischen Ministerpräsidenten Günther Beckstein im Bus durch Bayern begleitet. Die Produktion dieser Geschichte habe ewig gedauert, die Zahl der Abrufe, etwa 2000, war dagegen äußerst bescheiden. Bis diese neuen Formate sich auch bei den Usern etabliert hätten, werde es noch ein paar Jahre dauern.

Die größten Gewinner der digitalen Revolution könnten die Regionalzeitungen sein, mutmaßt Jakobs. Noch seien die Nutzer offen für Nachrichten und Hintergründe aus der Stadt und viel Service. Doch die meisten Verlage verhielten sich zu passiv. Bald könnte der Schatz, auf dem die Lokalverlage säßen, weg sein. Wenn nämlich Mitbewerber aus dem Internet diese lokalen Inhalte entdeckten. Deshalb will Jakobs demnächst einen Stadtführer im Netz aufbauen – für Touristen und Einheimische. Zu seinen weiteren Plänen für *sueddeutsche.de* gehören außerdem ein unabhängiges Kinoportal und Fanseiten von Fußball-Bundesliga-Mannschaften.

Ohne Medien geht es auch in der Freizeit des Hobby-Bergwanderers Jakobs nicht, den ein Freund als »ernsthaft, preußisch und gebildet« charakterisiert. Gerade hat er einen kritischen Essay über die Zukunft der Branche veröffentlicht, der *Geist oder Geld. Der große Ausverkauf der freien Meinung* heißt. Er liest sich wie der Ruf eines Qualitätsjournalisten nach echten Verlegern, die den Finanzinvestoren trotzen, die es auch hierzulande auf Zeitungs- und TV-Unternehmen abgesehen haben. »Es gibt zu viele in unserem Gewerbe, die hier nicht hergehören«, sagt Jakobs.

Auf dem Buchdeckel von *Geist oder Geld* heißt es: »Bei Sat.1 sind die Nachrichten so gut wie abgeschafft, bei der *Berliner Zeitung* hielt eine Heuschrecke Einzug, im TV regiert allein die Quote. Anderswo nur der Skandal. Das fatale Ergebnis: Die redaktionelle Freiheit nimmt angesichts ökonomischer Interessen Schaden. Das große Geld bedroht den Geist.« Hans-Jürgen Jakobs wird nun zeigen müssen, wie es der Geist des Journalismus möglichst ohne Umwege auch ins Internet schafft. Und wie er dort mit Sandy Meyer-Wölden und Boris Becker klarkommt.

CHRISTIAN MEIER

Hans-Jürgen Jakobs

Geboren am 28. Oktober 1956 in Wiesbaden

Ausbildung

1976	Abitur
1983	Examen zum Diplom-Volkswirt an der Johannes-Gutenberg-Universität Mainz
1985	Volontariat *Mainzer Allgemeine Zeitung/Wiesbadener Tagblatt*

Beruflicher Werdegang

1986-1989	Verlagsgruppe Handelsblatt, Düsseldorf; Redakteur *ZV+ZV*, Chefredakteur *Copy*
1990	Buchveröffentlichung *Augstein, Springer & Co*
1990-1993	Leitung Wirtschaftsressort *Münchener Abendzeitung*
1993-2001	Redakteur *Der Spiegel*, Hamburg
2001-2006	Leitung Medienredaktion der *Süddeutschen Zeitung*, München
s. 12.2006	Chefredakteur von *sueddeutsche.de*

Literatur

2008	*Geist oder Geld. Der große Ausverkauf der freien Meinung.* München: Pendo
2004	*Das Gewissen der Zeit. Fünfzig Vorbilder des Journalismus.* Wien: Picus

Thomas Knüwer –

Der Nest-beschmutzer

Thomas Knüwer ist ein Typ zum Gernhaben. Mit bunt gestreiftem Hemd, Bluejeans und weißen Turnschuhen sitzt er freundlich lächelnd an seinem Schreibtisch, die Beine übereinander geschlagen, und man glaubt es ihm sofort, wenn er sagt: »Ich habe mit keinem aus der Szene wirklich Streit. Das sind einfach total nette Menschen.«

Wenn man ihn so sieht, diesen natürlich ebenfalls total netten Menschen, möchte man kaum glauben, dass das, was er schreibt, mitunter gar nicht nett ist. Seit rund vier Jahren betreibt Thomas Knüwer das Weblog *Indiskretion Ehrensache*, und regelmäßig führt er dort unfähige PR-Agenturen vor, überzieht das öffentlich-rechtliche Fernsehen mit ätzender Kritik, geißelt Medienseiten in Printmedien, weist auf Missstände von Online-Werbung hin, analysiert die Folgen von dpa-Fehlern, regt sich über den Grimme Preis auf, macht die Web-Auftritte von Zeitungen madig, kurz: zieht so ziemlich alles durch den Kakao, was ihm beim täglichen Medienkonsum auffällt. Bis auf zwei Dinge, versteht sich. Das *Handelsblatt* und die Blogger-Gemeinde. Denn der 39-jährige gebürtige Westfale ist bloggender Redakteur beim *Handelsblatt*.

Das ist etwas unfair verkürzt, und zu Recht könnte man fragen, welcher bloggende Redakteur denn Kritisches über seinen Brötchengeber im Netz verbreiten würde. An sich ist diese Doppelfunktion mittlerweile auch nichts Besonderes mehr. Aber zu Knüwers Blog muss man wissen, dass dieses schon seit Januar 2005 und damit verhältnismäßig lange existiert und längst Kultstatus erreicht hat. Pro Monat besuchen 80.000 Menschen das Blog, 120.000 rufen die Seiten ab. Keiner der Texte, von denen Knüwer täglich zwei bis drei hinzufügt, bleibt unkommentiert. 2006 wurde Knüwer für den Goldenen Prometheus, Rubrik ›Online-Journalist des Jahres‹, nominiert, 2007 und 2008 erhielt er eine Lead-Award-Auszeichnung für sein Blog. Seinen Bekanntheitsgrad illustriert ganz gut, dass er vor dem Finale der jüngsten Staffel von *Germany's Next Topmodel* auf die Siegerin tippte – und mit dieser scheinbaren Nebensächlichkeit in der Printausgabe des *Berliner Kurier* zitiert wurde. Da verwundert es kaum, dass das Magazin *Cicero* Knüwer 2007 auf Rang 337 der wichtigsten deutschen Intellektuellen führte, noch vor Branchengrößen wie Gabor Steingart, Roger Köppel oder Hajo Schumacher. Star der Branche will er aber nicht sein. »Ich bin bekannt, ja«, sagt er. Und: »Als *Handelsblatt*-Redakteur hätte ich diesen Bekanntheitsgrad nicht erlangt.« Thomas Knüwer verdankt seinen Ruhm dem Internet, besser gesagt: den unbegrenzten Möglichkeiten des Web 2.0.

Dessen Bedeutung hatte Knüwer im November 2004 in einer Seite-3-Reportage, die im *Handelsblatt* auf Seite 8 steht, beschrieben. In dem Artikel ging es um die Gefahren, die Unternehmen durch Weblogs drohten. »Rasch können sie einen Schneeballeffekt auslösen«, schrieb Knüwer. Unzufriedenen Kunden böte sich hier ein öffentliches Ventil, das die Unternehmen kaum beeinflussen könnten. Ganz nebenbei zitierte Knüwer in dem Text einen IT-Berater mit dem Satz: »Der Journalismus ist nach IT und Marketing der nächste Bereich, der in Deutschland Thema von Weblogs wird.«

Diesen Satz muss sich Knüwer zu Herzen genommen haben, denn schon im Januar 2005 beschrieb er unter *http://handelsblatt6.blog.de* seinen Vorsatz für das neue Jahr: »Ich will ein Blog starten und regelmäßig, möglichst täglich bestücken. Drehen soll es sich um das Alltagsleben in Redaktionen und dem, was daraus entsteht: Zeitungen, Magazine, Radio- und Fernsehprogramme. Vor allem aber um das immer skurrilere Verhältnis von PR und Journalisten.«

»Bloggen hat für mich etwas Manisches«

Der Name *Indiskretion Ehrensache*, einem Buch seines Lehrers auf der Holtzbrinck-Journalisten-Schule, Professor Ferdinand Simoneit, entlehnt, wurde Programm. Knüwer nahm sich das Verhalten seiner Kollegen zur Brust. Bis heute ist die Aufdeckung peinlicher Missstände in PR-Agenturen, Zeitungen, Fernsehen und Internet Knüwers Leitthema geblieben. Der Kritik, im *Handelsblatt* »schön brav« zu schreiben und dafür »kräftig im Blog [zu] motzen« (Blog-Journalist Peter Turi) begegnet Knüwer mit einem klaren »Jein«. In einem Interview mit Turi sagte er einmal: »Wenn Journalisten nicht zu althergebrachten Tugenden wie hoher Unabhängigkeit zurückkehren und zum Mut, Unbequemes auszusprechen – dann wird sich ihr Arbeitsplatz auf Dauer erledigen.«

Als sich durch wirtschaftliche Probleme bei seiner Stammzeitung, dem *Handelsblatt*, einige hundert Arbeitsplätze erledigten, saß er längst fest im Sattel. Knüwer hat sich durch seine Web-Aktivitäten unersetzlich gemacht. Als Jung-Blogger profitierte er vom Namen *Handelsblatt* in seiner Domain, heute profitiert die unter jungen Lesern nicht gerade besonders populäre Wirtschafts- und Finanzzeitung von ihrem Web-Star. Denn Knüwer lobt das *Handelsblatt* nicht nur bei jeder sich bietenden Gelegenheit (»Bin bekennender Handelsblättler«; »Bisher hat mich dieses Haus meist gut behandelt«; »Intern bekommt man große Freiheiten«; »Ich glaube an das Konzept einer starken Wirtschaftszeitung«), er verschafft ihm auch einen hohen Bekanntheitsgrad in der Blogosphäre. Wer meint, das sei nebensächlich, irrt: Blogger gelten als ›Heavy-User‹ traditioneller Medien, weshalb sich das Engagement Knüwers für das *Handelsblatt* in doppelter Hinsicht lohnen könnte. »Ich muss gestehen, nachdem ich Ihren Blog immer wieder lese, kaufe ich auch gerne eine Zeitung aus Ihrem Haus«, bekannte ein Blogger einmal in einem Interview mit Knüwer.

Für Knüwer lohnen sich die Indiskretionen, die übrigens vertraglich nicht mit dem *Handelsblatt* fixiert, aber anerkannter Teil seiner Arbeitszeit sind, allemal. »Nichts hat in den 13 Jahren *Handelsblatt* meine Bekanntheit mehr gesteigert und nichts hat mir mehr neue Kontakte gebracht«, sagt er. Man darf vermuten: Nichts hat ihn außerdem zufriedener gemacht in den Düsseldorfer Jahren als dieses Blog. Denn Knüwer beschreibt sich selbst als notorischen Schreiber. »Es gibt Sachen, da macht es klick, und ich muss das sofort aufschreiben«, sagt er. Gunter Hofmann, mittlerweile selbst ein Ur-Gestein der *Zeit*, erzählte Holtzbrinck-Schüler Knüwer einmal von der mit zitternden Händen in die Redaktion eilenden Marion Gräfin Dönhoff, die ausrief: »Ich muss jetzt was schreiben!« »So ist das auch beim Bloggen«, sagt Knüwer und fügt hinzu. »Bloggen hat für mich etwas Manisches.« Und wer die Restriktionen kennt, die Redakteuren in seriösen Tageszeitungen in Bezug auf Inhalt und Platz bisweilen auferlegt sind, kann sich die Freude eines leidenschaftlichen Schreibers über die ungewohnten Entfaltungsmöglichkeiten eines Blogs vorstellen.

Aber was treibt ihn an? Der politisch-aufklärerische Impuls, der von dem Wechselspiel von Nähe und Distanz zu den Mächtigen lebt, von den Journalisten-Typen Marion Gräfin Dönhoff und Gunter Hofmann verkörpert worden ist und heute von den 68er-Leitwölfen weiter betrieben wird, ist es jedenfalls nicht. Politik, Parteipolitik im Besonderen, interessiert den in dieser Hinsicht typischen Vertreter der unpolitischen 89er-Generation nicht. Es sei denn, sie strahlt in sein Fachgebiet, die Welt der neuen Medien, hinein. Eine Meinung, aber keine gute, hat er zu Wirtschaftsminister Michael Glos und Innenminister Wolfgang Schäuble, in deren Ressortzuständigkeit das Internet fällt. Einen entsprechenden Artikel über die Medien-Inkompetenz der Berliner Politprominenz überschrieb er süffisant mit ›Web 0.0‹. »Aufklärerisch muss ja nicht gleich immer politisch sein«, sagt Knüwer. »Auch in der Unternehmenswelt gibt es viel aufzuklären. Mehr noch: Gerade dort ist Aufklärung nötig. Ich finde es hoch spannend, das Tun von Unternehmen zu verfolgen und darzustellen. Gerade weil in der deutschen Bevölkerung das Wissen und das Interesse an Wirtschaft unterentwickelt sind.«

Nicht mehr als zwei Stunden täglich

In Sachen Recherche setzt der technikversierte Multimedia-Könner, der mit Fachbegriffen aus der Welt des Web 2.0 nicht gerade geizt, auf journalistische Old School. »Bei meiner Recherche ist das Internet immer der erste Ansatz – aber damit geht es ja nur los. Natürlich fahre ich noch zu Terminen oder zu Interviews raus. Nichts kann den persönlichen Eindruck ersetzen. Und das Telefon ist weiterhin wichtig, weil gerade vertrauliche Informationen nicht schriftlich ausgetauscht werden sollten.«

Da verwundert auch ein Satz wie dieser kaum: »Ich sehe mich schon in erster Linie als Printredakteur.« Bei manchem Blogger kommt so etwas gar nicht gut an, wird ein Redakteur hier doch schon mal gerne mit dem ironischen Zusatz ›wichtig‹ versehen. Aber Knüwers selbst attestierter Kulturkonservativismus geht zumindest so weit, dass er sich ein Leben ohne Redakteursdasein als reiner Blogger nicht recht vorstellen mag. Nicht mehr als zwei Stunden täglich versuche er, für sein Blog aufzubringen, sagt er. Den Stress des zur Dauerhetze mutierenden Sofort-Journalismus, der den US-Bloggern Marc Orchant und Om Malik einen frühen Herzinfarkt und im Fall Orchant sogar den Tod im Alter von 50 Jahren beschert hatte, kennt Knüwer nicht. Der 39-Jährige bloggt gerne, nebenbei bestückt er sein privates Internettagebuch *Go to Rio*, in dem er gemeinsam mit einer Freundin über Restaurantbesuche, Urlaubsorte und andere schöne Dinge im Leben schreibt – außer eben über Rio, da müsse man nach Meinung der Autoren schon selbst hinfahren. Am Wochenende bloggt er meistens nicht, im Kino, Theater oder in der Oper bleibt das Handy aus, betont er. Klar läuft im Büro nebenher immer der Browser, aber bei welchem Journalisten unter 40 Jahren tut er das nicht?

Knüwer ist ein Mann zwischen zwei Welten, deren Hauptdarsteller sich in der Regel nicht leiden können, und manchmal scheint er selbst nicht recht zu wissen, auf welcher Seite er steht. Blogger und Journalisten könnten voneinander lernen, beharrt er. Journalisten zum Beispiel täte es gut, mehr Blogs zu lesen, denn hier verbreite sich geballtes Expertenwissen. Blogger hingegen sollten versuchen, journalistisch zu recherchieren, also unvoreingenommen. Beim Schreiben wiederum könnten die Journalisten von den Bloggern lernen. Die alte journalistische Regel: ›Schreib, wie Du sprichst‹, werde von den meisten Journalisten nicht mehr beherzigt. Kommentare seien »weichgespülte Langeweile«, es fehle der »Mut zu ungewöhnlichen Wortkreationen«. Blogger seien dagegen »die unterhaltsameren und deftigeren Schreiber«, sagte Knüwer einmal in einem Interview. Gerade in Deutschland ist jedoch das Verhältnis zwischen Bloggern und Journalisten von gegenseitiger Ablehnung geprägt. »Die Angriffe kommen fast immer von den Journalisten. Und die Blogger ärgern sich nicht darüber, nicht ernst genommen zu werden, sie ärgern sich darüber, von den Journalisten beleidigt zu werden.«

Aber was passiert, wenn sich Blogger und Journalisten in einer Person vereinen? Ein paar Beispiele vom Mai und Juni 2008 aus *Indiskretion Ehrensache*:

- »Vielleicht liegt es in der Natur eines *Zeit*-Kollegen, schnell überfordert zu sein. Sollen ja zart besaitet sein, lautet das Vorurteil.« (Aus: *Selbstreferenzielle Blogger-Verortungsfragen – über eine Karte im Zeit-Magazin zur lokalen Verortung von Bloggern in Deutschland*)
- »Könnte bitte jemand den eigentlich zu begrüßenden Grimme Online Award aus den Händen der unfähigen Veranstalter reißen? Bitte! Heute abend werde ich bei der Verleihung in Köln dabei sein. Sollte einer der Leser hier mich dort treffen und einen blauen Fleck auf meiner Stirn entdecken, so möge er sich nicht wundern. Denn gerade habe ich meinen Kopf mehrmals mit Wucht auf meine Schreibtischplatte knallen lassen.« (Aus: *Die Grimme Online Awards oder wie dumm kann man sein?*)

- »Gerade erreichte ich das Dresdner Zukunftsforum – und will gleich wieder gehen. Da wird der Saarbrücker Professor Wolfgang Wahlster, nach Meinung der Veranstalter der ›führende Experte‹ in Sachen Künstliche Intelligenz gefragt, woher die ganzen Schlagworte bei Flickr denn kommen. Seine Antwort: ›Es gibt international anerkannte Kataloge…‹ Ähm… Nein. Gibt es nicht. Und jetzt beschäftigen wir uns noch mal mit dem Thema, gelle?« (Aus: *Fünf Minuten reichen – Über das Dresdner Zukunftsforum*)

Knüwer ist gut – und er weiß es auch

Thomas Knüwer, das kann man an diesen drei Beispielen gut erkennen, kann mächtig austeilen. Zum einen hat er Lieblingsfeinde, denen er immer mal wieder ein paar süffisante Unfreundlichkeiten widmet. Dazu gehören ganz allgemein sämtliche PR-Agenturen (aufgespießt werden diese in seiner viel gelesenen Blogonovela *In einer kleinen PR-Agentur am Rande der Stadt*) und ganz konkret der Medienwissenschaftler Norbert Bolz (»Dieser unsägliche Herr Bolz«) und *Netzwerk-Recherche*-Chef Thomas Leif. Einen der vielen Beiträge über Letzeren kommentierte ein Leser: »So langsam nimmt dein Kreuzzug bedenkliche Züge an. Schade eigentlich. Vor allem aber: ziemlich unjournalistisch.« Unjournalistisch, bisweilen sogar hämisch, ist auch Knüwers Kollegenschelte, wenn diese sich seiner Meinung nach unzulänglich mit seinem Thema, dem Web 2.0, beschäftigen. Peter Turi fragte ihn einmal, ob er ein besserwisserischer Motzblogger sei. Knüwers Antwort: »Ich kritisiere, wenn mir etwas nicht gefällt. Ich lobe, wenn mir etwas gefällt. Ich weiß nicht das meiste besser. Nur manches.«

Knüwer ist gut, und er weiß es auch. Turi schrieb über ihn, mit seinen 1,95 Metern Körpergröße rage er »nicht nur optisch aus dem Kreis seiner Kollegen hervor. Er ist der Vorzeigeblogger unter den Journalisten und der Vorzeigejournalist unter den Bloggern.« Sein Auftreten im persönlichen Gespräch hat dennoch nichts Arrogantes. Im Gegenteil. Der Kult, der gerade im Netz des Öfteren um seine Person betrieben wird, ist ihm eher unangenehm. Im Interview gibt er sich nüchtern-bodenständig. Träume gestattet er sich allenfalls, wenn es um seinen Lieblingsverein Preußen Münster geht. Man glaubt ihm, dass er seine Karriere nicht plant. »In Zeiten des Internets ist das nicht möglich«, sagt er. Das Wichtigste sei ohnehin, den Beruf gerne auszuüben. Und das tut er, keine Frage. Gegen Ende des Gesprächs sagt er: »Mir macht das Ganze einfach saumäßig Spaß.«

Dennoch: Trotz aller von ihm ausgehenden Glücksseligkeit wird man das Gefühl nicht los, dass dieser Mann eine Vision hat. Eine Vision von besseren Zeitungen, besseren Online-Auftritten, besseren Bloggern, kurz: besserem Journalismus. Denn dass Blogs heute von Journalisten nicht mehr einfach ignoriert werden können, ist seine tiefe Überzeugung. Zugleich treibt es ihn um, dass die klassischen Medien – vor allem in Deutschland, wie er betont – immer noch zu kritisch über Blogs berichten. »Die Aggressivität rührt aus der Majestätsbeleidigung«, sagt er. Blog-Autoren ärgerten sich nun mal über Fehler oder schlechte Berichterstattung in den Medien. »Und die hauen sie den Journalisten um die Ohren – das aber ist unser Berufsstand nicht gewohnt.« Auf der anderen Seite ist Knüwer aber Journalist genug um zu wissen, dass es gerade in Zeiten des Web 2.0 professionelle Journalisten braucht. »Die Welt wird immer komplizierter. Wir brauchen Journalismus, um sie zu verstehen«, sagt er. Aber die Ignoranz und die Unbeweglichkeit vieler Kollegen treibt ihn zur Verzweiflung – und zum Bloggen.

Sein Thema, die Zukunft der neuen und der klassischen Medien, lässt ihn nicht los. »Die Zeitungen haben ein gewaltiges Aktualitätsproblem«, sagt er. Der traurige Umstand, dass dort bis zu 36 Stunden alte Meldungen als neu verkauft werden, könne nur unbemerkt bleiben, weil die Leser daran gewöhnt seien. Da aber die Leser immer Web-affiner würden und die veraltete Zeitungsproduktion durchschauten, könne das für die Verleger gefährlich werden. »Wenn nichts passiert, wird es in 20 Jahren keine Zeitung mehr geben.«

Was die Zeitungen aus Knüwers Sicht ändern sollten, hat man in den letzten Jahren schon öfter gehört: Magaziniger sollten sie werden, Mut zu längeren Stücken haben, dafür die kleinen Nachrichten weglassen. Knüwer ärgert sich aber vor allem über die Innovationslosigkeit vieler Zeitungsmacher. Ihnen wirft er vor, nicht mehr neugierig zu sein, sich stattdessen einzumauern in ihrem erreichten Wohlstand. Dabei könne dieser nur vorübergehend sein. »Mich treibt die Sorge um, dass Zeitungen und Fernsehen als reine Cash-Cows betrachtet werden. Die Verleger investieren nicht mehr, und die nächste Konjunktur-Delle wird ihnen ein Problem bescheren.« Denn der auf die Wirtschaftsflaute folgende Anzeigen-Rückgang trifft vor allem die klassischen Medien. »Die Effizienz von Anzeigen ist online leichter nachweisbar«, weiß Knüwer.

Er selbst, soviel Karriereplanung wird er sich gestatten, dürfte von einer weiteren Entlassungswelle verschont bleiben. Irgendwie kann man sich Thomas Knüwer in sehr vielen, auch höheren und einflussreicheren Positionen vorstellen. So zufrieden wie er ist, kann es aber auch sein, dass er noch viele Jahre in seinem Büro in der Düsseldorfer Innenstadt verbringt – schreibend, diskutierend, immer auf Sendung. Denn live dabei zu sein, immer melden zu können, was gerade passiert– das war schon in seiner journalistischen Anfangszeit mit 16 Jahren beim Krankenhausradio irgendwo in Münster sein Traum. Die Medien haben sich geändert in den 20 Jahren, die seitdem vergangen sind. Der Traum ist geblieben. CHRISTIAN SONNTAG

Thomas Knüwer

Geboren am 16. Juli 1969 in Senden/Westfalen als Sohn eines Elektro-Installateurs

Ausbildung

1989-1995 Studium der Betriebswirtschaftlehre in Münster und Berkeley; Schwerpunkte: Marketing und Umweltmanagement

Beruflicher Werdegang

1989-1995 freier Mitarbeiter der *Westfälischen Nachrichten* und der TV-Produktionsgesellschaft Telepublic, Gründungsmitglied des Radioprogramms *Unfunk – Münsters Studierende machen Radio* sowie Pressesprecher der Studenteninitaitive Symposium Oeconomicum

1995-1997 Volontariat an der Georg von Holtzbrinck-Schule für Wirtschaftsjournalisten in Düsseldorf; Stationen: *Handelsblatt, DM, Absatzwirtschaft*

1997-2000 Redakteur beim *Handelsblatt*, Ressort Unternehmen und Märkte

2000-2002 Teamleiter *Handelsblatt* ›Netzwert – E-Business für Entscheider‹

2002-2004 Ressortleiter *Handelsblatt* ›Karriere & Management – Weekend Journal – Beilagen‹

s. 01.2004 Reporter *Handelsblatt*

s. 02.2005 Autor des Weblogs *Indiskretion Ehrensache*

s. 10.2006 Moderator des Medien-Podcasts *Beletage*

s. 05.2007 Co-Autor des privaten Weblogs *Gotorio*

Thomas Knüwer ist privat gebunden und lebt in Düsseldorf. Seine Interessen und Hobbys sind Theater, Oper, Fußball (Preußen Münster), Eishockey, gutes Essen, Reisen und Wein.

Matthias Matussek – King Kong

Schwer zu sagen, wo er die wildere Show hingelegt hat, online oder offline. Wo der Gagazähler heftiger ausschlug, beim Blogger oder beim Kulturchef. Im Rock'n'Roll sind Kunst und Leben eins.

16. Oktober 2006, 12.17 Uhr. Wat – wer bist du denn? Matussek ist online. Premiere. Rote Hosenträger, Bartschatten, die Backen damals noch proper. Vor sich den Schreibtisch, hinter sich die Bücherwand, im Kopf das Weltwissen und ein paar Aperçus zum Kulturbetrieb. Ex cathedra schlaumeiert er in die Repulik hinein; Bloggen für Deutschland. Orhan Pamuk, Buchmesse, Regietheater. Hat was. Er braucht seine Zeit zum Warmlaufen, im Wochentakt plustert er sich immer mehr auf. Matussek als Kapuzenrapper, Graffiti sprühend. Bei Sauerbraten und Tafelspitz mit Safranski und Sloterdijk. Harald Martenstein parodierend, die Replik auf dessen Matussek-Parodie. Matussek beim Abnehmen. Im Moorbad. Als Messdiener im Petersdom. Mit seinem Kumpel Frank Schirrmacher; mit einer Goethe-Handpuppe, die am Strand junge Mädels anflirtet, der alte Schlingel. Und immer wieder mit einer angefressenen Blumenampel, genannt Ding, das Ding an sich vermutlich, da wären wir dann schon bei Kant. Fun-Feuilleton zum Klicken, peinlich gibt's nicht.

Beim *Spiegel* selbst, in den umliegenden Verlagen des Journalistendorfs Hamburg, bald republikweit summen die Redakteure in den ersten Blog-Monaten über die Flure wie Bienen, die ihren Stockgenossen einen Honigfund vortänzeln: Hey, der neue Matussek ist online, wie kaputt, wie krank, wie cool, wie geil! Zugleich ist man froh über den schützenden Bildschirm zwischen sich und dem massigen Kerl, spätestens nach der Rüpelshow im *Presseclub* der ARD, wo er mit rotem Kopf Herrn Tichy vom *Handelsblatt* anmacht: »Unverschämt! Unverschämt!«. Fast in derselben Frequenz wie die Blogs kommen aus dem *Spiegel*-Hochhaus neue Splatterstorys herübergeweht: Hilfe! Wackelnde Wände im vierten Stock! Ressortleiter läuft Amok! Man beginnt sich Matussek vorzustellen wie Jack Nicholson in *Shining*, mit der Axt durchs Haus und die Badezimmertür kleingeholzt. Matussek wird abgemahnt. Schließlich ist er sein Amt los. Das größere Pressegetöse verursacht zu der Zeit allerdings die Suche nach einem neuen *Spiegel*-Chefredakteur. Ein bisschen geht es Matussek wie damals dem toten Harald Juhnke, dem der ebenfalls verblichene Johannes Paul II. die Schau stahl.

Matussek in einem Buch über Alpha-Journalisten? Findet er erst prima. Kurz vor Fertigstellung des Porträts kippt die Stimmung. Die *Welt am Sonntag* hat an diesem Morgen geschrieben, er sei »seine Mitarbeiter auch schon mal körperlich angegangen«. Matussek dampft. Nicht dass so was auch in dem Buch drinsteht! Nicht dass er wieder als Wahnsinniger dargestellt wird! Zielten die Fragen von dem Kühn nicht auch in diese Richtung? Matussek zieht seine bereits freigegebenen Zitate zurück und die seiner Freunde gleich mit. Begehrt Einsicht in den gesamten Text. Am Ende ruft er beim Verleger an, möchte die Geschichte stoppen.

Man muss mal wieder Matussek lesen

Natürlich ist Matussek kein Irrer, der nebenher schreibt. Freundlich gesagt, kultiviert er zugunsten seiner Schreibe einen schöpferischen Irrsinn. Man muss mal wieder Matussek lesen. Die *Spiegel*-Reportagen, die er aus Wessi-Sicht in der Wendezeit aufzeichnete, als er ein dreiviertel Jahr im Ostberliner Palasthotel logierte. Einige fein gepinselt, viele mit der Farbtube auf die Leinwand gequetscht, manchmal kippt er eimerweise Farbe drüber. Sie sind als Buch erschienen, Journalistenschülern sollte man es am ersten Tag in die Hand drücken: So macht man's. Die Geschichte über das heruntergewirtschaftete Provinztheater in Anklam ist darunter, eine Erzählung über das real existierende Mittelmaß, mit einem Rums kommt sie daher; sie brachte ihm den Kisch-Preis. Man muss sich auch noch mal seinen Nachruf auf Diana aus dem Archiv ziehen. Royalkritsch, medienkritisch, eine Titelgeschichte, heute noch so frisch wie vor elf Jahren. Andere hätten zwei Wochen gebrütet, Matussek genügten zwei Tage – einer Recherche, einer Schreiben. »Es war ein blöder Tod, ein banaler Tod, der in eine höhere Ordnung gerückt wurde«, das sitzt wie ein guter Anzug. Und seinen Roman sollte man gelesen haben, *Rupert oder die Kunst des Verlierens* von 1996, die Geschichte eines Underdogs in New York, der auf virtuose Weise durchs Leben scheitert; eine Lust.

Bevor er zum *Spiegel* ging, war Matussek beim *Stern*. Porträtierte mit launigen Texten William Burroughs und Charles Bukowski. Schrieb über Theater, Zadek, immer wieder Zadek. Spontan-Umfrage unter alten Kollegen: Wie war der Matussek als Kollege? »Der konnte wegen eines geänderten Kommas brüllen«, »auf Reportage musste man ihn zur Seite schieben, damit man fotografieren konnte«, »ich hab ihm mal ein Stück Pflaumenkuchen hinterhergeworfen, so hat er genervt«, »sein Hund war das Netteste an ihm«. Genug davon.

Mai 2008, Hausbesuch bei Matussek in Hamburg-Uhlenhorst. Das Ego grüßt schon im Treppenhaus: Im Fünften dem Fahrstuhl entstiegen, wird man schier erschlagen von einem ins Riesige vergrößerten *Spiegel*-Titel, der erste, den Matussek als Ressortleiter mitschrieb, »Mozart – Das himmlische Kind«. Die Wohnung – Album eines Bildungsbürgers: über der Couch ein Gemälde, Kolumbus betritt San Salvador. Daneben Schmetterlinge, aufgespießt. Figürchen. Pferdchen, Elefanten, eine große Giraffe. Beim Fenster das Gemälde einer Frau mit Trägerkleid, gleich greift sie sich in den Schritt. Im Regal eine Marienfigur. In der Küche die Putzfrau.

Matussek. Mit Betonung auf der zweiten Silbe, alter ostpreußischer Name. Matussek schwärmt. Von seinen Texten. Von der Qualität des Kulturressorts – solange er es leitete. Erzählt von Ränkespielen, Kabalen, Neid beim *Spiegel*. Und über sein Ende. Als wär's Shakespeare, ein Königsdrama. Und er selbst? Der Lear? Der Herrscher, dem sich alle beugen müssen, der eigentlich nur geliebt werden will, aber auf die falschen Freunde setzt? Vielleicht konnten sie ihn nicht mehr sehen, vielleicht war ihnen auch klar, mit dem lässt sich kein Staat mehr machen, so sehr hatte er sich mit allen im Haus angelegt – am Ende jedenfalls marschierten seine eigenen Leute in die Chefredaktion und sagten: So darf's nicht weitergehen.

›Friends of Matze‹

Einer seiner Freunde erzählt von dem Alfa, den Matussek als Student in Berlin fuhr. Mit Vollgas heizte er über die Avus, immer im vierten Gang – nicht ahnend, das es einen fünften gab. Am Ende war der Alfa kaputt. So ähnlich muss er mit dem Ressort umgegangen sein. Matussek war nicht einfach nur angetreten, einen okayen Kulturteil zu machen. Sondern das weltbedeutendste Debattenfeuilleton, aber hallo, er wollte die Republik umpflügen, alle sollten über den *Spiegel* reden, über sein Ressort. Matthias Maximus. Und irgendwie ist ihm das auch gelungen. Plötzlich war was los hinten im Heft. Mit einem Mal war es spannend, die Kultur zu lesen, die ging weit hinaus über Neuer-Film-neue-Platte-neues-Buch. Matussek betrieb die vorsätzliche Umkehrung der Verhältnisse. Mozart, Heine, Humboldt wurden in Titelgeschichten gefeiert wie Popstars. Matusseks 13-jähriger Sohn durfte den Rapper 50 Cent interviewen. Seinen Kumpel Franz Josef Wagner, auch so eine verkannte Existenz, ließ Matussek gegen alle innerhäusigen Widerstände Jörg Fauser würdigen; das funkelte. Benjamin von Stuckrad-Barre, Meister der Überheblichkeitsprosa, schrieb einen anrührenden Nachruf auf Robert Gernhardt und näherte sich behutsam dem sterbenden Walter Kempowski. Die Ausschläge nach oben waren gewaltig. Mit derselben Wucht kamen die Tiefausläufer daher, das war fast schon wieder sympathisch: die Verklärung von Tokio Hotel zu den neuen Beatles, das Trommeln für den Neubau des Berliner Stadtschlosses oder die Apotheose von Tom Cruise und dessen Stauffenberg-Film.

Am Anfang hatte Matussek sich zum bestehenden Ressort quasi ein zweites hinzugecastet. Die Friends of Matze hätschelte und tätschelte er. Moritz von Uslar gehörte dazu, Philipp Oehmke, Rebecca Casati. Kleine Matusseks und Matussinchen, nach seinem Bild zu formen. Glänzen sollten sie, und er durch sie, doch glänzten sie ihm nicht genug. Den Text kann man noch besser machen! Warum haben wir nichts zu Britney Spears? Matzepapa strafte mit Liebesentzug. Der Ton wurde rauer. Matussek tobte. Rasselte mit anderen Ressortleitern zusammen. Herrschte Stefan Aust an und dessen Vize Martin Doerry, »shut your fucking mouth«. Vielleicht muss man so sein, wenn man auffallen will in einem Laden, in dem es vorrangig darum geht, wer die längste Flöte hat. Vielleicht muss man wie die sechste Armee durch die Redaktion rollen, um die Plätze im Heft freizusprengen. Vielleicht aber könnte man es auch ganz anders machen, geschickter. Fäden spinnen, leise, hintenrum. Vielleicht war das Matussek-Experiment einfach ein großes Missverständnis.

Über King Kong gab es ja auch wenig Klagen, solange er frei rumlief. Aus dem Dschungel entführt, chloroformiert, angekettet, in New York eingesperrt, als Weltsensation ausgestellt, wurde er wild. Am Ende knallten sie ihn ab. Vielleicht hätte Stefan Aust, der damals noch etwas zu sagen hatte beim *Spiegel*, seinen Reporterstar besser weiter in Freiheit durchs Leben stampfen lassen, der hatte sich doch wohlgefühlt in Ost-Berlin, Rio, New York, zuletzt London, die Welt hielt noch so viele spannende Winkel bereit. Stattdessen betäubte Aust ihn mit dem süßlichen Duft der Ressortleitermacht und legte ihm die Fesseln des Hamburger Zentralbetriebs an. King Kong mit seinen Riesenpranken packt eine Redakteurin, flüchtet mit ihr aufs Dach des *Spiegel*-Hochhauses, dort machen sie ihm den Garaus – das wäre ein Showdown gewesen.

Mit Riesenbums Debatten lostreten

So war es natürlich nicht, es geschah leiser. An einem Wintertag 2007 wird Matussek einbestellt, das war's mit der Ressortleitung, Sie sind jetzt Autor. Eine halbe Stunde später kaspert er schon wieder vor der Blog-Kamera, unten in der Kantinenküche, er hat seinen Vor-Vorgänger Hellmuth Karasek eingeladen zum gemeinsamen Spiegeleibraten, was für eine schöne Metapher, den *Spiegel* in die Pfanne hauen, war aber Zufall. Kollegen sagen, nach der Absetzung sei es ihm ziemlich dreckig gegangen. Matussek, wie vom LKW überrollt. Online merkte man ihm nichts an, seine Show mag ihn durch den dunklen Korridor getragen haben. Andere flechten als Therapie Körbchen, malen Mandalas. Matussek bloggt. *Matusseks Kulturtipp*. Treffender wäre: *Ich, Matussek.* Die meisten Reporter tun sich ja schwer mit dem Ich, sind um Unsichtbarkeit bemüht, retten sich ins ›man‹. Herbert Riehl-Heyse nannte sich selbst immer etwas verschämt »der Reporter«. Matussek hatte nie ein Problem damit, über sich zu schreiben. Einen Text über Stars und Ruhm und Erfolg begann er so: »Ich erzähle diese Geschichte gern, weil in ihr Tom Hanks und ich selbst vorkommen, in einem Atemzug.« Wie gut, dass für Matussek irgendwann das Internet erfunden wurde. Wie bizarr, dass seine Bühne ausgerechnet der *Spiegel* ist, der die Namen seiner Autoren jahrzehntelang mit dem Lendenschurz der Anonymität bedeckte, als generiere sich das Heft aus sich selbst heraus.

Matussek hat Spaß daran, mit einem Riesenbums Debatten loszutreten. Mit seinem Buch über die *Vaterlose Gesellschaft* zog er in den Geschlechterkampf. Pünktlich zur WM 2006 erschien sein Unser-Land-ist-prima-Buch *Wir Deutschen*. Im Vorwort gab er zu Protokoll: »Natürlich ist dieses Buch nicht das einzige, das über Deutschland geschrieben worden ist in den letzten zwei Jahren. Es mag das bedeutendste sein, aber es ist nicht das einzige.« Matussek, der Missionar. Matussek ist grundkatholisch, er war auf dem Jesuiten-Internat, am Sonntag geht er in die Kirche. Sein Vater hatte Theologie studiert, ging dann aber doch in die Kommunalpolitik, nach dem Abendessen wurde zuhause diskutiert, über Jaspers, Buber, da war Matussek zwölf. Sie atmeten alles ein, er und seine Brüder, die heute alle vier Bildungsbürgerberufen nachgehen: Arzt, Literaturprofessor, Lehrer, Diplomat.

Der Vater war von biblischer Strenge. Matussek riss aus. Mit 16 zog er in eine maoistische WG. Nachts jobbte er bei der Post, sortierte Briefe, von dem Geld reiste er nach der Schule ein dreiviertel Jahr durch Indien. Wurde mit Haschisch erwischt, das er in den Schuhen versteckt hatte, das gab ein paar Wochen Gefängnis. Rückkehr nach Deutschland, Journalistenschule in München. Mit Anfang 20 warf es ihn aus der Bahn, eine große Liebe war zu Ende, er ertrug das Leben nicht mehr. Matussek wollte sich umbringen. Er spricht nicht gern darüber, in einem seiner Bücher schreibt er fast beiläufig: »Ich glaube heute, dass ich meinen wesentlichen Lebensschub einem Selbstmordversuch verdanke. An den Tod dachte ich damals nicht – nur an Frieden, an Ruhe; ich wollte schlafen. Einige Tage später begann ich in einer Klinik aus den Trümmern zu kriechen, in die mein Leben zusammengestürzt war. Selten habe ich soviel Zuversicht gespürt wie an diesen Tagen.« Vermutlich ist Matusseks Ego kleiner als man denkt. Menschen, die ihn gut kennen, sagen: Dass er so laut ist, sei ein Akt der Selbstvergewisserung, hallo, bin ich noch da?

Epigone von Harald Schmidt

Viele Journalisten halten ihren Kopf ins Netz, immer mehr werden es. Keiner tut es mit dieser Verve. Bei manchen geht's schief. *Zeit*-Feuilletonchef Jens Jessen polemisierte in seinem Blog gegen Rentner, unmittelbar nach dem Überfall auf einen alten Mann in der Münchener U-Bahn. Kam nicht gut. *Bild* verhöhnte Jessen noch Tage danach. Matussek weiß genau, wie er rüberkommt. Er gibt den Großbürger. Der Autoren-Blogger Matussek bringt dem Autorenfilmer Alexander Kluge das Bloggen bei, er besucht Peter Zadek am Krankenbett, sucht mit Enzensberger das Blumenampel-Ding. Seht her, alles meine Buddies, Small Talk auf Augenhöhe. Mit demselben Ernst doziert er darüber, wie man Pornos dreht. Oder stapft durch den Zoo. Freakshow mit Fallhöhe. Bildungsbürger in Kalau, das Weltkulturerbe als Spielzeug, Matussek als Epigone von Harald Schmidt. Der führte mit Playmobilfiguren Shakespeare-Dramen und Verdi-Opern auf; Matussek inszeniert die Studierzimmerszene aus *Faust* als Kasperltheater. Schmidt parodierte Hitler im Führerbunker; Matussek spielt Hitler beim Tagebuchschreiben, die blonde Frau Matussek zieht sich ein Dirndl an und macht die Eva Braun. Schmidt hat Pocher, Matussek seine Goethe-Puppe und Ding.

Und Matussek hat Jens Radü, Redakteur, Kameramann, Cutter. Radü, Typ BWL-Erststemester, hat beim WDR volontiert und kümmert sich bei *SPIEGEL ONLINE* ums Bewegtbild. Er korrigiert Matussek, wenn der bei den Aufnahmen zu viel »äh« sagt oder sich im Satz verheddert. Bremst ihn, wenn er zu viele Themen in eine Folge packen will. Achtet aufs Handwerk, wo Matussek der Meinung ist, man müsse mehr auf Lars von Trier machen. Sie drehen bei Matussek zuhause, da ist was los, noch ein Espresso, wo sind die Zigaretten, scheiße, der Drucker geht nicht, am Telefon muss noch eine Frau vom Schauspielhaus zusammengestaucht werden, kann doch nicht sein, dass keiner weiß, wie die Hauptdarstellerin von der neuen Inszenierung heißt, die im Blog gelobt werden soll.

Die Idee zum Blog hatte ein Produzent, der Matussek in einer Talkshow sah. Genehmigt, sagte Aust. Aber nur für *spiegel.de*, es solle um Kultur gehen, ein bisschen Werkstattbericht aus dem *Spiegel*, und Matussek solle nicht über sich selbst reden. Mal im Ernst, wie soll das gehen: Matussek ohne ich? Von Folge zu Folge schälte er sich aus dem Korsett, irgendwann stand er da als Stand-up-Comedian. *SPIEGEL ONLINE* hat jetzt einen Fanshop eingerichtet, man kann Hosenträger kaufen und Goethe-Handpuppen inklusive Matussek-Autogrammkarte, handsiginiert. Wenn Matussek in Gesellschaft sein fertiges Blog abnimmt, schüttelt er sich vor Lachen, hihihi, heißt übersetzt: Das ist gut, oder? Wie der Jüngling in der griechischen Sage, Narziss, der sich in sein Spiegelbild verliebt. Im Laptop sieht Matussek sein Ideal: charmant, eloquent, selbstironisch. Ein doller Kerl.

Seine Visitenkarten, Matthias Matussek, Ressortleiter Kultur, benutzt er heute als Buchzeichen. Matussek, Indien-Korrespondent des *Spiegel*, hätte auf seinen neuen Kärtchen stehen sollen, so war es geplant für Ende 2008. Auf einen Schnuppertrip flog er hin, schrieb eine Reportage, bloggte sich durch die Slums, inszenierte sich als Bollywoodstar. Am Ende befand er, dass seinem Sohn das nicht zuzumuten sei, schon wieder umziehen, neue Schule, neue Freunde. Jetzt bleibt Matussek in Hamburg, als Autor und Blogger. Mit seinem zwischenzeitlichen Einfall, man solle ihm doch wieder das Kulturressort anvertrauen, als Nachfolger von Romain Leick, erntete er nur Kopfschütteln.

ALEXANDER KÜHN

Matthias Matussek

Geboren am 9. März 1954 in Münster

Ausbildung

Studium der Amerikanistik und Vergleichenden Literaturwissenschaft an der Freien Universität Berlin;

Ausbildung an der Deutschen Journalistenschule in München

Beruflicher Werdegang

Redakteur beim Berliner *Abend;*

Reporter beim *Stern;*

Wechsel zum *Spiegel*

1989/90	Sonderkorrespondent für den *Spiegel* aus Ost-Berlin;
	Spiegel-Korrespondent in New York, Rio de Janeiro und London
2005-2007	gemeinsam mit Romain Leick Leiter des *Spiegel*-Kulturressorts
s. 10.2006	läuft auf *SPIEGEL ONLINE* sein wöchentliches Videoblog

Literatur (Auswahl)

2006	*Wir Deutschen. Warum die anderen uns gern haben können.* Frankfurt am Main: S. Fischer
2005	*Im magischen Dickicht des Regenwaldes. Reise durch den Amazonas.* Wien: Picus Verlag
2000	*Rupert oder die Kunst des Verlierens.* Zürich: Diogenes
1998	*Die vaterlose Gesellschaft. Überfällige Anmerkungen zum Geschlechterkampf.* Reinbek b. Hamburg: Rowohlt
1992	*Das Selbstmord-Tabu.* Reinbek b. Hamburg: Rowohlt
1990	*Palais Abgrund. Porträts und Reportagen aus den achtziger Jahren.* Berlin: edition tiamat

Rainer Meyer – Don Gnadenlos

Im ICE von Würzburg nach Ingolstadt klingelt das Handy. Don Alphonso ist am Apparat und fragt an, ob der Gast Kaffee oder Tee bevorzuge. Ob er von einer wie auch immer gearteten Allergie geplagt sei. Nein? Schön! Dann kann der Don ja die Dachterrasse richten. Der Zug hat eine Dreiviertelstunde Verspätung. »Macht nix«, sagt die sanfte Stimme am Ohr, »ich bin da…« Wo gibt es sowas noch?

Don Alphonso ist in der Blogger-Szene umstritten. Manche sagen: verhasst. Er ist so etwas wie eine bloggende Bulldogge. Ein Wüterich an der Laptop-Tastatur. Er denkt schnell, beleidigt noch schneller, verletzt, hämt, nölt, kritisiert und bohrt lustvoll in den Wunden der Medien- und Internetszene. Unmöglicher Typ, ein Arsch, feige, eklig. Sagen die, über die er einmal oder öfter seinen Kübel verbaler Bösartigkeiten ausgekippt hat. Meistens, wenn an Kneipentischen oder in Redaktionsstuben über den bösen Don geschimpft wird, gibt es aber auch einen oder vielleicht zwei, die leise meinen, dass er in der einen oder anderen Sache nicht ganz Unrecht hat.

»Wer glaubt, dass bei einem Beitrag groß nachrecherchiert wird, hat noch keine Redaktion von innen gesehen. Die Textproduktionsbedingungen in Deutschland sind nicht anders als das Turnschuhnähen in Zentralchina: billig, schnell, landet morgen ohnehin alles auf dem Müll. Nur so macht man Profite, Qualität kostet mehr, als sie einbringt,« so Don Alphonso.

Don Alphonso heißt mit bürgerlichem Namen Rainer Meyer, stammt aus dem gehobenen Bürgertum Ingolstadts und war mittendrin im Getümmel beim Aufstieg und Fall der New Economy Ende der 1990er-Jahre und nach 2000. Als Buffetjournalist, wie es im Klappentext seines 2003 erschienenen Romans *Liquide* heißt. Don Alphonso ist dabei weniger Pseudonym als Kunstfigur. Der nette Herr Meyer redet über den ungezogenen Don wie von einer anderen Person. Don Alphonso und er hätten rein gar nichts miteinander zu tun, sagt er, während er auf seiner Dachterasse warme Baguettes, Bergbauernbutter und Tee aus der Silberkanne serviert. So treuherzig wie er dabei dreinschaut, könnte er das tatsächlich ernst meinen mit der Kunstfigur.

Bürgersohn und Kunsthistoriker

Ein paar Dinge haben der nette Herr Meyer und der böse Don aber doch gemeinsam. Beide sind im wohlhabenden Ingolstadt aufgewachsen. Beide stammen aus derselben großbürgerlichen Familie und ihnen wurden früher beim Essen Bücher unter die Achseln geklemmt, damit sie lernen, gerade bei Tisch zu sitzen. War die Mahlzeit ohne herunterpolternde Lektüre geschafft, durften die Bücher behalten werden. Einen Buch-Tick hat Rainer Meyer heute noch. Manche Bücher hat er sich sogar doppelt gekauft, damit er in jeder seiner zeitweise drei Wohnungen den richtigen Lesestoff immer greifbar hat. »Wenn ich nachts ein Buch brauche...« Klingt ein wenig nach Sucht und riecht nach Koketterie. Seine Wohnung in Ingolstadt ist vollgestopft mit Antiquitäten, Spiegeln, Figürchen, Stühlen, Geschirr und eben Büchern, vorzugsweise alten. Dinge von Wert haben es ihm angetan. Auf dem Sofatisch liegt eine Ausgabe *Architektur & Wohnen*, auf dem Boden Mottenpapier. Vier Tage im Jahr verbringt er mit dem Putzen seines Silbers. »Ich bin ja reaktionär«, sagt er gerne und oft. Damit man es ja nicht überhört. Jaja, früher war alles besser. Die Stuhlpolsterungen aus

Rosshaar, die Medien dicke Folianten, die jungen Leute wussten sich zu benehmen. Alles war für die Ewigkeit gemacht, hatte Bestand.

In solcher Geisteshaltung offenbart sich wohl der Bürgersohn und studierte Kunsthistoriker. Gearbeitet hat er dann aber als Journalist und Berater in der Zeit des schnellen Geldes Ende der 1990er-Jahre. Don Alphonso nennt es mit einer Mischung aus Sehnsucht und Verachtung das ›Goldene Zeitalter‹. Jene Zeit, als die Büffets noch üppig waren. Die ganze Verlogenheit, das viele Geld, der Zynismus und die Heuchelei in der Branche mögen ihn an gewisse Zwänge und Engstirnigkeiten seiner Herkunft erinnert haben. Als es 2001 bergab ging mit dem ›Goldenen Zeitalter‹, trat Don, der Gnadenlose, erstmals auf den Plan.

Bekannt wurde er in der Internet- und Medienszene als Schreiber bei *Dotcomtod*, einer Webseite, die ab 2001 den Niedergang der New Economy publizistisch im Internet begleitete. Bei *Dotcomtod* hatten die Autoren lustige Kunstnamen und bezeichneten sich selbst als ›Sentinels‹, also Wächter. Wie Superhelden ohne Strumpfhosen, dafür mit Laptop. Die Gründerin der Website – der Begriff ›Weblog‹ war damals noch nicht geläufig – nannte und nennt sich Lanu. Rainer Meyer nannte und nennt sich Don Alphonso. Es gab noch andere: che2001, noergler, Porschekiller und viele mehr. Sie erreichten aber nie die Popularität des Dons. *Dotcomtod* war gemein, schmutzig und oft sehr wahr. Don Alphonso schrieb und schrieb. Er schien bei den Investoren und CEOs unterm Schreibtisch zu hocken und mit zu notieren, so gut waren oft die Informationen. Glück für die Macher von *Dotcomtod* war, dass die Firmen zu jener Zeit so große Probleme mit sich selbst hatten, dass lange keiner auf die Idee kam, *Dotcomtod* zu verklagen. Das änderte sich 2004. Nach juristischen Streitereien wurde die Website geschlossen.

Für den Don war das nicht schlimm. Wie bei Popgruppen üblich, hatte der Frontmann von *Dotcomtod* längst eine Solo-Karriere gestartet. Sein eigenes Weblog hob er mit dem Namen *Rebellen ohne Markt*, kurz *Rebellmarkt*, aus der Taufe. Vielsagender Untertitel, »...denn sie wissen nicht was sie tun sollen.« Gemeint waren wohl die gefallenen Helden der New Economy. Man kann es aber auch auf den Autoren selbst beziehen. Die Essenz seines Wirkens bei *Dotcomtod* hat Don Alphonso in seinem Roman *Liquide* aufgeschrieben. Ein Schlüsselroman zur New Economy, der mit über 400 Seiten üppig ausgefallen ist, aber die damalige Szene treffend und mit gewohnter Bosheit zusammenfasst.

Das Schreiben über Erlebtes: ein schmaler Grat

Ist er nie zu weit gegangen mit seinen Beschimpfungen, tut ihm gar nichts leid? Der Don alias Rainer Meyer lacht. Naja. Er habe ja lange Zeit für Redaktionen gearbeitet und da sei es Usus gewesen, dass der Chefredakteur 50 Prozent der Bosheiten aus einem Text wieder rausstreicht. Darum habe er sich angewöhnt, von vorneherein doppelt so fies zu schreiben, damit am Ende ja noch genug Pfeffer drin ist. Bei Weblogs falle diese Kontrollinstanz nun weg, sein Schreibstil sei aber der gleiche geblieben. Reine Gewohnheit. Er zuckt mit den Schultern. Eine Sache tut ihm dann aber doch aufrichtig leid. Das war, als er zu Zeiten der New Economy in München über eine Tochter aus gutem Hause schrieb, die sich in den Irrungen und Wirrungen des ersten Internet-Hypes verstrickte. Geld, Partys, Anzugträger, Autos, Börsengänge, Drogen und so weiter und so fort. Er hat versucht, ihre Herkunft in seinen Geschichten zu verschleiern, nannte sie »die Prinzessin«. Hat nicht geklappt. Die ›Prinzessin‹ erkannte sich selbst in seinen Texten und war wohl ziemlich sauer. Heute würde er das nicht mehr so machen, sagt er. Er würde mehr privat lassen, das Objekt seiner Texte besser schützen. Das Schreiben über Erlebtes ist ein schmaler Grat, raunzt der Don.

Lassen will und kann er es aber natürlich nicht, das Schreiben. Gerade hat er sich eine 65-Quadratmeter-Wohnung in Gmund am Tegernsee gekauft. Da, wo die richtig Reichen wohnen. Noch so ein Thema, dass ihm am Herzen liegt: die Reichen! Wobei ›reich‹ nicht mit ›Geld haben‹ gleichzusetzen ist. Dynamiker mit dicken Uhren und ebensolchen Autos sind nicht sein Fall. Beim Don muss der Reichtum eine gewisse Patina haben. So wie seine Wohnung, seine Bücher, sein Geschirr und einige seiner Ansichten. Darum verachtet er Zeitschriften wie *Vanity Fair* oder das schlimme und längst wieder eingestellte *Rich*. Die hätten keine Ahnung, wie die Reichen wirklich ticken. Um die Reichen ins rechte Licht zu rücken, würde er gerne wieder ein Buch schreiben. Die Welt der Reichen aus der Sicht des Don. Mit Reichen meint er unter anderem die Leute, die er in seinem neuen Sommerfrische-Domizil im Café beim Tortekaufen beobachtet.

Denn damit kennt er sich aus und tischt dem Gast neben Tee und Spezereien ein Stück Havanna-Torte auf. Eine Ingolstädter Spezialität, die wie Stadt und Wohnung reichlich fett und etwas überladen daherkommt. Dick Rum drin. Torte essen gehört dazu, sagt der Don und greift ein zweites Stück. In seinen Kreisen und am Tegernsee sind zwei Stück Torte am Nachmittag normal. Dass seine Familie irgendwann aus der engen Altstadt weggezogen ist in die für bessere Kreise reservierte Weststadt, war auch normal. Irgendwann haben die Ingolstädter dann eine Mauer gebaut, die die vermeintlich feine Weststadt vorm Rest der Welt beschützt. Rainer Meyer spricht davon mit einem Anflug von Verachtung. Wie jeder kann aber auch er nicht abschütteln, woher er kommt. Der Vater war Stahlbauingenieur, die Schwester ist Anwältin in München. Der junge Rainer hat mal bei Audi gearbeitet und dort, wie er sagt, Perfektion gelernt. »Will ich ein Auto fahren, das von Audi gebaut ist oder eins, das Sascha Lobo gebaut hat?«, fragt er und grinst. Seine Berufung als Online-Wüterich ist jedenfalls auch eine kleine Rebellion gegen die vorgezeichneten Pfade einer allzu bürgerlichen Existenz.

»Blogger haben nichts zu gewinnen, Journalisten viel zu verlieren – so könnte man das alles zusammenfassen. Gesucht werden contentliefernde Vermarkter zur Bespaßung derer, die sich mit diesem Mix zugunsten der Kundschaft ködern lassen. Knallharte Ansage, im Prinzip wie Prostitution.« Er legt großen Wert darauf, dass er für seinen Lebensunterhalt richtig arbeitet, was in seiner neuen Nachbarschaft in Gmund nicht unbedingt selbstverständlich sei (»Waaas? Sie arbeiten?«). Für Geld schreibt er profane Dinge wie einen Finanzen-Newsletter oder einen Text für die Lifestyle-Zeitschrift *U_mag*. Richtig ereifern kann er sich für solches Schwarzbrot freilich nicht. Seine Herzensangelegenheit sind seine Weblogs. Internet- und Medienthemen finden bei den *Rebellen ohne Markt* immer noch ihren Platz, aber hier geht es zunehmend auch um andere Dinge. Um Geschirr, Stuck, Stuhl-Bepolsterungen, Gesellschaftsbeobachtungen aus den gehobenen Kreisen. Wer den *Rebellmarkt* verfolgt, erfährt, welches Auto der Don und Rainer Meyer fahren (Fiat Barchetta), wo sie wohnen, was sie essen (vegetarisch!), was sie auf Flohmärkten kaufen (Leuchter, Stühle, Bücher). Hier treffen sich Don, die Kunstfigur, und Rainer, der nette Sohn. Alles worüber er schreibt, gibt es wirklich. Das Auto sieht in echt nur etwas verbeulter aus. Das alte Bürgerhaus mitten in der Altstadt ist sogar bei *Wikipedia* erwähnt. Es ist das Haus, in dem 1632 Johann t'Serclaes von Tilly, Heerführer der Katholischen Liga, berühmter Feldherr des Dreißigjährigen Kriegs, starb. Nur das Hoftor ist nicht original. Das stammt von der früheren Nazi-Kommandantur der Stadt. Das ist Ironie, die Rainer Meyer, der lange für die jüdische Zeitung *Aufbau* geschrieben hat, schätzt. Für den Don wäre das wahrscheinlich zu subtil.

Der Geist des alten Wüterichs

Die New Economy gibt es nicht mehr, das Internet lebt weiter. 2004 veröffentlichte Don Alphonso gemeinsam mit Kai Pahl als Herausgeber das Buch *Blogs!*, in dem 15 Texte aus Weblogs versammelt waren, um die Bandbreite dieses neuen Mediums vorzustellen. Gemeinsam mit dem Buch startete die *Blogbar* als begleitendes Weblog. Mittlerweile ist aus der *Blogbar* ein beachtetes Meta-Blog über Kultur und Zustand der deutschen Blog-Szene sowie Un-Kultur und Zustand der deutschen Medienszene geworden. In der *Blogbar* lebt der Geist des alten Wüterichs Don fort. Mit unbändiger Energie und bemerkenswerter Recherchleistung hat er dort beispielsweise geschmackliche Entgleisungen und datenschutzrechtliche Bedenklichkeiten bei der Studenten-Community *studivz* aufgedeckt und er wird nicht müde, Versuche klassischer Medienhäuser zu geißeln, die sich bei der Blogger-Szene anbiedern wollen, weil sie dort eine vermarktbare Zielgruppe vermuten. Er genießt es, dass ihn Agenturen anrufen und fragen, wie sie die Websites eines Kunden ›Don-Alphonso-sicher‹ machen können. »Schreibt einfach keinen Scheiß«, würde er auf so eine Frage vermutlich sagen.

Allerdings kann er auch überraschend sanft sein. Als der stellvertretende *Stern*-Chefredakteur Hans-Ulrich Jörges anlässlich der Vorstellung des Buches *Die Alpha-Journalisten* Weblogs als »Dreck von unten« geißelte, löste das beim Don, für manche überraschend, keinen Beißreflex aus. Er fragte nach und rückte das Zitat in einen relativierenden Kontext. Jörges könne ja nicht pauschal die ganze Szene gemeint haben, sondern nur gewisse extremistische Auswüchse. Don Alphonso zu unterstellen, dass er auf Knopfdruck verbal wild um sich schnappt, greift also zu kurz.

»Gehet hin und schaltet den Mist ab, wenn ihr es nicht könnt, krepieren ist immer noch besser als mit solchen Nummern auf Knien zu vegetieren. Das AAL-Prinzip, Andere Arbeiten Lassen, ist durch, Qualität kostet Geld, mit zwei, drei Monaten bloggen erreicht man absolut nichts außer ein paar popliger Klicks, und wer wegen seiner rein kommerziellen Ausrichtung nichts auf die Reihe bekommt, soll einfach die Blogosphäre mit seiner Existenz verschonen.«

Wenn er will, kann er noch so schimpfen wie früher. Er verachtet die grassierende Spar-Wut in Medienhäusern und Content-Klitschen. Wenn Jungredakteure 1.000 Euro für ihren ersten Job nach dem Volontariat angeboten bekommen, hat er das passende Zitat aus den Bremer Stadtmusikanten parat: »Hey, etwas besseres als den Tod findet ihr überall.« Der Don hätte ja viele Ideen für die jungen Leute, die ›was mit Medien‹ machen wollen. Alle kreisen um die Publikationsform Weblog: ein Blog zu historischen Ausgrabungen, ein Blog zu Scheidungen, ein Blog zu Möbeln, eines für Auktionshäuser. Der Don kann halt nicht aus seiner Rainer-Meyer-Haut. In klassischen Medien sinken seiner Meinung nach Niveau und Umsätze im Gleichschritt. Sein Rezept: Man müsse wieder dahin kommen, dass die Leute für

Inhalte bezahlen. Wie so oft vertritt er auch hier keine Meinung, die als modern gilt.

Seit 2006 betreibt er mit unbändiger Schreiblust zusätzlich das *GT Blog*, in dem es ums Reisen, Kultur, Autos, Gepäckstücke und solche Dinge geht. Bloß nicht um Medien und das Internet. Auf Dons Kopf eine Schiebermütze mit Rennfahrerbrille, an den Händen Rennfahrer-Handschuhe. Hier schreibt er auch mal einen oder zwei Sätze über seine langjährige Freundin, die er sonst aus dem Medienzirkus raushält. Alles so very nostalgisch in diesem *GT Blog*. Wer glaubt, dass dieser Don Gnadenlos eine ganz und gar hassenswerte Figur ist, sollte sich dieses dritte Weblog einmal anschauen. Einer, der so beherzt über Lederkoffer und Italien schreibt, kann kein wirklich Schlechter sein.

STEFAN WINTERBAUER

Rainer Meyer alias Don Alphonso

Geboren im Jahr 1967, seine virtuelle Kunstfigur jedoch erst im März 2000 auf der Autobahn zwischen Linz und München

Ausbildung

Studium der Mittelalterarchäologie und Epigraphik

Beruflicher Werdegang

s. 1998	Deutschlandkorrespondent für den *Aufbau*
2001-2004	Autor beim Gemeinschafts-Weblog *Dotcomtod*
s. 2001	Weblog *Rebellen ohne Markt*
2003	Roman *Liquide*
2004	Herausgeber *Blogs!*
s. 2004	Weblog *Blogbar*
s. 2006	Weblog *GT Blog*

Stefan Niggemeier –

Der Crashtest-Dummy

Der David der Medienwelt hat sein Büro in einer früheren Metzgerei. Nur wenige Schritte vom Spreeufer entfernt, mitten in jenem Kreuzberg, das bis zur Wende das Ende der westlichen Welt bedeutete. Inzwischen auferstanden aus Ruinen, ein wachsendes In-Viertel gegenüber der neuen O2-Arena auf der anderen Seite des Flusses. Gleich im Parterre liegt das Büro, die Schreibtische fast im Schaufenster – vor Einsicht nur notdürftig durch einen Streifen Milchglasfolie geschützt: Das ist die Denk- und Schreibzentrale von *Bildblog*. Nichts in dem Raum weckt auch nur verborgenste Fantasien von Schaltraum und Kommandozentrale, von medialem Schlachtschiff oder gar von einem Geheimnis einer Kraft, die es aufnimmt mit im Zweifelsfall aller Medienwelt. Gemessen an den schnieken Räumlichkeiten des Goliath, der *Bild*-Zeitung, die nur vier Kilometer entfernt nahe des Checkpoint Charlie siedelt, wirkt dieser Arbeitsraum wie eine gemütliche Besenkammer.

Stefan Niggemeier empfängt an diesem Morgen einen Hospitanten, wirkt irgendwie so entspannt wie irgendwie auch unzugehörig zu dem, was dieses *Bildblog*-Büro auch ist – eine Widerstandszentrale gegen den Springer-Journalismus. Er weiß, offenbar etwas konfus, auf Anhieb nicht das Passwort für den Computer und hinterlässt beim jungen Berufsanfänger, der seinen ersten Tag bei der Aufklärungsagentur gegen das mächtigste Boulevardmedium der Republik antritt, womöglich den Eindruck von ziemlicher Lockerheit. Niggemeiers Schreibtisch unterfüttert diese ersten Bilder passend und wird später als leicht verstaubt erinnert, auf ihm das für Journalisten übliche Sammelsurium aus zerlesenen Zeitungen, Kugelschreibern und Markerstiften. Sieht so also die räumliche Oberfläche eines Engagements aus, das Tausende von Bürgern erfreut, das das *Bildblog* mit monatlichen Klicks in siebenstelliger Höhe zum Marktführer der Blogosphäre macht und das den Axel-Springer-Konzern mehr als einmal ärgerte? Wird in diesem Parterreanwesen quasi fortgeführt, was Günter Wallraff in den 1970er-Jahren zu publizistischem Ruhm führte – die chronische Enthüllung der auflagenstärksten Zeitung der Republik, nur mit den Mitteln der elektronischen Kommunikation? Das Bild von den Davids gegen die Goliaths – es will partout nicht trügen. Für diese Arbeit, an der Idee des Journalismus, wie er ihn ausdrücklich versteht, ist Niggemeier vielfach ausgezeichnet worden, er wird unter Journalisten als Alpha-Tier gehandelt, als Mann, auf dessen Stimme man im Konzert der öffentlichen Diskussion hören sollte.

Was sagt Niggemeier selbst über diese Zuschreibung? »Alpha-Journalist? Ich wäre kokett, wenn ich sagen würde, nein, dazu werde ich gar nicht gezählt oder das Label ginge an mir vorbei. Aber je größer die Etiketten, umso häufiger ertappe ich mich bei dem Gedanken, dass die Leute das gegen mich verwenden – und irgendwann irgendeiner merkt, dass ich auch nur mit Wasser koche. Der Niggemeier – ein Faker!« Eine Angst, die viele Journalisten kennen mögen – und bei Niggemeier klingt es sogar ein wenig frivol. Er ist doch bekannt als sattelfester Rechercheur. Aber er sagt: »Meine Irritation über mein Dasein als angeblicher Alpha-Journalist mag auch damit zu tun haben, dass es aus meiner Sicht so viele andere Journalisten gibt, die die Anerkennung viel mehr verdient haben, weil ihre Arbeit anstrengender oder wichtiger ist, weil sie mutiger sind, Kriegsreporter etwa oder investigative Journalisten. Das, was ich mache, ist leicht.« Das Getue der journalistischen Stars, der Alphatiere des gedruckten oder gesendeten Beitrags, lässt er unkommentiert, er habe eine Meinung, äußere sie aber nicht. Was er tut, sei doch nur dies: Zeitungen lesen, Mails checken – eine Menge der Informationen, die er im *Bildblog* verarbeitet, bekommt er von Lesern oder von Kollegen per Mail gesteckt – und all die Bits und Bytes sortieren und so aufbereiten, dass das Publikum sie versteht. Ein monströses Unterfangen? »Ich komme morgens ins Büro und habe keinen Plan. Ich denke, es wird schon was zu arbeiten geben. Ich lese Zeitung, gucke meine Post durch. Dann fällt mir was ein. Und ich beginne zu schreiben.« Was er macht, so sagt er, hat mit Aufmerksamkeit und Misstrauen zu tun. Aufmerksamkeit bei der Recherche und Misstrauen gegen Geschichten und Texte, die irgendwie unplausibel scheinen.

»Irgendwas machen wir richtig«

Niggemeier, 1969 geboren, in jenem Jahr, als Willy Brandt zum Kanzler gewählt wurde, ein Jahr nachdem die Studentenbewegung die *Bild*-Zeitung als Hassobjekt Nummer eins ausgemacht und »Enteignet Springer« gerufen hatte, erzählt bereitwillig, wie er dazu kam, sich mit dem Marktführer aller Boulevardmedien anzulegen. Im Jahr 2001 war das, als er sich für den Eurovision Song Contest in Kopenhagen akkreditiert hatte. Dort bekam er mit, dass das in der *Bild*-Zeitung publizierte Tagebuch der deutschen Sängerin Michelle keineswegs von ihr selbst verfasst wurde, sondern vom *Bild*-Reporter Mark Pittelkau. Niggemeier schrieb das auf, für die *Süddeutsche Zeitung*. Die empörte Reaktion kam prompt. Später fuhr Pittelkau, offenbar immer noch verletzt, Niggemeier an, das hätte er niemals veröffentlichen dürfen, als Journalist schreibe man nicht böse über Kollegen. »Für den war ich der Böse, aus seiner Sicht hatte er nichts falsch gemacht.« Den Gescholtenen traf der Zorn des *Bild*-Zeitungskollegen nicht, er lacht, als er diese Anekdote erzählt. Denn das Berufsethos von Kollegen wie Pittelkau teilt Niggemeier keineswegs: »Ich verstehe mich nicht in diesem Sinne als Teil einer journalistischen Familie.«

Die Michelle-Geschichte aber ragt aus seiner Wahrnehmung heraus, weil er auf diese Weise direkt mitbekam, wie *Bild* mit Wirklichkeit umgeht. Mit *Bildblog*-Kompagnon Christoph Schultheis im Interview auf dem Webportal *Planet Interview* sagt Niggemeier: »Es gab nicht die eine Geschichte, bei der wir gedacht haben: Jetzt reicht's! Es war eher eine wachsende Unzufriedenheit damit, wie oft in der *Bild*-Zeitung Sachen stehen, die in irgendeiner Weise falsch sind. Und ein stetiges Verzweifeln, wie wenig sich das, was in der *Bild*-Zeitung passiert, in anderen Medien wiederfindet.«

Eine Verzweiflung, die auf hinreichend öffentliches Interesse stieß. Sich an der *Bild*-Zeitung abzuarbeiten, sie zu entlarven, ist eine Königsdisziplin des kritischen Teils des schreibenden Gewerbes. Vielleicht war es einfach, mit einem *Bildblog* berühmt zu werden – und offenbar war es schwer, denn niemand hatte vor ihnen diese Idee. Niggemeier und Kollegen notierten jedenfalls auf *Bildblog* alles, was eben zu bemerken war. Da finden sich Hinweise über falsche Altersangaben, geklaute Zitate oder andere Hervorbringungen schlechter Recherche, aufgeschrieben in einer Tonlage, die zwischen Süffisanz, Sarkasmus, Ironie und ätzender Schärfe changiert. Aber, so beteuert Niggemeier, *Bildblog* verstehe sich völlig unideologisch. Es gäbe eine Menge Bücher über die *Bild*-Zeitung, in der eigentlich immer das Gleiche stände – wie scheiße diese Zeitung sei, um was für ein Drecksblatt es sich handele. Darauf komme es ihm nicht an, ein ästhetisches oder politisches Urteil möge sich jeder selbst bilden. Wichtig sei ihm aber die Korrektheit, also das Mindeste, worauf es im journalistischen Handwerk ankomme. »Die *Bild*-Zeitung«, sagt er, »wurde doch eine Zeit lang abgetan.« Als Phänomen, als nicht ernst zu nehmende Illustrierte für Erwachsene, als Trash mit hohem Amüsierfaktor, als Spiegel des Irren und Absonderlichen, doch zugleich auch als Nachrichtenmedium von Rang. »Mir ging es darum, diesen Mythos wenigstens anzukratzen.« Dass man nicht mehr sagen könne, die *Bild*-Zeitung zu lesen zeuge vielleicht von schlechtem Geschmack, dafür könne man sich aber auf die Recherchen verlassen.

»Stimmt aber nicht. Deshalb bescheiden wir uns mit den scheinbaren Details: Nachzuweisen, dass gerade das nicht zutrifft.«

Inzwischen wird das *Bildblog* selbst von den Springer-Leuten ernst genommen. »Die reagieren auf uns mit einer gewissen Professionalität.« Aber dann hängt er eine Begebenheit an, die die Nervosität der Goliaths andeutet: »Als bei einer Diskussion im ZDF, als ich einen kleinen Vortrag hielt, der Mann von Springer den Saal verließ, als ich zu sprechen anfing, hatte ich das Gefühl: ›Irgendwas machen wir richtig.‹«

»Angst zu haben lohnt sich nicht«

Doch Niggemeiers Argusaugen konzentrieren sich längst nicht nur auf die publizistische Macht der *Bild*, die menschliche Existenzen zermörsern oder politische Stimmungen befördern kann. Selbst Henryk M. Broder, preisgekrönter Autor des *Spiegel*, ist vor Niggemeiers Kritik nicht sicher: »Da wichst zusammen, was zusammen gehört«, äußerte sich Broder unwirsch, fühlte sich von Niggemeier offenbar persönlich getroffen. Gemünzt war dies auf eine Geschichte, in der nachgewiesen wurde, dass Broders Kampf gegen Antisemitismus, gegen vermeintliche oder wahre Israelfeinde sich aus Quellen bedient, die anrüchig sind, weil sie den Tatsachen nicht standhalten. Niggemeier wies lediglich nach, dass Broders Recherchen nicht stimmen – und der Inkriminierte glaubte, Niggemeier als Krümelsucher abtun zu können. Der Gescholtene wehrt sich: Großschreiber wie Broder meinten, dass man ihnen schon glaubt, dass ihre Botschaft nicht unbelegt sein könne – »deshalb legen wir auch beim *Bildblog* vor allem Wert auf die Korrektur gerade der kleinen und oft auch großen Fehler«.

Hat er nicht Angst vor all den großen Namen – vor Springer, vor Broder? Nein, »Angst«, sagt er, »habe ich nur manchmal vor den Folgen meiner eigenen Veröffentlichungen, nicht vor den großen Namen«. Er sei damit »immer gut gefahren, die Dinge, die ich für wichtig hielt, auch zu sagen und aufzuschreiben. Zweifel, ob das, was ich mache, immer richtig ist, habe ich oft. Aber Angst, mich mit den Mächtigen anzulegen, eigentlich nicht.« (Anm. d. Redaktion: Wir hatten geschrieben, dass Niggemeier auch die »Haltlosigkeit der medizinischen Weisheiten« eines Hademar Bankhofer »enthüllte«, der daraufhin nicht mehr in der ARD praktizieren konnte. Die Enthüllungen über Bankhofer stammen aber nicht von Niggemeier, sondern von den Bloggern von *Stationäre Aufnahme*.) Er sei damit »immer gut gefahren, die Dinge, die ich für wichtig hielt, auch zu sagen und aufzuschreiben. Zweifel, ob das, was ich mache, immer richtig ist, habe ich oft. Aber Angst, mich mit den Mächtigen anzulegen, eigentlich nicht.« Das sei schon in der Schule so gewesen, als Redaktionsmitglied der Schülerzeitung *Folium*, die sich mit der Nomenklatur seines renommierten Gymnasiums anlegte. »Meine Mutter hat mich immer gewarnt, leg' dich doch nicht an, sei mal ruhig, aber am Ende habe ich immer doch das gemacht, was ich für richtig hielt. Und damit lag ich eigentlich immer richtig. Angst zu haben, lohnt sich nicht.«

Zumal die – das ist ihm wichtig: nicht persönlich inspirierte – Feindschaft zur *Bild*-Zeitung ihn in eine komfortable Position gebracht hat: Die journalistische Öffentlichkeit weiß um die Arbeit des *Bildblog* – und so wird er bewahrt vor möglichen Nachstellungen des Springer-Konzerns. Niggemeier erzählt, anfänglich hätten sie, Schultheis und er, die sich mit ihrem dritten Kollegen, Heiko Dilk, als Team Gleichberechtigter verstehen, sich gefragt, ob sie damit rechnen müssen, dass die *Bild*-Zeitung auf sie angesetzt werde, ob sie zum Beispiel versuchen würde, in ihrem Privatleben zu wühlen: »Ich weiß ja, wie die Bild arbeitet, wenn sie sich auf ein ›Opfer‹ konzentriert.« Sein Kompagnon Christoph Schultheis habe gut geschlafen, sagt Niggemeier, aber er hätte »schon einige Nächte Muffe« empfunden. Das ist vorbei: »Inzwischen schützt uns vermutlich auch unsere Bekanntheit.« Und, im Übrigen, sei ihm Kai Diekmann als Privatperson einerlei, »er interessiert mich nicht sehr«.

Nun ist er eine Berühmtheit – ein Nachfahre Günter Wallraffs im Geiste, in der Variante des elektronischen Zeitalters. Hat er sich genau das vorgenommen, damals, als er Journalist werden wollte? »Dass es inzwischen ein bisschen in der Medienwelt so ist erstaunt mich immer noch. Und ich verstehe es nicht ganz. Weil das, was ich mache, mir leicht fällt.« Er habe immer gewusst, dass er Journalist werden wollte. Dieter Kronzucker sah er als Kind im Fernsehen und träumte, auch einmal als Auslandskorrespondent aus aller Welt zu berichten. Eine Alternative lag nur kurz auf der Hand. Das war, als er in den 1970er-Jahren bei der ZDF-*Hitparade* im Fernsehen Jürgen Marcus sah. So einer wie der wäre er auch gern geworden: Schlagersänger, *Eine neue Liebe ist wie ein neues Leben* oder *Ein Lied zieht hinaus in die Welt*. Am Ende, die Kindheit war längst vorbei, erkannte er seine wichtigere Passion: »Ich bin dann doch lieber Journalist geworden.«

Ob er mit seinem Beruf den Wünschen seiner Eltern folgt, weiß er nicht. Er denkt einen Augenblick nach und sagt: »Keine Ahnung, ich weiß es nicht. Aber ich glaube, die fanden immer, dass ich das, was ich mache, schon gut mach'. Dass ich meinen Weg gehe.« Der führte ihn schon bald zur *Süddeutschen Zeitung*. Von Hamburg aus berichtete er über das Mediengeschehen – und zeichnete sich vom ersten Artikel an durch eine aufreizende Rücksichtslosigkeit aus. Ob Freund oder Feind: Niggemeier machte als Journalist, was ein Journalist zu tun hat – im Zweifelsfall mit niemandem befreundet zu sein, nicht zu klüngeln. Ihm seien Milieus, Szenen oder Seilschaften nicht nur vollkommen einerlei, sondern sogar zuwider. »Auf die Frage, wie ich funktioniere, würde ich den Satz sagen: Ich bin nicht wie ihr.« Und: »Ich bin überall gern Beobachter, aber nirgendwo Mitglied. Bin in keinem Verein oder Partei, auch nicht im Netzwerk Recherche. Gehe ungern auf Partys, die angeblich wichtig sind, um Kontakte zu machen.« Versteht sich auch nicht als Teil der Blogger-Community, hält zu dieser keinen systematischen Kontakt – das wäre ihm schon wieder zuviel der Vereinsmeierei. Und bemerkt, dass er sich überhaupt ungern in großer Menschenansammlung aufhält. Nach einer Pause fügt er noch hinzu: »Ich bin eher jemand, der Distanz hält. Das ist für einen Journalisten wahrscheinlich keine schlechte Eigenschaft.«

Ein Luxusleben des Journalismus, dieses Nicht-abhängig-Sein, würde jetzt das Gros des Kollegiats einwenden, wer könne sich das schon leisten. Wer so fragt, hat schon jeden ethischen Standard des

Journalistischen relativiert. Niggemeier hält für simpel, was er tut. »Es gibt coolere Lebensläufe als meinen.« Er achte doch nur darauf, dass die Maßstäbe nicht noch weiter verhunzt würden. Journalistische Arbeit dürfe nicht mit der von Werbern verwechselt werden, sie sei keine Reklame. Er weiß, dass nicht viele Kollegen so scharf trennen können oder dürfen. »Meine größte Sorge ist, dass die Leute nicht mehr erkennen, was das ist: ein Journalismus, der nicht lügt, der unabhängig ist, der keine versteckte oder offene Promotion betreibt. Dass sie das nicht mehr vom Journalismus erwarten.« Der nur von geprüften Fakten und nicht von abgeschriebenen Pressemeldungen lebt – der das Mediengewerbe höchstens auf einer philosophisch zu diskutierenden Ebene für einen Unterhaltungskomplex hält, zunächst aber, pathetisch gesprochen, vom Anspruch lebt, den Bürger zu informieren über das, was Sache ist. Der Hintergründe beleuchtet und darstellt.

Niggemeier hat, 39 Jahre alt, alle Trümpfe in der Hand – in puncto Unabhängigkeit. Angesehener Autor der *Süddeutschen Zeitung*, wohlinformierter Korrespondent des *kress*-Reports, Gründungsmitglied der *Frankfurter Allgemeinen Sonntagszeitung*, inzwischen ökonomisch von Zeilengeldzwängen unabhängiger Journalist. Er gilt als große Nummer, eine, die die Herausgeber der *Frankfurter Allgemeinen Zeitung* gerne einkauften, als deren Sonntagsausgabe *FAS* lanciert wurde. Niggemeier sollte wie viele der neuen Kollegen in der *FAS* das mitbringen, was der konservativen Leitboje der hiesigen Publizistik fehlt: frischen Wind. Zum Lohn gab es, Niggemeier sagt es gern, »angenehme Arbeitsbedingungen«, keine zensorischen Allüren im Hinblick auf die Gegenstände seines Medienjournalismus. Er kann immer noch machen, was er will und sagt: »Ob ich erreicht habe, was ich mir vorgenommen habe? Ich weiß es nicht. Vermutlich ja.«

Vertrauen darauf, dass es gut läuft

Erstaunlicherweise sagt er schließlich, dass er zu seiner beruflichen Zukunft wenig zu Protokoll geben könne. »*Bildblog* für den Rest meines beruflichen Lebens zu betreiben, kommt mir, denke ich darüber nach, komisch vor. Ebenso gut könnte ich in ein paar Jahren wieder in einer Redaktion arbeiten – und wäre dann wieder jenen Zwängen und Vorteilen ausgesetzt, die eben in einer Redaktion so gelten. Über das, was kommen wird, mache ich mir keine Gedanken. Es wird sich schon was ergeben.«

Vorläufig nimmt er sich in der Tat eine Freiheit, die sich, Niggemeier recht verstanden, in seinem Selbstvertrauen ausdrückt, das journalistische Handwerk zu beherrschen. Das zeigt seine offenbar liebste Körperhaltung: Immer ein wenig zurückgelehnt, gespannt und zugleich wie ausgeruht, vertraut er auf das, was bisher auch war: dass es gut läuft. So leistet er sich, was bei Medienjournalisten als Haltung rar ist: Er schreibt über das Fernsehen mit den Augen eines Menschen, der beruflich mit diesem Medium nichts zu tun hat. Weiß auf 50 Zeilen über Jörg Pilawa ebenso ein Urteil zu fällen wie Kluges über den Charme der *Sendung mit der Maus*. In seinen Berichten findet sich ein Gespür für das Unfertige, das den Leser dennoch einzunehmen versteht, er geht auf Details ein, er schreibt also nicht für die Kollegen, sondern für die Leser, die wieder erkennen möchten, was sie wie der Kritiker gesehen haben. Oder eben auch nicht: An Niggemeier weiß sich der Zuschauer gern zu reiben, weil der Autor sich nicht anmaßt, klüger fernzusehen als der Fernseher selbst. Ihm ist, so gesehen, der Blick des Kindes noch eigen, das schnell Langeweile und übertriebene pädagogische Absicht als solche erkennt, das Spannung wünscht und gern erträgt und sich von Bildern und Botschaften bezaubern lässt. Niggemeier ist Medienkritiker und Zugucker in einem, einer, der sich nicht auf vorab Behauptetes einlässt, sondern guckt und dann schreibt, im Guten wie im weniger Gelungenen.

Der leidenschaftliche Blogger – »Die kurze Form erlaubt schnelles Arbeiten« – sträubt sich selbst vehement gegen die Stilform des Essays, die lang ausgearbeitete Grundsätzlichkeit. Warum? Niggemeier erklärt es unter anderem mit Bequemlichkeit. Texte besinnlich-essayistischer Qualität müsse er ohnehin nicht schreiben. Er habe jedenfalls nicht das Gefühl, dass es in dieser Hinsicht ein Vakuum gebe. Er darf als Journalismus-Romantiker verstanden werden, einer, der sich nicht vorschreiben lassen möchte, was zu gefallen hat und was nicht: ein Gut, das Zeitungen wie die *SZ* oder die *FAS* schätzen. Und ihn seiner nachfühlbaren Schreibe wegen ganz besonders. Einer, der anschaulich textet, der ohne Geschnörkel und Bildungshuberei in Bildern arbeitet und dabei auf Präzision in der Beobachtung setzen kann. Der es fertig bringt, in einem 100 Zeilen kurzen Text über die SPD-Querelen um deren früheren Parteichef Kurt Beck die Mechanismen des Mediengewerbes zu skizzieren: einer, der davon lebt, Personen nieder- und hochzuschreiben, auf dass den Journalisten selbst nicht langweilig werde. Niggemeier – ein bisweilen begnadeter Erläuterer. Ein Idealist, streng genommen, der immer noch die Welt und die Erzählungen über sie begreifen will. Und einer, der möchte, dass diese Weise des Reflektierens nicht gänzlich an Geltung verliert.

Einer der kämpft, weil er es muss. Und weil jeder mit einer solchen Haltung an der wirklichen Welt immer zumindest ein bisschen scheitern muss, ist Niggemeier irgendwie auch ein Trauernder. Er schaue kaum noch Fernsehen, meist nur noch zufällig – und guckt trotzdem gern Filme, Krimis auch. Niggemeier sitzt in der Grimme-Preis-Jury, wo er sich einmal im Jahr einem Crashtest in Sachen Qualität aussetzt. Den *Tatort* verfolgt er gern, überhaupt jeden Krimi, der Spannung verspricht und nicht allein Autorennen mit hohem Schrottfaktor. Er mag sich unterhalten, aber nicht für blöde verkaufen lassen. Er scheint froh, über all die Jahre professioneller Beschäftigung nicht abgestumpft zu sein, »obwohl ich manchmal denke, mein Gott, über dieses Thema habe ich doch schon vor Jahren geschrieben«. Aber wenig ist so flüchtig wie Mediales. Also schreibt er dennoch über das, was sich zu sehen noch lohnt. Und sagt lapidar für jene Fälle, da gar nichts im Fernsehen läuft: »Ich behelfe mich mit DVDs.«

Nüchtern sagt Stefan Niggemeier, dass die Welt des elektronischen Netzes wichtiger wird und zwar nicht zugunsten gedruckter Medien. Die »Zeitung wird über kurz oder lang zum Nischenprodukt. Selbst der britische *Guardian*, der vorzüglich kann, was ich mir wünsche, verliert an Auflage. Internet wird wichtiger, mit allem Schrott, der sich im Netz findet. Aber auch all der Qualität und Vielfalt, die das Medium bietet.« Er sagt dies ausgesprochen kühl, räumt aber ein: »Vielleicht sehe ich das zu apokalyptisch«, im Hinblick auf die Verlage, die im Internet erst recht kaum oder kein Interesse am Journalismus hätten. »Es könnte ja sein, dass alles wieder besser wird, dass die Leser sich wieder mehr für Nachrichten interessieren. Es würde mich freuen.«

Ob Blogger Journalisten sind, hält er im Übrigen für eine dumme Frage: »Manche ja, die meisten nicht. Die Frage ist ähnlich unsinnig wie ›Sind Fernsehleute eigentlich Journalisten?‹ Peter Klöppel eher ja, Florian Silbereisen eher nein.« Anders als in den USA sei die Durchschlagskraft von Blogs politisch noch nicht so groß. »In den USA gibt es eine längere Tradition, sich als Bürger politisch zu streiten. Bei uns gibt es eher ein Bedürfnis nach Konsens.« Außerdem sei »in den USA das Gefühl ausgeprägter, dass die Massenmedien als verlässliche politische Informationsquelle versagt haben«.

Hin und wieder sieht man auf seiner eigenen Website, für die es keine inhaltlichen Grenzen gibt, dass Stefan Niggemeier über ein Gemüt verfügt, das empfindsam tickt. Fährt er in die Ferien, stellt er sein Blog ab – die Rechtsprechung macht es nötig, weil er sonst nicht kontrollieren kann, dass auch niemand presserechtlich anstößige Inhalte einstellt. Vor seinem letzten Urlaub fanden sich Fotografien von Schafen aus Wales auf seiner Webseite. Ein Leser schrieb dazu: »Glück ist ein Abend am Deich mit Wollfett an den Händen, ein Schaf, das sich an einen geschmiegt hat, nicht schnurrend, aber zufrieden geräuschvoll kauend.« Niggemeier freut sich über solche Post. Ein Journalist, der sich berührbar zeigt. Es gibt in der Branche nicht viele, denen man solche Sekunden des Nicht-Abgebrüht-Seins abkaufen möchte. Irgendwie traut man Niggemeier zu, dass er zu ihnen gehört. JAN FEDDERSEN

Stefan Niggemeier

Geboren am 15. Dezember 1969 in Harderberg, Landkreis Osnabrück, aufgewachsen zwischen Teutoburger Wald und Wiehengebirge

Ausbildung

1989 Abitur, danach Studium in Berlin sowie an der Deutschen Journalistenschule (30. Lehrgang) und an der Ludwig-Maximilian-Universität München; 1993 Studienaufenthalt in Birmingham, England

Beruflicher Werdegang

Während der Schulzeit erste berufliche Erfahrungen bei der Schülerzeitung *Folium* sowie bei der *Neuen Osnabrücker Zeitung;*

b. 1997	Redakteur beim Fachmagazin *Werben & Verkaufen* in München. Von Hamburg aus fester Freier des Medienressorts bei der *Süddeutschen Zeitung* und Hamburg-Korrespondent für den *kress report*. Für die *Zeit* Beiträge in der Kolumne *Offline*
2001	verantwortlicher Medienredakteur und Gründungsmitglied der Redaktion der *Frankfurter Allgemeinen Sonntagszeitung*
2004	Gründer des *Bildblog*. Eigenes Blog auf *www.stefan-niggemeier.de*

Auszeichnungen

2003	Bert-Donnepp-Preis für Medienpublizistik
2005	Grimme Online Award für *Bildblog*
2005	Leuchtturm-Sonderpreis des Netzwerk Recherche e.V.
2007	›Journalist des Jahres‹ (ausgelobt vom *Medium Magazin*)
2007	Grimme Online Award für *www.stefan-niggemeier.de*
2008	Markgräfler Gutedelpreis für *Bildblog*

Literatur

2008	*Zapp! Merkwürdigkeiten aus der Fernsehwelt* (zus. mit Michael Reufsteck). Köln: vgs Egmont
2005	*Das Fernsehlexikon. Alles über 7000 Sendungen von Ally McBeal bis zur ZDF-Hitparade* (zus. mit Michael Reufsteck). München: Goldmann

Niggemeier ist ledig und lebt in Berlin.

Florian Rötzer –

Der Eremit

Florian Rötzer, Chefredakteur von *Telepolis*, ist ein Fremdling unter Deutschlands Online-Journalisten. Ein Nachdenker unter den Schnelldenkern, die das Internet sonst anzieht.

Rötzer hat Philosophie studiert. Er ist bekannt geworden durch Gespräche mit Jean Baudrillard, der die Grenze zwischen Wirklichem und Simuliertem sich auflösen sah. Oder mit Vilém Flusser, der glaubte, die vielen Dialoge der Menschen im Internet würden die staatliche Autorität aushöhlen und die Gesellschaft demokratisieren. Vereinfacht ausgedrückt. Doch genau das taten die klugen alten Männer, die Rötzer unter anderem für die Zeitschrift *Kunstforum* interviewte, nie: sich vereinfacht ausdrücken. Ihre Texte muss man zerlegen, als würde man ein Rätsel lösen. Ganz verständlich werden sie trotzdem nicht. Das macht ihre Faszination aus. Wissen, nur für Eingeweihte. Eine genau gegensätzliche Welt zum Internet mit seiner Zugänglichkeit für alle, seiner Unübersichtlichkeit und Flüchtigkeit. Wie hält Rötzer es dort nur aus?

Es sei genau umgekehrt, sagt Rötzer: Der Philosophie sei er überdrüssig gewesen. Erst der klassischen Philosophie, in der unablässig die alten Texte von Kant und Hegel analysiert würden und nicht die Welt draußen. Dann enttäuschte ihn auch die postmoderne Philosophie, die in den 1980er- und 1990er-Jahren anregende Thesen zur Welterklärung lieferte, der jedoch anschließend, wie Rötzer glaubt, die großen Konzepte ausgegangen seien. Er hat sich dann noch mit Kunsttheorien beschäftigt. Doch wenn Künstler die Philosophie bemühten, um ihre Werke zu erklären, ende das oft in »haarsträubendem Geschwätz. Da kam mir das Internet ganz gelegen.« Ein neues Medium, von dem absehbar war, dass es die Welt verändern würde. »Wann erlebt man das schon mal? Als das Fernsehen aufkam, war ich noch zu jung.«

Seit 1996, dem Jahr drei des Word Wide Web, arbeitet er hauptberuflich im Netz. Das Internet wurde damals noch vor allem von Wissenschaftlern bevölkert. Es war langsam und manchmal ganz verstopft. Die *Netzeitung* oder *Wikipedia* gab es noch nicht. Die großen Zeitungen fingen an, ein paar ihrer Artikel ins Netz zu stellen – und nannten das dann Online-Ausgabe. Nennenswerte Werbeeinnahmen lagen in weiter Ferne. Dennoch konnte Rötzer den Heise-Verlag aus Hannover, der einige Computer-Zeitschriften besaß, überreden, eine Art Internetfeuilleton zu finanzieren: *Telepolis*.

Die Redaktion liegt in Trudering, einem Vorort von München. Nicht mehr lange. An jedem Monitor, jedem Tisch, jedem Stuhl und selbst am struppigen Gummibaum klebt eine Zahl, die für die Möbelpacker bestimmt ist. *Telepolis* zieht nach Haar, ebenfalls ein Vorort von München, nur noch weiter draußen, dort sind die Mieten noch billiger.

Telepolis ist nach wie vor ein Low-Budget-Projekt. Nur Rötzer und zwei Redakteure. Einer schreibt gerade an einem Artikel über ein Kraut, das im Norden Paraguays angebaut wird und das 30 Mal stärker süßt als Zucker. Damit er nicht gestört wird, bittet Florian Rötzer hinüber in den Konferenzraum, dessen Mobiliar nur noch aus einem Stapel Stühle besteht. Er zieht sich einen Freischwinger heraus.

Rötzer sagt, dass er *Telepolis* als »politisch aktuelles Medium mit einem kulturellem Hintergrundflimmern« begreife: Nachrichten, persönlich bewertet, und das möglichst klug. Als Vorbilder nennt er die Zeitungsfeuilletons von Theodor Adorno, Ernst Bloch und Walter Benjamin aus den 1920er-Jahren. »Man guckt, was um einen herum passiert und versucht, etwas Grundsätzliches daraus abzuleiten.«

Er selbst schreibt am liebsten über die Gentechnik. Er wird zum Lager der Liberalisierer gezählt. »Ein Verbot der Stammzellenforschung bringt nichts«, glaubt er. »Sie kommt unweigerlich auf uns zu. Man muss versuchen, sie zu gestalten.« Gerade sei die Anthropologie »am Kippen«, die das Wesen des Menschen als unveränderlich annehme. »Von der Ethik zur Ästhetik. Die Frage lautet nicht mehr: Wie ist der Mensch, sondern wie wollen wir ihn haben?« sagt er. Keine fünf Minuten ist man mit Rötzer im Gespräch, und schon ist man bei den großen Menschheitsfragen angekommen.

Der Liberale und seine Wundertüte

Doch wenn man seinen Namen in der Suchmaske auf der *Telepolis*-Homepage eingibt, findet man auch ganz Bodenständiges: einen Artikel über Weihrauch als Angst reduzierende Droge, einen über den Armutsbericht der Bundesregierung und einen über die sexuelle Unlust der Japaner, die mit der Verbreitung der Internet-Flatrate einhergehe. Er erfüllt die thematische Offenheit, wie sie für kleine Redaktionen nötig ist. Der Internetdienst *Telepolis* gleicht einer Wundertüte. »Alles kann vorkommen, von dem ich glaube, dass die Menschen es wissen wollen oder wissen sollen«, erklärt er. Die Welt, wie Rötzer sie sieht.

Doch die große Freiheit hat ihren Preis: 70 Stunden Arbeit die Woche – wenn alles gut läuft. Bevor er heute in die S-Bahn nach Trudering stieg, hat Florian Rötzer bereits einen Artikel über Gehirnjogging geschrieben. Von den durchschnittlich zwölf Artikeln, die jeden Tag unter der Internetadresse www.heise.de/tp/ zu finden sind, stammt die Hälfte von den Redakteuren selbst. Die andere Hälfte steuern freie Mitarbeiter bei. Macht zwei Artikel pro Redakteur und Tag. Rötzer und seine Kollegen sind selbst zwangsweise zu Schnelldenkern geworden. Rötzer stört das nicht: »Ich hatte nie den Anspruch, für Jahrhunderte zu schreiben.«

Zu seinen täglichen Pflichten zählt außerdem, die Diskussionsforen, die bei *Telepolis* jeden Artikel ergänzen, nach Beleidigendem zu durchforsten. Denn ein Internetdienst ist presserechtlich auch für seine debattierenden Leser verantwortlich. Und wenn in China die Erde bebt oder an der Wall Street die Kurse einbrechen, muss er entscheiden, ob und mit welchem Zugang *Telepolis* darüber berichtet. Gestern abend hat er noch bis um halb eins mit einem Kollegen Absprachen hin- und hergemailt. Im Netz gibt es keinen Redaktionsschluss und keine Feiertage. Das macht die Arbeit so mühselig. Bei *Telepolis* ist so viel zu tun, dass Florian Rötzer jedes Jahr einen Teil seines Urlaubs verfallen lassen muss. »Mehr Redakteure wären schon gut«, sagt er. Steht nicht zur Debatte. In den ersten Jahren waren sie zu viert. Aber als die Dot-Com-Blase platzte, musste ein Kollege entlassen werden.

Damals hat *Telepolis* wohl nur überlebt, weil es so puristisch ist: Keine teuren Recherchereisen, kein aufwendiges Layout – die Artikel stehen mit gefetteten Überschriften einfach untereinander. So waren in jener Zeit Anfang des Jahrtausends, in der alle Medien Verluste schrieben, die Verluste von *Telepolis* klein, weil seine Kosten klein waren. Mittlerweile sind jedoch die Gewinne mancher Online-Medien groß, die Verluste von *Telepolis* sind aber immer noch klein. Es haben sich zwar wieder ein paar Werbekunden eingefunden und sogar ein Sponsor: Microsoft. Doch ganz trage sich *Telepolis* noch nicht, sagt Rötzer. Wahrscheinlich, fügt er hinzu. Er kennt die aktuelle Ertragslage nicht. Fast jedoch seien Einnahmen und Ausgaben ausgeglichen. »Die genauen Zahlen haben die Verlags-Controller in Hannover«. Es scheint ihm ganz recht zu sein. Er weiß nur, dass monatlich zehn Millionen Menschen einen Artikel auf *Telepolis* anklicken.

Zum Vergleich: *SPIEGEL ONLINE* hat über 620 Millionen Klicks, sogenannte ›Page Views‹, 80 Redakteure und einen Umsatz von 20 Millionen Euro. Der frühere Chefredakteur Mathias Müller von Blumencron habe *SPIEGEL ONLINE* zur führenden Online-Nachrichtenquelle

Deutschlands gemacht, lobt Florian Rötzer. Doch man spürt: Es beeindruckt ihn nicht wirklich.

Rötzer mag den Mainstream nicht. Er will mit *Telepolis* in der Nische bleiben. Dafür verweist er auf eine akademische Leserschaft: Viele Studenten und Professoren darunter, aber auch Politiker, die sich mit Internet-, Umwelt- und Klimathemen beschäftigen. Als seinen »Sendungsauftrag« nennt er, »kritische Löcher im Internet offen zu halten, das immer kommerzieller werde«. Eine Art Gegen-Öffentlichkeit, um diesen alten Begriff der Linken zu verwenden. Von der Generation und Frisur her ist Rötzer den 68ern zuzurechnen: Er ist Jahrgang 1953 und hat graues, fast schulterlanges Haar. Die 68er seien ein wenig älter und in Teilen dogmatischer als er. Doch deren zentrale Frage, wie man die Welt besser machen könne, die teilt er.

Besser als die klotzigen Datenhandschuhe

Anfangs, erzählt er, habe er gehofft, das Internet könne Grenzen überbrücken, Nationen aufweichen und den Reichtum unter den Menschen breiter streuen. Das Gegenteil ist eingetreten: Die Armen werden immer ärmer. Es gibt sogar wieder Hungersnöte und neue Mauern zwischen Völkern. Seien es echte Mauern, wie zwischen Israel und Palästina, oder virtuelle, mit denen sich China oder Saudi-Arabien gegen ungenehme Internet-Inhalte abschotten. »Ja, so verhaut man sich«, sagt Rötzer und lacht. Propheten-Pech.

Er ist sehr vorsichtig, wenn er nach Zukunftsvisionen gefragt wird, und als bekanntester deutscher Online-Philosoph wird er ständig danach gefragt: Was wird aus den Zeitungen, aus dem Internet, den Menschen? Die Zeitungen, meint er, würden wohl »keine so freundliche Zukunft haben«. Er lacht wieder. Er weiß um die Peinlichkeit der Trendguru-Rolle, wenn man sie ernst nimmt. Florian Rötzers Prognosen sind eher laute Überlegungen: Vielleicht sollten die Zeitungen das Aktuelle abspalten, sagt er. Doch was bleibe dann? Das Feuilleton werde laut Copy-Tests doch sowieso nicht gelesen.

Er glaubt, dass im Internet-Journalismus das bewegte Bild immer dominanter werde. Und die Menschen, die würden sich künftig immer häufiger in virtuellen Welten aufhalten – doch dafür müssten die Schnittstellen zum menschlichen Körper besser werden, als es die klobigen Datenhandschuhe bisher sind.

Bei Florian Rötzer zuhause findet man keinen Datenhandschuh, keine Spielekonsole und keine Web-Cam. Im Arbeitszimmer seiner Münchener Altbauwohnung steht nur ein schlichter schwarzer Laptop, der dringend in die Reparatur muss, weil die Tastatur wackelig ist. Ein zweites Treffen: Rötzer sitzt in seiner Küche und erzählt, wieviel Mühe es ihn gekostet habe, sich vom Schreiben mit der Schreibmaschine auf das Schreiben mit dem Computer umzustellen. »Ich habe die digitale Welt zwar mit erschlossen, bin jedoch nicht von ihr geprägt.«

Er war bereits Ende 30, als er mit Modems, die wie Weltempfänger fiepten und krachten, zum ersten Mal ins Internet vordrang. Vielleicht ist es eine Altersfrage, warum er unter den Online-Journalisten kein Netzwerk hat. Wahrscheinlich ist es auch eine Interessensfrage: Branchentreffs mag er nicht, und die Technikbegeisterung, die für viele Internetredakteure typisch ist, ist ihm fremd. Er denkt lieber über digitale Technik nach, als dass er sie benutzt. »Das Internet ist für mich Arbeitsmedium, aber kein Lebensmedium«. Im *Second Life*, wo bereits Millionen Menschen mit virtuellen Alter-Egos ein besseres Leben leben, war er nur einmal kurz und rein beruflich. Nie würde es ihm in den Sinn kommen, privat zu bloggen oder zu chatten. Ganz im Gegensatz zu seinem gerade erwachsen gewordenen Sohn, der sich ständig übers Internet mit Gleichaltrigen aus anderen Teilen der Welt austauscht.

Dann sagt Florian Rötzer den für moderne Führungskräfte streng verbotenen Satz: »Ich bin ja nicht so kommunikativ.« Und er lebt den Satz sogar. An den meisten Tagen arbeitet er alleine zuhause. Einen Anrufbeantworter hat er dort nicht, die Handynummer hält er geheim. »Man wird auch so schon dauernd unterbrochen«, sagt er. In seiner gepflegten Kauzigkeit ist Florian Rötzer Philosoph geblieben. Das Internet, die große Kommunikationsmaschine, ermöglicht ihm persönlich eine moderne Form der Einsiedelei. BARBARA NOLTE

Florian Rötzer

Geboren am 20. Dezember 1953 in Landshut

Ausbildung

1977-1981	Studium der Psychologie, Philosophie und Pädagogik an der Ludwig-Maximilians-Universität in München, zuvor ab 1975 einige Semester Physik

Beruflicher Werdegang

ab 1980	Freier Journalist und Publizist, unter anderem für den Bayerischen und den Hessischen Rundfunk, das Kunstforum und die *taz*. Seine Themen umfassen vor allem Philosophie und Medientheorien. Außerdem organisierte er Ausstellungen und Symposien, unter anderem zu den Themen ›Cyberspace‹ und ›Urbanistik‹
ab 1996	Chefredakteur von *Telepolis*

Literatur (Auswahl)

2006	*Vom Wildwerden der Städte.* Gütersloh: Baunerverlag
2001	*Cyberhypes. Möglichkeiten und Grenzen des Internet.* Frankfurt am Main: Suhrkamp
1999	*Megamaschine Wissen. Vision: Überleben im Netz.* Frankfurt am Main: Campus
1998	*Digitale Weltentwürfe. Streifzüge durch die Netzkultur.* München: Hanser
1995	*Die Telepolis. Urbanität im digitalen Zeitalter.* Mannheim: Bollmann
1993	*Cyberspace. Zum digitalen Gesamtkunstwerk.* München: Boer.
1992	*Digitaler Schein. Ästhetik der elektronischen Medien.* Frankfurt am Main: Suhrkamp
1987	*Denken, das an der Zeit ist.* Frankfurt am Main: Suhrkamp
1986	*Französische Philosophen im Gespräch*

Jörg Sadrozinski – Der Wilderer

Sadro bringt so leicht nichts aus der Fassung. Auf dem Feld war der 1,90-Meter-Mann ein unerbittlicher Handballspieler, bis ihn eine Knieverletzung außer Gefecht setzte. Als Redaktionsleiter entpuppt er sich dagegen als allürenfreier Leitwolf mit Kumpel-Charisma, der in der Hektik des Redaktionsalltags gerne Entschleunigung propagiert und lieber noch einmal über etwas nachdenkt, bevor es in die Welt gesetzt wird (»Be First, But First Be Right«). Sadro nennen ihn die, die ihn gern haben, nicht aber die, die ihn gern haben können. Denn Jörg Sadrozinski steht im anhaltenden Kreuzfeuer der Kritik: Vor allem die Kollegen der Presse haben ihn auf dem Kieker. Den Chefredakteur des Nachrichtenportals *tagesschau.de* verfolgt der Fluch des hohen Rosses, auf dem zu reiten ihm weder steht noch Spaß macht. Doch die geballte Rundfunkmacht in seinem Rücken, wie sie die ARD seit Jahrzehnten ausstrahlt und nun auch im Internet zur vollen Entfaltung bringen möchte, zwingt Sadrozinski in den Sattel und macht ihn zum Adressaten beißender Kommentare und Anfeindungen all derjenigen, die es weniger leicht haben als er, weil sie über keine Finanzmittel aus dem Gebührentopf verfügen. Ob es ihm passt oder nicht: Jörg Sadrozinski ist ein Alpha-Onliner qua Anstellung.

Die »überragende Marke *Tagesschau*« (O-Ton Sadrozinski), quasi Inbegriff der Fernsehnachrichten und damit mindestens gleichauf mit solch zeitlosen Allgemeinbegriffen wie ›Tempo‹, ›Tesa‹ oder ›Selters‹ sei ein großer Vorteil bei der Etablierung im Virtuellen gewesen. Weil sich das stilbildende, wenn auch etwas verstaubte Nachrichten-Image des televisuellen Mutterschiffs als verblüffend langlebig erwiesen hat, kann sich Sadrozinski nach über zehn Jahren als Redaktionsleiter von *tagesschau.de* mittlerweile über etwa 15 Millionen Visits im Monat freuen. Unter Sadrozinskis Aufsicht kümmern sich die Mitarbeiter beim NORDDEUTSCHEN RUNDFUNK, wo die Online- ebenso wie die TV-Redaktion der *Tagesschau* angesiedelt ist, vor allem um harte Nachrichten, Kontextinformationen und deren Bewertung in Blogs und Kommentaren. Das Hauptaugenmerk liegt auf der Politikberichterstattung. Die Redaktion liefert zudem die politischen Inhalte für den ARD-Videotext. Dabei hat das Internetangebot nichts vom kanzelhaften Verlesen des Neuesten vom Tage: Der Leser wird interaktiv in die Berichterstattung mit einbezogen, aber er muss sich bei seinen Kommentaren ebenso wie die professionellen Schreiber an journalistischen Kriterien messen lassen. Nicht jeder soll auf *tagesschau.de* alles sagen können. Auch hier ist nach Sadrozinskis Meinung der Redakteur als Schleusenwärter gefragt. Die vielerorts gefürchteten Spinner und ihre einschlägigen ideologischen Debatten sollen auch bei der Internet-*Tagesschau* kein Forum bekommen.

Ulrich Wickert als Vorbild

Jörg Sadrozinski ist ein Fernsehmann alter Schule. 1991 kam er zum NDR, wurde nach einem Praktikum bei den *Tagesthemen* Redakteur bei *ARD-aktuell*. Geholt hatte ihn Hanns Joachim Friedrichs, auch heute noch sein Vorbild neben einer Reihe weiterer Vorgesetzter wie Reinhard Döcke, ehemaliger Leiter der Wortredaktion bei *ARD-aktuell*, oder Karl-Heinz Münchow, langjähriger Chef der Filmredaktion, der nach seiner Verrentung noch ein Theologiestudium absolvierte.

»Diese ehemaligen Kollegen sind wichtige Vorbilder für mich, weil sie sich in der Nachrichtenmaschinerie immer wieder motivieren konnten, diesem Laden nach 40 Jahren Lebewohl sagten und nicht frustriert waren, sondern fröhlich und voller Elan und voller Energie wieder studiert haben. Das ist auch erstrebenswert für mich«, sagt Sadrozinski. Auch Ulrich Wickert zählte er zu seinen Vorbildern. Der hatte sich zwar nie sonderlich für die Internetaktivitäten interessiert, stand aber stets bereit und hat sich nie gegen eine Zusammenarbeit gesperrt. Umso übler nimmt es Sadrozinski seiner einstmaligen Nachrichtenikone, dass sich Wickert von der privaten Konkurrenz hat bezirzen lassen und bis vor kurzem als Herausgeber und Kolumnist des interaktiven Nachrichtenmagazins *zoomer.de* unter Vertrag stand: »Vielleicht mag ich da zu spießig oder konservativ sein, aber ich finde es nicht in Ordnung, im Ruhestand so munter die Seiten zu wechseln, wenn man seine Karriere dem öffentlich-rechtlichen Rundfunk zu verdanken hat.«

Sadrozinski dagegen will seinem Arbeitgeber treu bleiben. Seine Bindung an die öffentlich-rechtliche Medienkultur ist eng, Headhunter sollten sich lieber woanders umschauen. Auch in zehn Jahren sieht er sich in den Diensten der ARD, aber nicht notwendigerweise im ›Management-Bereich‹, der ihn als Redaktionsleiter schon seit Mitte 1998 weitgehend von dem abhält, was er gelernt hat und wofür sein Herz schlägt: das Reporterdasein. Sadrozinski möchte wieder raus, Menschen treffen, Geschichten entdecken, auch gerne weit weg von Hamburg, wo ihm sowieso zu wenig Schnee liegt. Der gebürtige Allgäuer hat seine Arbeit als Skilehrer, die immerhin zehn Jahre seines Lebens erfüllt hat, für den Nachrichtenjob an der Elbe aufgegeben. Nichtsdestotrotz: Sadrozinski sitzt am Drücker und baut das virtuelle Nachrichtenangebot der *Tagesschau* beständig aus. Wer seine Kollegen fragt, hört (fast) nur Gutes über seine persönlichen Qualitäten: Er sei beharrlich, ein vorbildlicher Teamarbeiter und stelle sich vor seine Mitarbeiter. Mag die Konkurrenz ihm hinter vorgehaltener Hand Engstirnigkeit und sogar Fanatismus bei der Abgrenzung zu kommerziellen Informationsplattformen im Web attestieren, wird doch im gleichen Atemzug betont, dass er es schwer genug habe im Kompetenzwirrwarr der ARD. Jochen Wegner von *Focus Online* (s. Porträt Wegner) jedenfalls beschreibt ihn als »ausgesprochen angenehmen, uneitlen Kollegen«, der »für einen Online-Journalisten bewundernswert gelassen« geblieben sei.

Mit der Unterstützung von 50 Mitarbeitern auf 30 Planstellen sammelt er eifrig Auszeichnungen. Sollen die anderen doch meckern über die rechtmäßige Vergabe der Online-Awards von Grimme und Co.; Sadrozinski freut sich über jede Anerkennung, die entsprechenden Urkunden hängen in seinem Büro: 2006 der ›Biene-Award‹ der ›Aktion Mensch und Stiftung Digitale Chancen‹ für barrierefreies Webdesign. Im selben Jahr der ›Eyes-and-Ears‹-Award für die Entwicklung des *tagesschau.de*-Weltatlas. Nach Nominierungen in 2001, 2002 und 2004 endlich 2007 der Grimme Online Award für die redaktionellen Blogs. Und 2008 wurde die interaktive Zeitleiste der Redaktion, mit der bereits die Geschichte Israels und der ›Deutsche Herbst‹ chronologisch aufbereitet wurden sowie 2009 das 60-jährige Jubiläum der Bundesrepublik visualisiert werden soll, für den Staatspreis Multimedia in Österreich (!) nominiert.

Sturmgeschütz und Sprachrohr

Als Vehikel zur digitalen Zukunft der ARD sind die Erwartungen groß, der Programmbeirat kritisierte sogar schon harsch die Langsamkeit im Vergleich zum Branchenprimus *SPIEGEL ONLINE*. Doch Sadrozinski möchte erst gar nicht anfangen, irgendwem hinterher zu hecheln, sei es an Schnelligkeit, sei es an Beliebtheit: »Die Bedrohung sehe ich in erster Linie darin, zu sehr darauf einzugehen, was die User vermeintlich lieber mögen und was erfolgreich ist. Und jeder weiß ja, was im Web Klicks bringt. Leider spielen solche Mechanismen eine immer wichtigere Rolle, auch der Geschwindigkeit wird zu viel Wert zugemessen. Das nötigt die Redaktionen manchmal dazu, die journalistische Recherche zu vernachlässigen. Mich ängstigt daher sehr, wenn manche Onliner alle guten journalistischen Traditionen über Bord werfen.«

Dass die öffentlich-rechtlichen Rundfunkanstalten ihr Internet-Engagement in Zukunft noch ausbauen möchten, macht die private und privatwirtschaftliche Konkurrenz schon seit Langem fuchsig. Die intellektuelle Tiefe der Mitarbeiter von ARD und ZDF bewege sich in Sachen Neue Medien auf dem Wasserstandsniveau einer Pfütze, heißt es in einem Presseblog. Polemiken wie diese perlen an Sadrozinski ab, nicht einmal sein markant-kantiges Kinn bebt für einen Moment: »Um auch einmal polemisch zu werden: Das ist gelegentlich vielleicht die schlichte Sicht eines Betroffenen oder eines, wie böse Zungen sagen würden: ›Lohnschreibers‹, der seine Verlagssicht vertritt und vielleicht nicht die Gelegenheit hat, auch mal über den Tellerrand hinauszuschauen, um zu registrieren, was wirklich passiert.« Kein Wunder, dass er den Profi-Blogger Thomas Knüwer (s. Porträt Knüwer), Urheber der Pegel-Metapher und eifriger Provokateur in Diensten des *Handelsblatts* gegen die Internetpolitik der Funkhäuser, gar nicht so nett findet wie angeblich das Gros der Blogger-Kollegen. Schließlich ist Sadrozinski kein Vertreter der Szene, sondern des Establishments. Er verantwortet den Internetauftritt der beliebtesten, meist gesehenen und zudem ältesten Nachrichtensendung in Deutschland: Diese ehrbare Tradition allein ist auch im Netz ein schweres Pfund im medialen Ringen um die Vorherrschaft im Wettbewerb. Daher hageln freilich nicht nur aus der Düsseldorfer Web-Parzelle des bissigen Knüwers böse Worte. Wer sich die Zeit mit Blog-Hopping vertreibt, kommt schnell zu dem Schluss, dass Sadrozinski das Sturmgeschütz einer Expansion sein muss, mit der die öffentlich-rechtlichen Anstalten die Alleinherrschaft im deutschen Internet im Visier haben – oder zumindest das »Sprachrohr« der Initiative, wie ihn Blogger Heinz Gelking auf *Platte11* taufte.

Und dann auch noch das: Selbst China hatte sich gegen ihn verschworen und versuchte, Klicks aus allen Rohren feuernd, sein Portal ins virtuelle Nirvana zu schießen. Dabei hatte die Redaktion in einer Umfrage doch nur gefragt, ob wegen der weltweiten Proteste der Olympische Fackellauf in Richtung Peking abgebrochen werden solle. Kalt erwischt habe ihn diese Aktion nicht, aber auch nicht kalt gelassen, sagt Sadrozinski: »Das hat uns natürlich zum Nachdenken gebracht, ob unsere westliche Sicht tatsächlich die richtige ist.« In Bezug auf die Kritiker des öffentlich-rechtlichen Rundfunks hält er sich weniger zurück. Der 45-Jährige selbst schreibt zwar nur noch selten, und wenn, dann meist, immer bemüht um einen sachlichen Ton, zu rundfunkpolitischen Aufregerthemen wie unter der Überschrift »Das Gezerre geht weiter«.

Kampfbegriff der »elektronischen Presse«

Doch über wen streiten sich Verlage, Online-Start-ups und die Öffentlich-Rechtlichen überhaupt? *Tagesschau.de* ist ein Männermedium, sagt zumindest die ARD-Medienforschung. »Wir haben überwiegend männliche, gut gebildete Nutzer, die überdurchschnittlich gut verdienen und größtenteils zwischen 35 und 45 Jahre alt sind«, sagt Sadrozinski, möchte aber nicht all die Studenten und Schüler ungenannt lassen, die sich im Nachrichtenfundus des *Tagesschau*-Webs mit Material für Referate und Hausarbeiten versorgen. Doch, wenn die Zahlen nicht lügen, fühlt sich besonders die *Generation Golf* von dem erfolgreichsten Web-Angebot der ARD angesprochen. Nach Florian Illies' populärer Analyse dieser ungemein attraktiven Altersgruppe von Mediennutzern vereint sie nicht nur Kaufkraft, sondern auch enorme Kauflust mit der Neugier an allem, was neu und trendy ist. Und darum geht es schließlich im Netz der Netze: Aufmerksamkeitsbindung und Markenexpansion. Für die Konkurrenz ist es äußerst ärgerlich, dass sich die einstigen Politikmuffel nun offenbar für die Staatskunst interessieren und in so großen Scharen dem guten Ruf der Öffentlich-Rechtlichen folgen.

Sadrozinski kämpft an vielen Fronten, hüben, drüben, überall. Er tingelt von einem Podium zum nächsten, diskutiert beim Medienforum NRW über ›Unterhaltung mit Mehrwert‹, referiert auf der Berliner Medienwoche über ›Politik aufs Handy für Eilige‹, klärt Studenten an der Universität Bamberg über die Hintergründe von *blog.tagesschau.de* auf usf. Während er von außen fortwährend mit dem Verlegergroll konfrontiert ist, gegen dessen »Kampfbegriff der elektronischen Presse« er sich zur Wehr setzt, hatte er von innen jahrelang nicht gegen Windmühlen, aber gegen das Räderwerk der ARD kämpfen müssen: mit der Engstirnigkeit der Intendanz, der Behäbigkeit des Bürokratieapparats und der Naivität des Programmbeirats. »Ich war ja zuletzt Chef vom Dienst für *Nachtmagazin* und *Tagesthemen* bei ARD-*aktuell*. Dass man dann das Medium wechselt und zu Online geht, stieß zunächst auf Unverständnis und ich musste lange Zeit gegen Widerstände ankämpfen.«

Er habe sich zwar nie als Avantgarde gefühlt, doch dass ein Hinweis auf das Webangebot in der *Tagesschau* nicht gleich bedeutet, dass die Zuschauer sofort aufspringen, der Flimmerkiste entsagen, um sich lieber im Internet zu informieren, hat er offenbar früher begriffen als andere. Es dauerte Jahre bis zum ersten Programmhinweis in den Hauptnachrichten: »Ich bin überzeugt, dass es heute auch noch nicht funktionieren würde, wenn das ZDF damit nicht viel eher und intensiver angefangen hätte«. Mittlerweile ist die Stimmung in der Intendanz ins Gegenteil umgeschlagen: Online ist auch bei der ARD endlich ›in‹. Selbst ehemalige Hardliner in der Administration haben das neue Medium entdeckt. Die Senderpolitik mag sich geändert haben, die Korrespondenten aber zieren sich bisweilen noch hartnäckig gegen die zusätzlichen Aufträge aus der Online-Redaktion, weil sie auch heute noch Probleme damit haben, in dem so erfolgreich im eigenen Haus produzierten Online-Journalismus mehr zu sehen als unseriösen Quatsch: Wenn Korrespondenten Aufträge von Sadrozinskis Leuten nicht mehr einfach kurzerhand ablehnen, sondern zumindest mit sich reden lassen, liegt das in den meisten Fällen am persönlichen Respekt. Schließlich war Sadrozinski auch einmal Fernsehjournalist. Doch der will eine eindeutige Lösung: »Wir müssen von der gegenwärtigen Freiwilligenbasis wegkommen und es zur Selbstverständlichkeit machen, dass die Mitarbeiter auch für Online arbeiten. Wenn es um Mehrarbeit geht und nicht um Verlagerung der zeitlichen Ressourcen, wird es im Einzelfall möglicherweise auch finanzielle Anreize geben müssen.« Seine Argumentationskette ist stets dieselbe: Wem Online etwas wert ist, der sorgt auch für die entsprechende finanzielle Ausstattung.

Nicht gelten lassen kann er, dass es in der ARD bekanntlich nicht so einfach ist, Personal und Finanzmittel von jetzt auf gleich in den Online-Bereich zu übertragen. Auch sei das ZDF bezüglich der Rechteklärungen und Anpassung der Tarifverträge über die crossmediale Nutzung von Inhalten sehr viel weiter als die ARD, die es zudem ganz bunt regeln würde, welche Zuschläge freie Autoren für die Verwertung im Internet bekämen. Dass solche Grundsatzregelungen als überfällig erscheinen, zeigt die beabsichtigte Teil-Öffnung der Fernseharchive: Schon jetzt gibt es die historischen Jahresrückblicke der ARD mit Videobeiträgen seit 1987. Der Redaktionschef hält die Ausweitung des retrospektiven Angebots für unabdinglich: »Was wir aus den Archiven anbieten, wurde schon einmal bezahlt, das gehört zu unserem kulturellen Erbe und ist wie eine öffentliche Bibliothek zu verstehen.«

Noch stehen die Online-Mitarbeiter beim NDR in der Verdienstskala ganz unten, hinter den Fernseh- und Hörfunkjournalisten. Zusätzliche Arbeit für das Internetangebot ist für die Mehrheit der Angestellten vertraglich nicht geregelt. Ein Unding, das abgeschafft gehört, möchte man in Zeiten digitaler Euphorie meinen. Dass die Fernsehredaktion der *Tagesschau* auf Dauer die Oberhand behält, ist für Sadrozinski ohnehin keine ausgemachte Sache mehr. ›Online‹ muss das tonangebende Medium werden, wenn es nach seiner Auffassung geht. On Demand gibt die Priorität vor: Nicht mehr linearer Programmplan, sondern ereignisbezogene multimediale Tiefenaufbereitung mittels Text, Audio und Video. Klassisches Fernsehen sieht der Online-Chef der *Tagesschau* privat schon lange nicht mehr.

Alles deute darauf hin, dass TV in Zukunft nach den Prinzipien des Internets funktionieren werde: »Dann kann ich nicht mehr ein Sendeschema vorgeben, das die Onliner dann nachsenden müssen, sondern anders herum: Informationen werden ereignisbezogen veröffentlicht und mit Fernsehinhalten unterfüttert, um das, was passiert, darzustellen.«

Die Erfolge können aber nicht darüber hinwegtäuschen, dass die Marktführerschaft anderen gehört. *SPIEGEL ONLINE*, *WELT ONLINE*, *Focus Online*: Sie alle liegen vor dem Nachrichtenangebot von *tagesschau.de* und bieten längst auch Videoinhalte, rücken also in die klassische Domäne des Fernsehens vor. Sadrozinskis Team dagegen wildere im Terrain der Textinformation, werfen ihm die Kritiker vor. Über einen Fernseh- oder Rundfunkbeitrag hinaus sollen nach Ansicht der Print- und Online-Konkurrenz mit Gebührenmitteln keine weiteren Texte oder sonstigen Inhalte angeboten werden. Das sei Wettbewerbsverzerrung. Dabei gibt es für Jörg Sadrozinski trotz oder gerade wegen der Diskussionen über die Rechtmäßigkeit der öffentlich-rechtlichen Internet-Aktivitäten noch viel zu tun, zu viel, um sich beschränken zu lassen, wie er meint: »Wir müssen Formate entwickeln, die Rundfunk und Internet noch stärker zusammenwachsen lassen.«

Die Clearing-Stelle im Datensumpf

Gleich welche Beschränkungen seitens der Medienpolitik auf die Redaktion zukommen sollten, wird sie einem Zwangsrückbau wohl kaum tatenlos zusehen. Sollte das Angebot auf rudimentären Programmbezug beschränkt werden, böten sich allerhand Schlupfwinkel an. Egal um welchen Inhalt es sich handelt: Ein direkter Bezug zu einem öffentlich-rechtlichen Programm – ob NDR *Info* oder *Eins Extra* – lässt sich schließlich immer irgendwie herstellen. Durch das vielteilige Senderangebot aus Fernsehen und Radio steht sowieso ein Informationspool zur Verfügung, der nicht einmal annähernd durch das Internet ›sendungsbezogen‹ begleitet werden kann. Oder man verlinkt sich stärker: Gemeinsam mit der DEUTSCHEN WELLE werden bereits Nachrichten in Englisch, Türkisch und Chinesisch angeboten.

Tagesschau.de geriert sich gern als Clearing-Stelle im Datensumpf. Das Potenzial, nein, die Notwendigkeit der Vernetzung zwischen den vielen qualitativ hochwertigen Informationsangeboten im Netz werde noch viel zu häufig übersehen, meint Sadrozinski. »Genau darin liegt doch der Grundgedanke des Internets« – sagt's und erkennt darin auch die Lösung des Dauerkonflikts zwischen Rundfunkanstalten und kommerziellen Medienunternehmen. Wieso gegeneinander, wenn's auch miteinander geht? Wenn das Internet zum Tagungspunkt wird, beginnt seiner Ansicht nach der Showkampf: Auf den Podien werden die Säbel gewetzt, mit der Phrasenkeule geschwungen, doch nachher sitzen die Gegner in trauter Gemeinsamkeit in der Cafeteria. Sadrozinski beklagt die lähmenden »Stellvertreterkriege«. Es werde die wichtige Chance verpasst, sich mit den eigentlichen Problemen auseinanderzusetzen: Was ist Presse, was ist Rundfunk? Wird Fernsehen nicht bald hauptsächlich über die leistungsfähigen Breitbandverbindungen des Internets versendet werden?

Die Leitfragen der Zeit sind für Sadrozinski & Co. zu Leidfragen geworden: »Wie verändert sich das Mediennutzungsverhalten? Wie sichern wir die Zukunft des öffentlich-rechtlichen Rundfunks?« Der Mann der Stunde zieht die Augenbrauen hoch und legt die Stirn in Falten: An solchen Themen führe derzeit kein Weg vorbei. Die Nutzer wandern in Horden ins Internet, aber kommen sie auch zurück zu den klassischen Medien? »Ich glaube, dass alle Sender, egal ob private oder öffentlich-rechtliche, in den jungen Zielgruppen verlieren werden, weil sich die Kinder und Jugendlichen ein anderes Nutzungsverhalten angewöhnen.« Wer mag es sich da noch anmaßen, die öffentlich-rechtliche Informationsverbreitung über das Internet von der verfassungsrechtlich garantierten Grundversorgung der Bevölkerung auszuschließen? Kein Mensch sei schließlich auf die Idee gekommen, mit dem Aufkommen des Privatfernsehens zu fordern, dass die

Öffentlich-Rechtlichen nur noch in Schwarz-weiß senden dürfen oder der Hörfunk nur noch auf Mittelwelle, weil es sonst zu Wettbewerbsverzerrungen gekommen wäre.

Sadrozinskis Argumentation ist zweifellos zweckdienlich: Das deutsche Mediensystem sei eines der besten der Welt, auch dank der öffentlich-rechtlichen Sender. Den Medien gehe es trotz wirtschaftlich schwieriger Zeiten relativ gut, die Qualität habe sich behauptet. Wieso also etwas ändern? Blogger hätten in den USA doch nur wegen des qualitativ schlechten Medienangebots ihren Sonderstatus erringen können. Die freie Blogger-Kultur hat demnach in Deutschland wohl nur geringe Aussichten. Autsch, der Hieb sitzt. Da ist er wieder: Sadro, der Kämpfer, kurz vor dem entscheidenden Wurf ins gegnerische Tor. Doch die finale Entscheidung über Sieg oder Niederlage im Wettbewerb zwischen dem Dienst an der Öffentlichkeit und der kommerziellen Profitmaximierung wird von anderen, von höheren Mächten getroffen. Für Jörg Sadrozinski steht jedenfalls fest: Egal, was die Zukunft bringt, zwei Medienphilosophien werden sich weiterhin gegenüberstehen – auch und vor allem im Internet. Der Kampf geht weiter.

LEIF KRAMP

Jörg Sadrozinski

Geboren am 3. Januar 1964 in Rotenburg/Fulda

Ausbildung

1984	Abitur am Gymnasium Sonthofen (Allgäu)
1985-1990	Studium der Journalistik (Diplom) in München
1985-1990	Redakteursausbildung an der Deutschen Journalistenschule München (parallel zum Studium)

Beruflicher Werdegang

1986-1989	freie Mitarbeit für die *Süddeutsche Zeitung*, dpa und den Bayerischen Rundfunk
1991-1998	Nachrichtenredakteur bei *ARD-aktuell* (u.a. als Chef vom Dienst bei *Tagesthemen* und *Nachtmagazin*)
s. 1998	Redaktionsleiter von *tagesschau.de*

Mario Sixtus –

Der Rosinenpicker

Es war nicht das erste Mal, dass sich Mario Sixtus nach einem Interview ärgerte. Aber diesmal ärgerte er sich ganz besonders. Gerade hatte er ein Gespräch mit dem US-amerikanischen Netz-Philosophen David Weinberger geführt, einer faszinierenden Persönlichkeit wie er fand, dem er mit viel Spaß zugehört hatte. Doch von seinem Charisma, dem Spaß und den Emotionen war in seinem Interview-Transkript nicht mehr viel übrig geblieben. »Da habe ich mir in meiner kindlichen Naivität gedacht: Hätte ich doch eine Kamera dabei gehabt. Warum mache ich nicht einfach mal was mit Video? Das ist doch heute so einfach!« Von diesem Zeitpunkt an nahm Sixtus zu seinen Interviews eine kleine Kamera mit – und machte was mit Video. Vom Filmen und vor allem vom Schneiden hatte er zwar zunächst gar keine Ahnung, aber er war halt schon immer experimentierfreudig. Aus dem Experiment wurde ein Projekt: Aus dem Journalisten und Internet-Experten Mario Sixtus wurde der *Elektrische Reporter*. Und aus der Idee, Interviews mit der Kamera aufzunehmen, eines der innovativsten und erfolgreichsten Online-Videoformate in Deutschland: *www.elektrischer-reporter.de*

Seit Mitte 2006 interviewt Sixtus regelmäßig im Auftrag des *Handelsblatts* Vordenker in Sachen Internet. Wie verändert das Netz die Welt? Diese Frage schwebt über allem. Rund 50 Gespräche hat er mittlerweile geführt, mit Erfindern und Entwicklern, mit Wissenschaftlern und Web-2.0-Pionieren, mit Vordenkern und Visionären. Die Liste der bisher Interviewten liest sich wie ein kleines ›Who ist Who‹ der nationalen und internationalen digitalen Szene: Neben Weinberger ist Medienprofessor Clay Shirky dabei, Internet-Archiv-Gründer Brewster Kahle, Wikipedia-Boss Jimmy Wales, Creative-Commons-Initiator Lawrence Lessig, *Twitter*-Erfinder Biz Stone, die Science-Fiction-Autoren Bruce Sterling und Cory Doctorow, die *Bildblogger* Christoph Schultheis und Stefan Niggemeier (s. Porträt Niggemeier), *Tagesspiegel-Online*-Chefin Mercedes Bunz (s. Porträt Bunz), der Schriftsteller Peter Glaser (s. Porträt Glaser) und der Bundesdatenschutzbeauftragte, Peter Schaar. Sie alle lässt Sixtus ausführlich und unaufgeregt zu Wort kommen, nur unterbrochen von fragenden oder erklärenden Zwischentexten in Schriftform. Manche der Köpfe (vor allem die amerikanischen) hat der *Elektrische Reporter* am Rande von Kongressen erwischt, viele von ihnen sind ausgesprochen seltene Gäste vor einer Kamera – umso spannender ist es, ihren Antworten zu lauschen, etwa denen der hübschen Google-Vizepräsidentin Marissa Mayer, die mit weit aufgerissenen Augen immer wieder die Datenschutzrichtlinien ihres Unternehmens preist und versichert, dass zwischen den einzelnen Google-Diensten keine Daten ausgetauscht würden.

Internet à la Heinz Haber und Hoimar von Ditfurth

Sixtus garniert seine Interviews mit klugen An- und Abmoderationen. So empfiehlt er seinen Zuschauern bei Frau Mayer kurz und knapp, sich als ›Googlologen‹ zu betätigen, in Anlehnung an die so genannten ›Kremlologen‹, die einst aus den leisesten Zwischentönen der Sowjetführer und vor allem aus dem, was sie nicht gesagt hatten, vermeintlich weitreichende Schlüsse zogen. Ohnehin: Die Moderationen sind nicht nur wegen ihres Sprachwitzes zum Markenzeichen von Sixtus geworden. Im Stile einer Schwarz-weiß-Wochenshow steht er da, ernst und steif, mit markanter Brille und großem Mikrofon, sein Duktus leicht geschwollen, manchmal etwas umständlich, ohne große Gefühlsregungen – und unterstützt wird das Gesagte immer von einer etwas zu spät einsetzenden Kopfbewegung. Das alles sieht auf den ersten Blick etwas altbacken aus, ein bisschen wie bei den TV-Ikonen Heinz Haber oder Hoimar von Ditfurth, die in den 1970er-Jahren äußerst bieder, aber äußerst erfolgreich dem deutschen Fernsehpublikum Welt und Weltall erklärten. Und genau so soll es auch rüberkommen: »Haber und Ditfurth sind Idole meiner Jugend. Eine Verpackung, die ganz eindeutig von vergangenen Tagen inspiriert ist, für eine Reihe mit Gesprächspartnern, die viel in die Zukunft denken – diese Schere fand ich äußerst reizvoll.« Unterstützt wird dieser Kontrast durch kleine Science-Fiction-Sequenzen, die permanent im Hintergrund laufen, mal aus einem alten amerikanischen Schulfilm, mal aus einem schlechten japanischen Fünfziger-Jahre-Streifen. Sixtus saugt sie rechtefrei aus dem Bewegtbildlager *archive.org*; allein um die passenden Passagen zusammenzuschnipseln braucht er zuweilen auch schon mal einen ganzen Tag.

Wie erwähnt: Mario Sixtus experimentiert gerne. Der Kettenraucher und passionierte Anzugträger – böse Zungen sagen, er trage sogar einen im Bett – geht mit Vorliebe eigene Wege. Manche nennen ihn deshalb einen Eigenbrötler, manche einen schlauen Eigenbrötler. Und manche einen Goldgräber im Riesenreich des Internets. Was er allerdings definitiv nicht ist: ein Nerd. Viele derjenigen, die wie Sixtus in den frühen Tagen des Internets dabei waren, sind Nerds geworden, haben sich in irgendwelche Ecken verzogen und sind dort geblieben. Sixtus hat sich weiterentwickelt, ist heute anerkannt und geschätzt, interessanterweise sowohl in der Blogger-Szene als auch in Entwickler- und Technikerkreisen – was nicht vielen vergönnt ist. Die Gründe dafür liegen in seiner Vita. Wenn man ihn nach seinem Lebenslauf fragt, antwortet er: »Schreib' einfach: professioneller Autodidakt. Das reicht.« Ihm werde schnell langweilig, sagt er – und dann bekommt er die Krankheit des Autodidakten: einfach mal ausprobieren, was noch geht. Das sei schon immer so gewesen.

Die Schule hat er abgebrochen, danach ist er jahrelang als Musiker durch die Lande gezogen, als Bassist von New-Wave- und Punk-Bands. Irgendwann hat er für seine Musik auch den Computer entdeckt, einen Atari ST. 1993 wählte sich Sixtus dann das erste Mal ins weltweite Diskussionsnetzwerk *Usenet* ein. Dieser Ausflug kam nach eigenen Worten einem »religiösen Erweckungserlebnis« gleich und veranlasste Sixtus, seinen beruflichen Fokus von der Klangerzeugung auf die vernetzte Kommunikation zu verlagern. Während der aufkommenden Web-Euphorie Mitte der 1990er-Jahre schraubte Sixtus als freiberuflicher Programmierer und Web-Designer erfolgreich an den Internet-Seiten von Konzernen wie Karstadt, Seat und Renault herum – bis ihn auch dies langweilte und er quasi über das Thema den Journalismus entdeckte: Er begann Artikel über das Internet zu schreiben, über elektronische Lebensaspekte, zunächst für das Magazin *De:Bug*, dann für immer mehr Zeitungen und Online-Medien. Gute Autoren, die sich mit Netzthemen beschäftigten, waren damals zwischen den IT-Schreibern und den vielen Jubel-Persern, die jedes Start-up über den grünen Klee lobten, rar gesät. Sixtus war ein guter, ein kritischer Schreiber – und dementsprechend gut im Geschäft.

Magie der dezentralen Distribution

Die Sache mit den Videos ist nun wieder ein neuer Weg, den Sixtus geht, aber in gewisser Hinsicht auch eine logische Weiterentwicklung, wie er findet. »Es ist nach wie vor der Journalismus, der mich treibt, ich mache schließlich keine Comedy«, sagt er. Moderner Journalismus. Fernsehmacher, vor allem die Anhänger der reinen Lehre, schütteln über den *Elektrischen Reporter* zuweilen den Kopf. Für sie scheint das alles nicht ganz zusammenzupassen: zu lang, optisch nicht konsequent gedacht, zu viel Nische – wer schaut sich das an? Die Antwort ist einfach: Ein Format wie der *Elektrische Reporter* funktioniert nach einer anderen Logik als herkömmliches Fernsehen, als normale Fernsehbeiträge, auch als Filme im Web 1.0. »In der Broadcast-Welt sind

Kanäle und Sendezeit begrenzt, in der Print-Welt sind Platz und Auflage begrenzt. Im Netz ist es jedoch genau umgekehrt, da ist die Aufmerksamkeit des Nutzers begrenzt«, erklärt Sixtus. »Wenn man im Internet publiziert, steht man in Konkurrenz zu allem, was sich dort herumtreibt, und wenn es eBay ist. Jede Minute, die der Nutzer irgendwo anders verbringt, ist er eben nicht bei mir.« Will man das vermeiden, müsse man die Inhalte vom Netz trennen. Sixtus hat dies als einer der ersten radikal getan und offeriert seine Episoden als Filme zum Mitnehmen, als ›Video to go‹. In einer Zeit, als mit Begriffen wie ›Podcasting‹ noch kaum jemand etwas anfangen konnte, stellte er seine Videos bereits unter eine Creative-Commons-Lizenz und bot für den *Elektrischen Reporter* unterschiedliche Download-Formate sowie zahlreiche Video- und Audio-Feeds an; darüber hinaus sendet er nicht nur unter seiner eigenen Domain, sondern auch über die ›angeschlossenen Funkhäuser‹, von *Handelsblatt.de* über *Sevenload* bis *YouTube*. Sixtus nennt das die »Magie der dezentralen Distribution«.

So beginnt er jede Folge des *Elektrischen Reporters* konsequenterweise mit den Worten: »Liebe Zuschauer daheim an den Empfangsgeräten oder von wo auch immer Sie uns gerade zusehen.« Von wo auch immer, das kann tatsächlich überall sein: im Zug, im Flugzeug, im Garten, über das Notebook, das iPhone, auf DVD gebrannt – komplett zeitsouverän also. Dieser Gedanke gefällt Sixtus. Was im klassischen Fernsehen (noch) nicht funktioniert, schafft im Netz Unverwechselbares: Fernsehen ohne Kompromisse. Klicks und Visits interessieren ihn nicht wirklich. Und Längenvorgaben und Maßstäbe im Grunde auch nicht. »Es ist klar: Wenn man den User beim Surfen erwischt, dann sollte ein Video nicht länger als drei Minuten sein. Doch mit den Möglichkeiten des Web 2.0 spielt das keine Rolle mehr. Da kann ein Film auch mal eine Stunde lang sein – den lädt man sich runter und schaut ihn sich dann halt an, wenn man die Zeit hat.« Sixtus hat schon lange aufgehört, nur 1.0-ig zu denken. »Das Netz ist der große Entgleichzeitiger der Medienwelt«, schreibt er in einem Aufsatz für das *Jahrbuch Fernsehen 2008*, und das sei gut so: »Netzbewohner sind nun mal Rosinen-Picker und lassen sich keine Wundertüten mit Gemischtwaren mehr andrehen.« Das Archiv wird zum Schatz: Das *Elektrische-Reporter*-Interview mit Jimmy Wales wird – geschickt verlinkt – täglich immer noch rund 100 Mal abgerufen, obwohl die Episode bereits über ein Jahr alt ist.

Die User machen »kackfrech, was sie wollen«

Für Sixtus steht fest: Dieser Prozess des Rosinen-Pickens lässt sich nicht mehr aufhalten. Und manch einer aus der schönen alten Medienzeit habe damit so seine Probleme: Kein Wunder, meint Sixtus, »dieser ganze Pull-Krams ist den gelernten Push-Menschen aus der Verlags- und Broadcast-Welt« eben nicht ganz geheuer. Mechanismen, die hundert Jahre offline prima funktioniert haben, laufen plötzlich nicht mehr rund, weil Zuschauer und Leser längst zu Usern gereift seien und »kackfrech machen, was sie wollen«: Sie holen sich die Informationen, die sie brauchen, ohne Filter, ohne Sortierer – und alle Schreckenszenarien von der ›Informationsüberflutung‹, die seit den 1970er-Jahren immer wieder mal entworfen werden, wurden nie Realität. »Wir haben immer mehr Informationen, aber irgendwie können wir auch immer besser damit umgehen.« Eine Erklärung dafür hat Sixtus im Interview mit David Weinberger bekommen. Die Heilung für den Informationsüberfluss sei mehr Information, Meta-Information sozusagen, Information über die Information. »Das wird spannend zu beobachten in den nächsten Jahren: Wie entwickeln sich Empfehlungsmechanismen? Sprich: Man empfiehlt sich bestimmte RSS-Feeds oder bestimmte Infoquellen, die der andere dann in seine Infoflussregelungsmaschinerie einbetten kann. All das wird immer intelligenter, geht immer automatischer.«

Sixtus selbst kann sich anderes Arbeiten als im Web 2.0 nicht mehr vorstellen. Für seine Recherchen nutzt er RSS-Reader, *delicio.us* als Bookmarktool, *Twitter* und Social-Networks. Diese Möglichkeiten heutzutage auszulassen empfindet er – frei nach Kant – als »selbstverschuldete Unmündigkeit«. Gerade Social-Networks wie *Xing* oder *Facebook* seien mehr als nette kleine Plauderclubs, nämlich gute Instrumente, um Kontakt zu Experten aufzunehmen – ohne den Umweg über Uni-Pressestellen oder den *Informationsdienst Wissenschaft*. Dass einer wie Sixtus, der quasi permanent online ist, dann aber doch auch ganz gerne mal zum Telefonhörer greift, »wenn's schneller gehen muss und man gleich nachhaken will«, auch das passt irgendwie ins Bild. Sixtus, der Pragmatiker, der sich für Retro, für scheinbar Altmodisches als auch für Zukunftsmusik gleichermaßen begeistern kann. Und der dabei immer wieder herrliche Bilder kreiert: Das »Zeitalter des Paketschnürens« sei vorbei betont er, die Tendenz, dass sich jeder seine Informationen individuell zusammenstelle, werde sich künftig noch verstärken. »Der *Spiegel* verkauft ein Paket für 3,50 Euro, mit Anzeigen für X Millionen drin, die er hat, weil das Paket so häufig gekauft wird. Im Netz kannst du keine Pakete mehr schnüren. Die Online-Medien, wie sie jetzt existieren, in sich abgeschlossen, wie SPIEGEL ONLINE, *Focus Online*, *sueddeutsche.de*, halte ich deshalb auch für ein Übergangsphänomen.« Er vergleicht das mit der Musikindustrie: Früher habe man sich eine CD von Madonna gekauft, mit zwei guten Songs und zehn mittelmäßigen –, ein Paket also. Heute kaufe man sich etwa bei iTunes die beiden guten, die zehn mittelmäßigen aber nicht.

Künftig werde alles sehr fragmentiert sein, prophezeit Sixtus. Es komme zu einer grundlegenden Umwälzung der Medienwelt, mit weitreichenden Folgen auch für den Journalismus. Blogs seien da nur die ersten Vorboten dieser Entwicklung: »In den USA gibt es bereits Fachblogs ohne Ende, von Experten, die einfach in die Welt hinausbloggen und Informationen aus erster Hand liefern. Früher gingen diese Informationen zunächst in die Redaktionen, heute sind sie direkt da, schwirren im Netz, sind direkt abrufbar. Da abonniert man den RSS-Feed und fertig!« Immer mehr Blogger spielten so eine immer größere Rolle; es entstehe laut Sixtus eine publizistische Grauzone mit Leuten, die durchaus journalistisch arbeiteten und sich auch an journalistische Standards hielten, aber von Berufs wegen keine Journalisten sind. Ein Problem sieht er darin nicht: »Ich halte Journalismus vor allem für einen Prozess: Informationen sammeln, aufarbeiten, publizieren. Es gibt für mich keinen Grund, warum irgendein gescheiter Amateurschreiber, der beispielsweise Konzertkritiken liefert, nicht mindestens genauso gut sein kann wie jemand, der das beruflich macht.« Der Amateurschreiber wäre wahrscheinlich nur irritiert, wenn man ihn als ›Journalisten‹ bezeichnen würde.

Das erste Videoformat aus dem Netz geht ins Fernsehen

Das Internet – also eine Bedrohung für den klassischen Journalismus? Nein, sagt Sixtus. Die viel größere Gefahr hat er anderswo ausgemacht: In der »alten, analogen Medienwelt« werde mittlerweile vieles ›Journalismus‹ genannt, was nicht mehr viel mit dem Begriff im klassischen Sinne zu tun hat. Man müsse nur in einen Zeitschriftenladen schauen: »Wie viel Prozent der gedruckten Seiten ist dort wirklich harter Journalismus? Wie viel ist Klatsch? Wie viel ist PR, wie viel umformulierte Pressetexte? Im Fernsehen sieht es ähnlich aus und vom Radio sprechen wir am besten überhaupt nicht.« Einen Bedarf an professionell arbeitenden Journalisten werde es daher immer geben, auch oder gerade im Netz. Die große Aufgabe für sie – insbesondere wegen der zunehmenden Fakten- und Infoflut – liege dabei vor allem in der Darstellung von Hintergründen, in der Einordnung von Fakten, im Transport von Meinung: »Agenturmeldungen sind überall. Die reine Nachricht ist wertlos. Damit kann man nichts mehr reißen. Man kann aber noch was reißen, wenn man sich einen Nachrichtenstrang schnappt, diesen einordnet, eine runde Geschichte daraus macht und das noch mal aufarbeitet. Das wird online momentan zu wenig praktiziert.« Zu wenig praktiziert werde im Netz auch die investigative Recherche – was allerdings fast schon medienimmanent sei. Der Netz-Denker Clay Shirky malt da dem *Elektrischen Reporter* gegenüber ein eher düsteres Bild: »Was mich nachts nicht schlafen lässt, ist der investigative Journalismus.« Dieser sei in einem anderen als im klassischen Medienmodell kaum zu praktizieren. Und vor allem: zu finanzieren. Eine Lösung sieht Sixtus dafür noch nicht.

Wie überhaupt viele Entwicklungen im Netz noch nicht abzusehen seien – selbst für einen, der als *Elektrischer Reporter* ja genau danach forscht und viele Meinungen gehört hat. Wie heißt es in den FAQ seiner Seite: »Filmchen für Filmchen soll auf diese Weise ein Bild entstehen, das skizziert, wie das Netz unsere Welt verändert«. Doch das Bild sei lange noch nicht komplett. »Warten wir noch mal 100 Folgen ab. Als der Buchdruck erfunden wurde, wusste schließlich auch noch niemand, dass an diesen komischen Bleilettern irgendwann mal sowas wie französische Revolution, Aufklärung und Demokratie hängen würde.«

Die Zukunft des *Elektrischen Reporters* ist hingegen abzusehen. Video macht Sixtus Spaß. Und so macht er mittlerweile immer mehr mit Video. »Feinsten Bewegtbildjournalismus« nennt er das, und so lautet auch der Claim seiner 2008 gegründeten Firma Blinkenlichten in einem Düsseldorfer Hinterhof. Seit einiger Zeit läuft seine Reihe *Lost in Deutschland* wöchentlich auf *Der Westen*, ein buntes Format, bei dem ein junger Brite schildert, was ihm so am Leben in Deutschland auffällt. Weitere Projekte sind in Planung. Sixtus' Experimentierfreude wurde mittlerweile mit dem Grimme Online Award belohnt. Die Begründung der Jury unter anderem: »Der *Elektrische Reporter* zeigt beispielhaft, in welche Richtung sich Online-Videoformate im glücklichsten Fall entwickeln können.« Der glücklichste Fall ist jetzt übrigens beim ZDF: Seit November 2008 läuft der *Elektrische Reporter* wöchentlich bei ZDF*info*, aus einem neuen Studio und zum Magazin weiterentwickelt. Es ist damit das erste Videoformat aus dem Netz, das ins Fernsehen geht – und nicht umgekehrt. Ein kleiner Ritterschlag. Einfach mal gemacht. Erfolg gehabt. Experiment geglückt. ROBERT BONGEN

Mario Sixtus

Geboren am 6. März 1965 in Ratingen

Ausbildung

Verließ das Theodor-Heuss-Gymnasium in Ratingen Anfang der 1980er-Jahre ohne Abschluss. Danach verlief seine Ausbildung nach eigener Aussage »non-linear« und abseits offzieller Bildungsinstitutionen

Beruflicher Werdegang

1985-1996	Musiker in den Düsseldorfer Bands Chim Chim Cheree, Panic in Slumberland und TILT! sowie Nutzer eines Atari-ST-Computers
1990-1995	Entwickler von Bildschirmtextinhalten (BTX), einem frühen Online-Dienst der Post
1995-2002	Freiberufliche Mitarbeit als Web-Entwickler und -Designer an Internet-Projekten, u.a. für Karstadt, Seat und Renault
1999-2002	Freier Autor für die Monatszeitschrift *De:Bug*
seit 2002	Freier Autor mit Schwerpunkt Internet-Themen, u.a. für *Frankfurter Rundschau, Die Zeit, Focus, Handelsblatt,* für Fachzeitschriften wie *c't* und *Technology Review* sowie für Magazine wie *Brand Eins, P.M.* und *Neon*
seit 2006	Produzent von Videointerviews von Netzpersönlichkeiten, unter dem Namen *Elektrischer Reporter* und im Auftrag des *Handelsblatt*
2008	Gründung des Video-Start-ups Blinkenlichten Produktionen

Auszeichnungen

2008	Auszeichnung der Lead Academy
2007	Grimme Online Award in der Kategorie ›Wissen und Bildung‹
2007	Lead Award in Silber

Literatur

2008	Fernsehen, sei umschlungen! Wie deutsche TV-Sender den Weg ins Internet beschreiten. In: Dieter Anschlag/Claudia Cippitelli/ Lutz Hachmeister/Uwe Kammann/Peter Paul Kubitz/Petra Müller (Hrsg.): *Jahrbuch Fernsehen 2008*, Marl/Berlin
2006	Von Blogs, pferdelosen Wagen und Damenunterwäsche. Die publizistische Revolution mit der virtuellen Buschtrommel. In: *Redaktion 2006*, Jahrbuch für Journalisten, Bundeszentrale für politische Bildung, Bonn
2004	Barbaren an der Tastatur. In: Gerfried Sperl/Michael Steiner (Hrsg.): *Was für Zeiten. Wiederkehr der Barbaren*, Wien/Graz

Frank Thomsen –

Der Dampferkapitän

Man hat sich längst daran gewöhnt: Seit im Online-Zeitalter immer mehr Medien um die Aufmerksamkeit einer insgesamt nicht gerade wachsenden Zielgruppe konkurrieren, müssen alle natürlich mit aufspringen, wenn irgendein Thema regelmäßig vergleichsweise viele junge Mediennutzer anspricht. Sonst würden sie Klicks wegschenken. Oft sind es Sendungen der privaten Fernsehsender, die viele Mitglieder der sogenannten ›werberelevanten Zielgruppe‹ erreichen. Ob man das *Dschungelcamp*, *DSDS*, *GNTM* verfolgt oder nicht: Bestandteile der Shows fliegen jedem Internetnutzer um die Ohren. Heidi Klum, C&A, McDonald's, Bruce Darnell, ›Zack die Bohne‹.

Man hat sich auch daran gewöhnt, dass redaktionelle Nachrichten aus dem Kosmos der jeweiligen Show aufreizende Überschriften tragen. »Die erotischen Rachepläne einer Nörgeltante« (*welt.de*), »›Topmodel‹ Aline schockt mit Nacktbildern« (*Netzeitung*). »Wasser marsch, Rotz inklusive« (*SPIEGEL ONLINE*), »Sex-Skandal um schöne Gina-Lisa: Das Top-Model als Popp-Model« (*bild.de*). »Miss Penthouse und die Prostituierte« hieß bei *stern.de* der Artikel, der so weiter ging: »Porno-Streit bei ›Germany's Next Topmodel‹: Dass jetzt sexy *Penthouse*-Fotos einer Model-Mitbewerberin aufgetaucht sind, passt Proll-Braut Gina-Lisa irgendwie gar nicht. Sie sieht ihren Ruf in Gefahr: ›Leute, dass ihr eins wisst, ich bin hier der Porno-Star!‹ Wird Gina-Lisa jetzt zu Gina Wild?«

Der Vorspann brummt nur so vor Reizworten, die der Klickoptimierungsstrategie zufolge immer besonders viele Nutzer anziehen. Sucht man bei *stern.de* anhand des prägnanten Reizworts ›Porno‹ nach dem GNTM-Artikel, entdeckt man gleich sechs Porno-News, die an jenem 14. März 2008 vermeldet wurden, davon drei mit dem Begriff in der Überschrift: »Zwischen Porno und Politik« (20 Uhr 10), »Bei uns ist alles inklusive« (16 Uhr 31: »Die Beziehung zu einigen Luxus-Callgirls kostete gerade den New Yorker Gouverneur Eliot Spitzer den Posten. Solche Damen gibt es auch bei uns: Eine heißt Jocelyn und spendet Männern in Leipzig exklusive Freuden. Mit *stern.de* sprach sie über Preise, Praktiken – und was sie nie machen würde«), »Porno, Pelze und Proleten« (16 Uhr 2), »Belgierinnen im Butan-Rausch« (11 Uhr 29), »Von Spitzers Edelhure zum Pornostar« (9 Uhr 7).

stern.de in der Erotikfalle

Es wäre natürlich völlig unsachlich, *stern.de* daraus einen Strick drehen zu wollen. »Oha«, sagt *stern.de*-Chefredakteur Frank Thomsen, wenn man ihn mit der ›Porno‹-Dichte konfrontiert und bleibt entspannt: »Wenn so ein Tag ist, dann ist mal so ein Tag. Sex gehört zum Leben dazu wie alles andere auch.« Solange das nicht repräsentativ sei für *stern.de*, sei das in Ordnung. Repräsentativ ist es natürlich nicht. An vielen Tagen erscheinen bei *stern.de* überhaupt keine News, in denen ›Porno‹ vorkommt.

Entspannt wirkt Frank Thomsen ohnehin. Zwar sei der Internetauftritt des *Stern* »in einer Art Erotikfalle« gefangen gewesen, bevor er dort anfing. »Aus der sind wir schon lange raus.« Das ist auch nicht als Vorwurf gemeint. Dafür, »wie klein der Laden war«, habe seine Vorgängerin Barbara Hamm eine »sehr respektable Reichweite« aufgebaut; sie »hatte nicht den Luxus, all das zu machen, was ich jetzt machen kann«.

Das zukunftsfähige Aufstellen des Portals aus luxuriöser Position heraus ist seit August 2006 Thomsens Job. Die Art und Weise, besonnen in die frühen Jahre zurückzublicken und ähnlich besonnen vorauszuschauen, die Probleme freundlich zu benennen, ohne harsch Kritik zu üben, ist typisch Thomsen. Für traditionsbewusste *Stern*-Leute ist eine wichtige Frage, ob es sich beim gedruckten *Stern* um ein Magazin wie den *Spiegel* handelt, oder um eine Illustrierte. Thomsens Antwort zeugt von salomonischer Dialektik: »Er wäre eine Illustrierte, wenn das Wort positiv besetzt wäre, da das Wort Illustrierte aber häufig als Abwertung gemeint ist, ist er ein Magazin«.

»Das, was die Gesellschaft bewegt«

Thomsen ist langjähriger Medien- und langjähriger *Stern*-Journalist. »Es ist im Grunde fast das klassische Bild eines Angestellten in der vermeintlich untergegangenen Bundesrepublik, der immer beim selben Unternehmen arbeitet«, sagt er über seine Karriere. Nachdem er sich sein Studium als freier Journalist »mit großem Bauchladen« und dem Schwerpunktthema Fernsehen/Medien finanziert hatte, wurde das Hamburger Illustriertenmagazin 1996 sein erster Arbeitgeber. Mehr als ein Jahrzehnt danach ist es immer noch sein einziger. »Weil es immer weiter ging«, weil er fünf Jahre Redakteur und fünf Jahre Ressortleiter war und dann Chefredakteur im Internet wurde. Als Journalist hat er über Medienthemen geschrieben, über »die großen Schlachten zwischen Kirch und Bertelsmann«, rund um das bereits damalige Zukunftsthema Digital-TV. Als einer der Leiter des Ressorts Politik und Wirtschaft – gemeinsam mit Norbert Höfler – hat er wenig geschrieben, aber viel geplant und konzipiert. Zum Beispiel eine Definition von Wirtschaftsthemen, die in den *Stern* passen. Sie lautete: »das, was die Gesellschaft bewegt«. Das ist jetzt seine Definition für das, was *stern.de* bringen soll.

Der Umbauprozess aus dem alten *stern.de* am respektablen Rande der Erotikfalle zum neuen, der »den Abgleich mit den Menschen machen« soll, umfasst so ziemlich alles, das im Supermedium Internet möglich ist: Thomsen hat rund 40 Leute angestellt, unter anderem, um eine Nachrichtenredaktion aufzubauen, die nun statt im Schichtsystem rotierender Ressortredakteure am Newsdesk sitzt. Außerdem hält eine ›Community Managerin‹ den hohen Community-Anteil an den Klickzahlen aufrecht. Zusätzlich werden, wie überall im Netz, die Großbaustellen *audience development* und die Suchmaschinenoptimierung bearbeitet. Beim Einführen von Bewegtbildern war *stern.de* vorn dabei und liefert eine große Auswahl an Videos zwischen 31 Sekunden und mehr als fünf Minuten Länge: Fernsehkritiker Alexander Kühn rät täglich zu Sendungen oder von ihnen ab; im Berliner Café Einstein geben Politiker und Verbandsfunktionäre Kurzinterviews, die umso interessanter sind, je eher die Interviewten aus der zweiten Reihe kommen und im traditionellen Fernsehen keine Chance kriegen. Beim Ausbau des Angebots unbewegter Bilder zum Durchklicken war *stern.de* auch vorn dabei. Bildstrecken sind eine »klassische Qualität« des *Stern*, sagt Thomsen. Seine Vorgängerin hatte Bildjournalismus auch schon besonders »sternig« genannt und gefördert. Dass zu diesen Angeboten auch im Jahre 2008 noch Bildstrecken wie »Wie deutschsprachige Edelhuren arbeiten« gehören, braucht kaum betont zu werden. Es gehört ja zum Leben oder zumindest zum *Stern*.

Fürs schnelllebige Internetzeitalter schreitet dieser Umbau staunenswert geruhsam voran. Im April 2007 wurde er nach reiflicher Überlegung bekanntgegeben. Damit, »dass diese Maschinerie so in Gang kommt und so konkurrenzfähig wird, wie ich mir das vorstelle« sei im Januar 2009 zu rechnen. Da kann man gespannt sein. Zumindest hat Thomsens Ankündigung, SPIEGEL ONLINE zu überholen und Marktführer zu werden, in der Branche Aufsehen erregt. Als *stern.de* rund 140 Millionen Page Impressions (PIs) im Monat verzeichnete, kündigte er an, einmal 600 Millionen zu erreichen. Das soll in ungefähr fünf bis sieben Jahren geschehen, um die SPIEGEL ONLINE dem *Stern* in der Online-Entwicklung voraus ist. Was *stern.de* zumindest hervorhob unter all den großen, an klassische Medien gekoppelten Nachrichtenportalen, die etwas verächtlich ›Second-best‹-Angebote genannt werden, weil sie zu sehr versuchen, den Marktführer zu kopieren.

Die Referenz ist sehr präsent. Kommt – wie oft in Diskussionen über die Medienkrise – der Vorwurf, das Internet bedrohe den Qualitätsjournalismus, verteidigt Thomsen ihn so: »Es gibt zum Glück ein Rollen-Vorbild, nämlich *SPIEGEL ONLINE*. Die haben früher begonnen und sind bereits in den schwarzen Zahlen. Die haben eine gute Redaktion und machen meistens guten Journalismus. Es scheint ja zu gehen.« Werden – wie in ähnlichen Debatten ebenfalls oft – Vorwürfe laut, *SPIEGEL ONLINE* sei zu boulevardesk, verteidigt Thomsen die Konkurrenz: »Diese Debatte finde ich lächerlich. Soll solche Kritik doch mal bei den unterfinanzierten Regionalzeitungen anfangen, deren Angebote immer dünner werden.« Darin liegt wiederum ein Vorteil für *stern.de*: Fällt Freunden des Qualitätsjournalismus Paris Hilton in einer *Spiegel-Online*-Schlagzeile auf, rümpfen sie die Nase. Der *Stern* hingegen ist Paris Hiltons natürlicher Lebensraum.

Das Online-Flaggschiff von Gruner + Jahr

So ergeben Thomsens freundliche Erklärmuster ein stringentes Bild. Das profitiert davon, dass er solche Diskussionen über den Qualitätsjournalismus seit Jahren auf Podien mitmacht oder moderiert. Als Chefredakteur steht Thomsen in der Reihe junger, repräsentativer Chefs à la Mathias Müller von Blumencron, die mit Powerpoint und Politikern, mit Werbekunden und Vorständen des eigenen wie anderer Unternehmen gut umgehen können und gerade auch wegen ihres Repräsentieren-Könnens Chef wurden. »Rational«, »kontrollierter und kontrollierender Manager«, »grundsolide«, so lauten Einschätzungen der Person Thomsens durch andere Onliner.

Damit ähnelt er den längstamtierenden *Stern*-Chefredakteuren seit Henri Nannen, den aktuellen Chefs, Thomas Osterkorn und Andreas Petzold. Und steht in recht diametralem Gegensatz zu den kantigeren bis cholerischen, visionären Vorgängern, die gerade auch beim *Stern* nach dem Hitler-Tagebuch-GAU gewirkt haben. Es fällt auf, dass letztere viel öfter auch mal selber Texte schrieben als die neue Generation der Chefs das tut. Frank Thomsen hat in der ersten Hälfte 2008 einen Artikel geschrieben. Da ging es um die medienjournalistische Kampfdiskussion zwischen Verlegern und öffentlich-rechtlichen Fernsehsendern rund um den Rundfunkänderungsstaatsvertrag. In der auf allen Seiten von Polemik auf häufig bescheidenem Niveau geprägten Auseinandersetzung fiel sein Beitrag allenfalls durch seinen geringen Polemikgrad auf.

»Ich verstehe mich als eine Art Impulsgeber«, erläutert Thomsen sein Verständnis der Chefredaktion. »Das ständige In-die-Spur-Setzen ist wichtig, da muss einer sein, der den Redakteuren eine grobe Linie für das tägliche Geschäft vorgibt«, sagt er in seiner stringenten Metaphorik, deren schönstes Bild so geht: Der Internetauftritt des *Stern* sei »ein großer Musikdampfer – mit einer großen Bibliothek für die feinen Analysen über den Niedergang der SPD, mit einer Muckibude für die Sportbewussten, und natürlich auch mit dem Sonnendeck, wo man sich oben ohne sonnen kann«. Dank der Größe des Dampfers kämen sich die vielen Angebote wenig ins Gehege, und *stern.de* könne bunt schillernd und trotzdem politischer als die Konkurrenz sein. Tatsächlich bietet das Portal eine enorme Spannbreite.

Einen »idealtypischen Leser« hat Thomsen dennoch vor Augen. Henri Nannens ›Lieschen Müller‹ mit dem Küchenzuruf? Er hat in der Tat »überlegt, wie Lieschen Müller heute heißen würde« und verfiel auf »Sabine Müller, die 33 Jahre alt sein müsste«, so wie der statistisch ermittelte *stern.de*-Nutzer – oder einen anderen idealtypischen Leser: sich selbst. »Wenn ich bei einem Thema staune, tun es die Leute auch. Sobald es Spezialistenwissen wird, interessiert es mich oft nicht mehr, egal aus welchem Gebiet. So geheimnisvoll sind die Menschen nicht, da ist man dann selber ja schließlich auch einer«.

So ein geräumiger Musikdampfer ist nicht für Geschwindigkeit berühmt, aber »es ist manchmal nicht schlecht, nicht der Allerschnellste zu sein«, weiß Thomsen und nennt als Beispiel den Hype um die virtuelle Ersatzwelt *Second Life*. Dass manche deutschen Verlage dort frühzeitig vertreten waren, hat sich für sie nicht ausgezahlt. Nicht zuletzt erinnert der Musikdampfer an den Verlag, für den Thomsen arbeitet. Die Gruner+Jahr-Zentrale am Hamburger Hafen – beziehungsweise am Hafenrundfahrtshafen für Hamburg-Touristen – hat selbst Schiffsform. In der Peripherie befinden sich viele ausgegründete Tochterfirmen, die Illustrierte *Gala* und die *Financial Times Deutschland*, die seit Anfang 2008 vollständig zu G+J gehört (weil der *Spiegel* die andere Hälfte nicht kaufen wollte). Zwischen Straßen namens Stubbenhuk und Kehrwieder liegt ein richtiges G+J-Viertel. Und so, wie bei G+J der Platz im Impressum (wo Thomsen zunächst der Titel »geschäftsführender Redakteur« zuerkannt wurde, bevor er als »Chefredakteur online« noch weiter nach oben rückte) viel zu bedeuten hat, hat auch die Lage der Redaktion im Viertel etwas zu bedeuten. Als ihm der Online-Chefposten angeboten wurde, sei das zwar eine große Chance gewesen; andererseits hätte es so aussehen können, dass einer, der zum Online-Ableger ins Nebengebäude geht, »abgeschoben« wird, scherzt Thomsen. Dass es darum nicht ging, demonstrierte der Umzug der *stern.de*-Redaktion ins Hauptgebäude, in unmittelbare Nähe der Redaktion des gedruckten *Stern*. In seinem Büro hat Thomsen Blick auf die Elbe, auf Augenhöhe mit der Hochbahn. Das symbolisiert, dass auch im größten Zeitschriftenverlag Europas aus der Nebensache des begleitenden Internet-Auftritts eine Hauptsache wurde. Angesichts der Gewissheit, dass die geforderten Wachstumsraten mit gedruckten Erzeugnissen künftig schwer zu erreichen sind, ist *stern.de* für den Zeitschriftendampfer das Online-Flaggschiff. Andere Redaktionen sollen von den Erfahrungen profitieren, die *stern.de* macht, sie also nicht selber machen. Geld ist derzeit keines der zentralen Probleme von *stern.de*. Schwarze Zahlen muss Thomsen nicht schreiben, bevor der Umbau beendet ist.

»Ohne Qualitätsjournalismus hätte die Gesellschaft ein Problem«

»Es sagt auch niemand: bitte, bitte schneller«, so Thomsen über seine Position im Verlag. In der internen Kommunikation bei G+J, wo die

Hierarchien nicht als flach gelten, agiert Thomsen offenbar ähnlich erfolgreich wie nach außen. »Ich profitiere davon, dass man mich machen lässt, dass alle, die mich stoppen könnten, die Ruhe haben zu begreifen, dass der Ausbau nicht mal so eben gemacht ist«. Natürlich liegt im vielen Lob für SPIEGEL ONLINE, dessen Manager schon vor Jahren so stark aufs Internet gesetzt haben, auch eine indirekte Aussage aus heutiger Sicht über Manager, die zur selben Zeit weniger stark aufs Internet gesetzt haben. Es verfehlt dann sicher seine Wirkung nicht, wenn jemand daherkommt, der hanseatisch die Gewissheit ausstrahlt, dass dies in wenigen Jahren auszubügeln sei.

Andererseits, dass die Gewässer stürmisch sind und die Probleme groß, Journalismus allein durch Werbung zu refinanzieren, weiß der Medien- und Wirtschaftsjournalist natürlich auch: »Man kann ja nur hoffen, dass es weiterhin eine Art von Werbung online gibt, die es ermöglicht, so etwas wie *stern.de* zu machen. Sollte sich Qualitätsjournalismus eines Tages mal nicht mehr lohnen, hätte die gesamte Gesellschaft ein Problem«. Jeder, der für kommerziell hoffnungsvolle Internetportale arbeitet, kennt Geschichten wie die, die Thomsen über einen Mediaplaner erzählt. Der habe ihm gesagt: »Als Staatsbürger finde ich super, was Sie gerade gesagt haben«, aber als Verantwortlicher für den Etat XY müsse er seinem Kunden leider empfehlen, bei der Konkurrenz zu werben, die ja längst zuließe, wogegen sich *stern.de* sträube. Diejenigen, die den Online-Etat XY dann einheimsten, will Thomsen natürlich nicht namentlich genannt wissen. Womöglich auch deswegen, weil diejenigen ähnliche Geschichten über *stern.de* zu erzählen wüssten. Sollten sie die erzählen, könnte er auch das wiederum erklären. Dass sich auf Übersichtsseiten Texte der Werbekunden von den redaktionellen Texten typografisch nicht so unterscheiden wie nötig, ärgert ihn, weil »klare Trennung von Redaktion und Anzeigen« so wichtig ist – das liege an technischen Problemen, die natürlich behoben werden müssten.

So weckt die Ruhe des ambitionierten Umbaus bei *stern.de*, zumal wenn Baumeister Thomsen sie interpretiert, Hoffnung und Spannung.

Hoffnung darauf, dass es tatsächlich Internetportale geben wird, auf die Staatsbürger stolz sein können – vielleicht so stolz, wie Qualitätsjournalisten wichtiger Papierzeitungen heute auf die ›vierte Gewalt‹ sind. Die Spannung entsteht auch aus dem noch nicht widerlegten Verdacht, dass allein das Erledigen von vor zwei Jahren als richtig erkannten Hausaufgaben der Schnelligkeit des Internets und den laufenden Veränderungen doch nicht gerecht werden konnte. Der Ausbau schafft Fallhöhe oder um im Bild zu bleiben: Sinktiefe. Grund genug, öfter bei *stern.de* vorbei und nicht gleich weiter zu surfen, wenn dort Lebensbestandteile wie Paris Hilton oder irgendetwas, das das Attribut ›Porno‹ erfordert, prominent grüßen. CHRISTIAN BARTELS

Frank Thomsen

Geboren am 2. Mai 1965 in Flensburg

Ausbildung

1986-1992 Studium an der Universität Hamburg: Betriebswirtschaftslehre und Journalistik; Abschluss: Diplomkaufmann

Beruflicher Werdegang

1986-1996 Arbeit als freiberuflicher Medienjournalist (*Die Zeit, Frankfurter Rundschau, Tagesspiegel, epd Medien, Kölner Stadt-Anzeiger* u.a.)

1996-2001 Redakteur beim *Stern* für Medien und Telekommunikation (Ressort Wirtschaft)

2001-2006 Ressortleiter Politik + Wirtschaft beim *Stern* (gemeinsam mit Norbert Höfler)

s. 08.2006 Chefredakteur von *stern.de*

Dirk von Gehlen –

Der Leserversteher

Am 22. Juli 2002 wäre für Dirk von Gehlen beinahe schon wieder alles vorbei gewesen. An diesem Montag beerdigte die *Süddeutsche Zeitung* seinen Traum – mit einem dünnen Heft aus durchscheinendem Papier, das wie gewohnt zum Wochenanfang zwischen den Werbebeilagen der Zeitung steckte. Dirk von Gehlens Traum, das war das *jetzt*-Magazin, das sich an diesem Tag mit einer letzten Ausgabe von seinen Lesern verabschiedete: 32 Seiten, kaum Fotos, stattdessen eng bedruckt mit einer Bleiwüste aus Text, den die Leser für den Abgesang ihres Magazins selbst geschrieben hatten – »3657 Gründe, warum es sich zu leben lohnt«.

Neun Jahre lang hatte die *Süddeutsche Zeitung* jeden Montag mit ihrer Beilage bewiesen, dass intelligenter Journalismus für jüngere Leser möglich ist, wenn man die Welt aus ihrer Lebenswelt heraus betrachtet und beschreibt. Das 1993 gestartete Magazin galt als Sammelbecken begabter Nachwuchsautoren und heimste renommierte Preise ein. Vor allem aber schaffte das dünne Heftchen etwas, was dem Mutterblatt immer weniger gelang: Es brachte junge Leser dazu, sich für die Zeitung zu interessieren. Mit *jetzt* war so etwas wie eine mediale Jugendbewegung entstanden – und von Gehlen war Teil von ihr. Erst als begeisterter Leser, dann als Autor, zuletzt als Pauschalist für den Internetauftritt des Jugendmagazins.

Doch der *Süddeutsche Verlag* interessierte sich in diesen Tagen weniger für journalistische Biotope. Die Manager des unter der Anzeigenkrise ins Schlingern geratenen Zeitungshauses hatten den Rotstift ausgepackt und im Zuge einer groß angelegten Stellenreduzierung vermeintliche Luxusbereiche aus dem Portfolio der Tageszeitung gestrichen. Das beliebte, aber anzeigenarme *jetzt* war einer davon.

Dirk von Gehlen war 27 Jahre alt, als die *Süddeutsche Zeitung* seine bisherige Lebenswelt beerdigte. Was ihm damals noch nicht klar war: Dem gewaltsamen Ende des Blattes sollte er seine weitere Karriere verdanken – als Redaktionsleiter von *jetzt.de*. Denn als die *jetzt*-Macher ihren ersten Job verloren und enttäuscht ihre Sachen aus dem Büro trugen, durfte von Gehlen bleiben. *jetzt*, so das Lippenbekenntnis des Verlages, sollte als Internetauftritt weiterleben. Und den hatte von Gehlen in seiner aktuellen Form maßgeblich mitgestaltet. Zwar war *jetzt.de* bereits Mitte der 1990er-Jahre nach dem *Spiegel* eines der ersten Magazine mit einem eigenen Auftritt im Internet gewesen. Doch in den ersten Jahren präsentierte sich das eigentlich innovative Projekt online nicht besonders spannend. »Nicht dynamisch, sehr langweilig einfach die Inhalte ins Netz gestellt«, erinnert sich von Gehlen. Erst 2000, als der erste große Internet-Boom beinahe schon wieder vorbei war, begann man in München darüber nachzudenken, wie man die journalistische Idee von *jetzt* adäquat auf das Internet übertragen könnte. 2001 kam dann das Grundgerüst, das bis heute *jetzt.de* ausmacht – eine Community. »Damals hieß das *jetzt*-Kosmos und die Weblogs hießen Netztagebücher«, sagt von Gehlen. »Aber im Kern haben wir damals vorweggenommen, was man heute als Web 2.0 beschreibt.«

Auch vom Internet hatte er keine Ahnung

Die zunehmende Digitalisierung der Gesellschaft, sie ist auch Dirk von Gehlens ganz private Geschichte. Zu Hause bei seinen Eltern, in Mülheim an der Ruhr, da lag eigentlich ganz klassisch die *Westdeutsche Allgemeine Zeitung* auf dem Tisch. Als er später Abitur und Zivildienst machte, entdeckte er die *Süddeutsche Zeitung* mit Autoren wie Herbert Riehl-Heyse, Kurt Kister oder Heribert Prantl. »Die klassische *SZ*-Schreibe hat mich schon sehr stark geprägt, wie ich Journalismus verstanden habe«, sagt er. Und er entdeckte das *jetzt*-Magazin, das ihm so gut gefiel, weil er es als authentisch empfand.

Computer interessierten ihn dagegen weniger, auch vom Internet hatte er damals, Mitte der 1990er-Jahre, keine Ahnung. Erst später, während seines Journalistikstudiums in München, habe er sich ein wenig damit beschäftigt. Wirklich wichtiger Bestandteil seines Lebens wurde das Netz eigentlich erst, als er nach seiner Diplomarbeit das Angebot bekam, als Pauschalist für den Web-Auftritt von *jetzt* zu arbeiten. »Das habe ich damals in Kauf genommen«, sagt er heute. Hauptsache *jetzt*, das war damals seine Motivation, die ihn schließlich auf neue Pfade führte: »Ich habe über diesen Weg den Vorteil der neuen Technologie kennengelernt.« Heute bestimmt das Internet sein Leben. Doch obwohl von Gehlen inzwischen einiges von der digitalen Welt versteht, ein privates Weblog betreibt und im Laufe der Jahre zusammen mit seiner Redaktion zahlreiche Preise für den innovativen *jetzt.de*-Auftritt bekommen hat, steht er bei aller Begeisterung den neuen Medien distanziert gegenüber. Zwar ist da die Online-Welt – Weblogs, Podcasts –, die schon längst seine Art zu kommunizieren grundlegend verändert hat. Doch auf der anderen Seite gibt es die *Süddeutsche Zeitung*, das klassische Printmedium mit seiner Seite-3-Reportage und dem großen traditionellen Journalismus, den er bewundert. »Ich bin auch heute nicht jemand«, sagt von Gehlen, »der herumläuft und allen sagt: Wir müssen Internet machen«.

Damals dürfte er den Entscheidern bei der *Süddeutschen* genau das erzählt haben, 2002, als er ohne große Hoffnungen das *jetzt*-Magazin in seine ungewisse virtuelle Zukunft überführen sollte. Länger als ein paar Monate werde es nicht dauern, so hörte es von Gehlen aus allen Ecken, bis auch ihm der Strom abgedreht werde. »Wir haben damals wie ein Start-up nach neuen Finanzierungsmöglichkeiten gesucht«, sagt er. Die Lösung fand sich schließlich im Altbewährten: »Zeitung in der Schule«, das medienpädagogische Projekt der *sz*, mit dem das Blatt junge Leser per Unterrichtseinheit in der Schule an die eigene Marke gewöhnen und deren Eltern für ein Abo gewinnen will. Die Idee: Der Marketing-Etat für das Projekt könnte *jetzt.de* das Überleben sichern und der *Süddeutschen Zeitung* den gewünschten Lesernachwuchs verschaffen, indem sich die Schüler künftig bei *jetzt.de* registrieren sollten. Dazu kam eine für damalige Verhältnisse sehr offensive Verzahnung von Print und Online: *jetzt.de* bekam eine feste Zeitungsseite in der *sz*, auf der auch Texte aus dem *jetzt*-Kosmos erschienen. Aus dem drögen Schulprojekt war plötzlich ein Online-Experiment geworden, dass die Grundidee des Magazins weiteratmen durfte: Junge Leser sind keine passiven Frontalunterrichtsschüler mehr, sondern aktive Konsumenten. Und während einige der ehemaligen *jetzt*-Macher bereits mit dem *Stern* über das neuartige und später überraschend erfolgreiche Lebenswelt-Magazin *Neon* verhandelten, war Dirk von Gehlen mit 27 plötzlich Redaktionsleiter der virtuellen Reste des *sz-Jugendmagazins*. Damals spaltete sich das Erbe des *jetzt*-Magazins quasi auf – in *Neon* und *jetzt.de*. »Das Heft wird sehr mystifiziert«, sagt der 33-Jährige heute, der seinen Erbteil in eine neue Form gegossen hat.

Nachrichten für die ›digitalen Eingeborenen‹

Denn von Gehlen sieht sich als Vermittler in einer medialen Welt im Umbruch. Einer Welt, in der mit der Digitalisierung ein neues Lebensfeld aufgerissen wurde, das im Leben der älteren Menschen kaum eine Rolle spielt. Ein digitaler Graben, sagt er, ziehe sich durch die Gesellschaft, der die Zeitungen und Magazine vor ein strukturelles Problem stelle: »Die etablierten Medien haben eine Leserschaft, die sehr stark in einer anderen Lebenswelt verwurzelt ist, und es stellt sich derzeit das große Problem, wie diese etablierte Lebenswelt mit der digitalen Lebenswelt zusammengeht.« Auf der anderen Seite sieht von Gehlen die »digitalen Eingeborenen«, wie Medienzar Rupert Murdoch sie nennt. Generationen, die ganz selbstverständlich mit den neuen Technologien hantieren und sie fest in ihren Alltag integriert haben. Die, so befürchtet er, lassen sich von den klassischen Medien nur noch schwer abholen. »Unser Leben verändert sich fundamental«, sagt von Gehlen. »Die Frage ist: Wie reagieren wir darauf?«

Die Antwort gibt er selbst: die Glaubwürdigkeit der *Süddeutschen Zeitung* mit der Lebenswelt junger Menschen verbinden. *jetzt.de*, da ist er sicher, ist zumindest für das Autorenblatt aus München der richtige Weg dazu. Die erfolgreichen Communitys wie *Facebook*, *schülervz* oder *MySpace* sind in seinen Augen eher virtuelle Großraumdiskos. Die *Süddeutsche Zeitung* sei per definitionem anders: ein Club, in dem man gute Musik hört, nette Freunde trifft. »Es ist ja nicht so, dass wir hier eine Hüpfburg aufgeblasen haben«, sagt er. »Wir machen Qualitätsjournalismus.« Nur sieht der etwas anders aus als in traditionellen Medien.

»Unsere Stärke liegt eigentlich darin, dass wir Nachrichten etwas anders definieren«, sagt von Gehlen. Während sich in anderen Angeboten die Informationen im permanenten Aktualitätsfluss befinden, selektiert die Redaktion hier stärker, gewichtet nach anderen Maßstäben – und entfernt sich damit auch einen Schritt vom Geschwindigkeitswahn des Mediums. Die Rubriken heißen hier folgerichtig auch nicht Politik, Feuilleton oder Wirtschaft, sondern Macht, Sex, Job oder Leben. Es geht um Lebenswelten, nicht um Nachrichtenlagen.

Drei Kriterien gebe es, so von Gehlen, an denen seine Redaktion die Relevanz und Eignung eines Themas für *jetzt.de* ermittele: Berührt es die Lebenswelt der User? Hat es einen Gesprächswert? Ist es aktuell? Mindestens zwei dieser Bedingungen müssten erfüllt sein, dann könne die Geschichte auch in den *jetzt*-Kosmos, dessen Nachrichtenauswahl sich so schon eklatant von den großen Nachrichtenportalen und auch vom Online-Auftritt der *Süddeutschen Zeitung* unterscheidet. Dennoch sei *jetzt.de* sehr viel politischer als damals das gedruckte Magazin, sagt er. Vor allem aber setze *jetzt.de* auf den Dialog mit den Usern, die hier ›Kosmonauten‹ heißen und das Angebot maßgeblich mitgestalten. Zwar wählt die Redaktion jeden Tag ein paar Artikel aus der *Süddeutschen Zeitung* zur Publikation im eigenen Kosmos aus und schreibt zusätzlich eigene Texte, führt Interviews oder füllt Kolumnen. Doch in erster Linie soll das dazu dienen, um mit den Usern in einen Dialog einzutreten, sie zu eigenen Texten und Kommentaren zu motivieren. Einige der Texte schaffen es dann bis in die gedruckten *jetzt.de*-Seiten der *Süddeutschen Zeitung*, die wöchentlich von der *jetzt*-Redaktion gestaltet werden. »User generated content funktioniert, wenn man dem Autor einen Rahmen gibt, in dem er auch Autorität hat«, sagt von Gehlen. Im Fall von *jetzt.de* sei es das eigene Leben. Künftig werde es zwar noch publizistische Modelle ohne Dialog geben, sagt er. »Aber sie werden weniger.«

»Massiv auf die Fresse bekommen«

Welche Auswirkungen dieser neue Dialog mit den Lesern haben kann, bekam von Gehlen 2005 selbst zu spüren, als er *jetzt.de* einem großangelegten Relaunch unterzog und die Community auf die Barrikaden ging. »Wir haben damals massiv auf die Fresse bekommen und haben das auch verdient«, sagt er. Denn zwar hatte das *jetzt.de*-Team die User durchaus im Vorfeld nach ihrer Meinung gefragt, aber im Prinzip den Relaunch so gemacht, wie es ihn sich selbst vorgestellt hatte. »Das ist etwas, was man erst sehr schmerzhaft lernen muss«, sagt von Gehlen: »Solche dialogischen Elemente fordern auch sehr viel stärker ein, dass der Nutzer bei Veränderungen beteiligt ist.«

Doch es ist gerade dieser Dialog mit den Usern, der das traditionelle Rollenverständnis im Journalismus langsam außer Kraft setzt: die in den Köpfen vieler Medienschaffender einzementierte Idee, dass der Journalist per se etwas klüger ist als der Leser und ihm deswegen die Welt erklärt. »Das ist bei uns aufgelöst, wir betreiben eine sehr viel dialogorientiertere Form des Journalismus«, sagt von Gehlen. »Wir unterstellen unseren Lesern, dass sie die Fähigkeit haben, auf unserem Portal mitzureden.« Auch von Gehlen, Absolvent der Deutschen Journalistenschule, hat ursprünglich Journalismus anders definiert – als Frontalunterricht, in dem sich der Leser maximal mit einem Leserbrief zu Wort meldet. Durch die neuen Technologien, sagt er, habe sich alles grundlegend geändert und wurden neue Anforderungen im Journalismus geschaffen: die Fähigkeit mit dem Leser zu interagieren. »Wir haben doch alle mit Journalismus angefangen, weil wir wollten, dass die Leute unsere Texte lesen«, sagt von Gehlen. »Jetzt lesen sie unsere Texte und reagieren darauf und davor dürfen wir unsere Augen nicht verschließen.« Er selbst habe die Begeisterung für den Dialog entwickelt und sehe sich am liebsten in Augenhöhe mit seinen Usern. Auch wenn das manchmal anstrengend sei.

Doch auch die alte Welt, die der Tageszeitungen und Magazine, lässt den 33-Jährigen nicht los: Der Leser als gleichberechtigter Partner des Journalisten – irgendwie kann sich von Gehlen schon vorstellen, dass es wieder ein gedrucktes Heft geben könnte, das diese Idee von *jetzt* weiterträgt. »Ich glaube, dass es möglich ist, mit gedruckten Nachrichten eine junge Zielgruppe zu erreichen«, sagt er. *Neon* habe bewiesen, dass es diese Leserschaft gibt. »Und *jetzt.de* zeigt, dass sich diese Leser für mehr interessieren als nur für ihre Lebenswelt.« ALEXANDER VON STREIT

Dirk von Gehlen

Geboren am 15. April 1975 in Mülheim an der Ruhr

Beruflicher Werdegang

1991-1995	Freier Mitarbeiter *Neue Rhein/Neue Ruhr Zeitung*, Lokalredaktion Mülheim an der Ruhr
1995-2000	34. Lehrredaktion der Deutschen Journalistenschule, München mit Studium Diplom-Journalistik an der LMU München
ab 1997	Freier Journalist für *Süddeutsche Zeitung*, *jetzt*-Magazin, *Frankfurter Rundschau*, *taz*, *Tomorrow*, MTV
2000-2001	Redakteur in der Pressestelle der Universität München
2000-2002	Pauschalist *jetzt*-Magazin
s. 2002	Redaktionsleitung *jetzt.de*

Dirk von Gehlen ist verheiratet und lebt in München.

Jochen Wegner – Der Teamplayer

Es ist fast unmöglich jemanden zu finden, der etwas Schlechtes über Jochen Wegner sagt. »Er ist etwas rätselhaft«, ist so ziemlich die härteste Kritik, die man hört, wenn man Menschen anspricht, die Wegner kennen. Und auch das liegt vielleicht nur daran, dass er nicht unbedingt zu der Sorte Mensch zählt, die ihr Innerstes nach außen kehrt. Wegner behauptet, es gebe in ganz Deutschland nur zehn Menschen, mit denen er sich ernsthaft über seinen Beruf unterhalten könne. Aber nicht einmal wer diese zehn Personen sind, verrät er.

Wäre Jochen Wegner Politiker, würde er auf der Sympathieskala ganz oben mitmischen. Er ist freundlich, ohne oberflächlich zu wirken. Er ist gebildet, ohne akademische Attitüde. Und er ist nicht so perfekt, dass es schon wieder unsympathisch wäre. Einzig sein goldener Ehering ist ein wenig zu protzig, um noch als bescheiden durchgehen zu können. Wäre Jochen Wegner Politiker, würde er es aber wohl nie so weit nach oben geschafft haben wie im Journalismus. Konkurrenten ausstechen, jemanden wegbeißen und Intrigen spinnen scheint seine Sache nicht zu sein. Zum Online-Alphatier schaffte er es wohl vor allem deshalb, weil er mit der Materie besser vertraut war als die Generation derjenigen Journalisten, die zehn Jahre älter sind und vergeblich auf die Chefposten im Online-Zeitalter schielten.

Wenn Jochen Wegner von seinem Werdegang erzählt, der ihn schon mit 36 Jahren an die Spitze von *Focus Online* geführt hat, hat man irgendwie das Gefühl mit einem Menschen auf eine Reise zu gehen, deren Ziel nicht Macht und Karriere ist, sondern alles über das Universum, die Welt und die Menschen zu erfahren.

Ausgangspunkt dieser Reise ist Karlsruhe. Dort wurde Wegner am 9. Dezember 1969 geboren. Aufgewachsen ist er im badischen Bretten, nicht sehr weit weg von der französischen Grenze. Wegners Vater ist Ingenieur und Leiter einer Fabrik für Filteranlagen. Die Mutter arbeitete als Sekretärin bei den Stadtwerken in Bretten. Journalisten-Vorfahren gibt es in seiner Familie nicht.

Und doch begeisterte er sich früh für das Schreiben. Schon in der vierten Klasse bringt er mit ein paar Freunden das *4A-Echo* heraus, das der Vater eines Schulfreundes, der bei IBM arbeitet, kopiert. Auf ein Medium festgelegt ist Schüler Wegner nicht. Auf dem Gymnasium schließt er sich der Video-Gruppe an und startet – den Schulnamen aufgreifend – das *Melanchthon-TV*. »Wir haben einen rotierenden 3D-Schriftzug fürs Intro programmiert, die Lehrer interviewt und das monatlich auf dem Pausenhof gezeigt«, erinnert sich Wegner. Und wenn man ihn hört, rätselt man, ob ihm das Interviewen der Lehrer oder das Basteln der 3D-Grafik am Computer mehr Freude gemacht hat.

Der Computer und die mit ihm verbundene Technik ist eine Konstante in Wegners Leben. Er gehört zu der Generation Jugendlicher, die sich in den 1980er-Jahren für Computer begeisterten, diese aber nicht als reine Spielekonsolen nutzten, sondern selbst tüftelten und eigene Programme schrieben.

Echter Journalist wurde Wegner mit 17 Jahren. Damals schrieb er seinen ersten Artikel für die Computerzeitschrift *ST Magazin*. »Es gab damals Abenteuerspiele, die nur mit Texteingaben funktionierten«, sagt er, »man konnte etwa in einen Raum gehen und dort bestimmte Dinge zu tun. Als Schüler habe ich ein Programm geschrieben, mit dem man solche Text-Adventures automatisch generieren konnte und darüber habe ich eine Artikelserie verfasst. Kurz darauf habe ich mich dann aber lieber dem klassischen Journalismus zugewandt und für die *Badischen Neuesten Nachrichten* geschrieben.«

Nach dem Abitur hadert Wegner zunächst mit der Entscheidung, welche Richtung er nun einschlagen solle. Technische Berufe fand er ebenso spannend wie den Journalismus, weshalb er zunächst dem Computer Zeit seines Zivildienstes treu bleibt – und als Programmierer in einem Krankenhaus arbeitet. Während dieser Zeit hatte der jugendliche Jochen beinahe jede Woche eine neue Berufsidee: »Zwei Jahre grübelte ich, weil ich nicht wusste, welche der vielen Möglichkeiten ich nun wählen sollte.« Philosophie in Heidelberg? Informatik in Karlsruhe? VWL in Mannheim? Dokumentarfilm in München? »Sag einfach Bescheid, wenn Du Dich entschieden hast«, sagte seine leicht entnervte Mutter irgendwann zu ihm.

Ein Studium, womöglich der Journalistik oder Kommunikationswissenschaft, kam für Wegener dann aber doch nicht in Betracht. »Meine Familie gehört dem Mittelstand an. Was man mit den Händen greifen kann, das hat Gewicht. So etwas wie Journalismus war eher nicht auf dem Radar und galt als ein wenig brotlos«, sagt er. Journalistenschulen, bei denen sich Wegner während des Zivildienstes bewirbt, hatten hingegen die notwendige Seriosität, auch die Eltern zu überzeugen. »Die Leute von dort wurden etwas.« Dass es schließlich die Kölner Schule für Wirtschaftsjournalismus wurde, die Wegner von 1990 bis 1992 besuchte, lag vor allem daran, dass von dort die erste Zusage kam.

»Der Himmel wollte nie, dass Dr. Mönke fliegt«

Und doch hat Jochen Wegner schließlich ein bisschen von allem gemacht. Nach der Journalistenschule begann er ein Physikstudium in Bonn. Und weil dies und seine Arbeit als freier Autor für verschiedene Medien ihm offenbar nicht reichten, studierte er zunächst auch noch Philosophie. »Das habe ich dann später irgendwann aufgegeben, weil einen das sehr verschulte Physikstudium schon stark in Anspruch nimmt.« Während des Studiums arbeitete Wegner bereits bei namhaften Medien, vor allem für das Wissenschaftsressort. DEUTSCHLANDFUNK, *Bild der Wissenschaft*, GEO, *Berliner Morgenpost* und WDR sind nur einige seiner Abnehmer.

Noch heute schwärmt Wegner vom damaligen Regierungssitz Bonn, einem »kleinen Ökosystem mit schnellem Zugang, in dem einem morgens beim Joggen am Rhein die Bundestagspräsidentin zuwinkte«. Die ›Meute‹, wie sie heute in Berlin zu finden sei, habe es damals nicht gegeben. Die älteren Kollegen hätten junge Journalisten an die Hand genommen. »Damals war der Umgang sehr kollegial«, sagt Wegner und gibt so indirekt einen Hinweis darauf, dass er den Ton unter Kollegen heute öfter als rau empfindet. Wenn Wegner von alten Bonn-Zeiten schwärmt, ahnt man, dass er nicht unbedingt ein Fan der schnelllebigen ›Berliner Republik‹ ist, auch wenn für ihn als Chef eines Online-Mediums gerade die Schnelligkeit eine besondere Rolle spielt.

Eine wichtige Entscheidung hat Wegner während seiner Zeit als freier Journalist getroffen: Schreiben ist seine Leidenschaft, auch wenn er kurz an eine Karriere als Dokumentarfilmer dachte und Georg Stefan Troller als Vorbild nennt. »Mein Thema war immer die große Reportage. Der perfekte Einstieg. Die Frage: Wie kann man Authentizität erfahren? Das geht als Schreiber, als Fotograf bedingt, als Filmer geht es gar nicht. Das habe ich gemerkt, als ich für den WDR gearbeitet habe. Der Film, bei dem man mit drei Leuten auftaucht, ist viel zu invasiv. Da bekomme ich nicht das, was ich gerne hätte«, sagt Wegner. Seine wichtigsten ›Medienprodukte‹, die Geschichten, die ihm wichtig gewesen seien, seien Texte.

»Der Himmel wollte nie, dass Dr. Mönke fliegt.«, lautet einer von Wegners Einstiegen für ein Porträt über den damals 79-jährigen Dr. Mönke, der im Keller jahrelang an einem eigenen Flugzeug baute, das nie abhob. Zwei Jahre begleitete Wegner Mönkes Flugversuche. »So in die Leute reinkriechen, das fand ich damals spannend.« Damals, das war im Jahr 2000, als Wegners Porträt im *Focus* erschien. »Intensive Vorbereitung« ist Wegners Geheimtipp für gute Recherche. Menschen öffneten sich, wenn man sie mit Fachwissen überraschen könne und ihnen das Gefühl gebe, sich ernsthaft für sie und das, was sie tun, zu interessieren. Bei vielen Journalisten höre Recherche heute bei Google auf, sagt Wegner, und ist gleichzeitig überzeugt, dass die Qualität des Journalismus durch Google eher zugenommen habe. »Damit lassen sich grundlegende Zusammenhänge sehr schnell überprüfen.«

Noch bevor er seinen Diplom-Abschluss in der Tasche hat, liegt auf Wegners Schreibtisch schon ein *Focus*-Vertrag. 1998 tritt er dort seine Stelle als Redakteur im Wissenschaftsressort an, das beim *Focus* ein sehr breites Feld bestellen darf. Zunächst sei er bei dem Nachrichtenmagazin der ›Internet-Onkel‹ gewesen, der den Leuten erklärt habe, wie das so gehe mit diesem World Wide Web. Als das Netz Mainstream wurde, suchte sich Wegner neue Themen und wanderte damit quer durch die Ressorts. »Ich habe über Volkswirtschaft geschrieben, über Japan und die Börse, über Medizin oder Israel. Dazu kamen Titelgeschichten, etwa über den Zufall, das Glück, die Faulheit, den Sinn des Lebens. Das Spektrum war sehr breit.«

Nach diesen ›Abstechern‹ wandte sich Wegner noch einmal verstärkt dem Internet zu, erlebt eine zweite Themenrevolution im Web 2.0 und schreibt über Start-up-Unternehmen wie *flickr*, damals noch eine kleine Klitsche mit drei Mitarbeiten.

»Machen, machen, machen«

Communities, das ist eine weitere Konstante in Wegners Leben. Schon im Studium gründete er eine eigene: das *jonet*. *jonet* ist eigentlich die Abkürzung für Journalisten-Netzwerk, aber über viele Jahre hinweg stand es sicher auch für ›Jochens Netzwerk‹. Das *jonet* ist sozusagen Wegners erstes Kind – inzwischen hat er mit seiner Frau Beatrice Lugger, die ebenfalls Journalistin im Hause Burda ist, noch zwei bekommen.

Das Prinzip des *jonet* stammte ursprünglich aus New York und orientierte sich am Vorbild der frühen Computer-Mailboxen. »Man konnte sich per Modem einwählen und in Bulletin-Boards diskutieren«, erklärt Wegner. Als das Internet aufkam, zog das *jonet* um und die Debatten-

Beiträge wurden einfach per E-Mail ausgetauscht. So funktioniert das Diskussionsforum auch heute noch. Als Karriere-Netzwerk begreift er sein Projekt dabei nicht. Das *jonet* sei einer der »letzten Horte des Altruismus«, in dem man zunächst nur etwas gebe – etwa seine Expertise zu Fragen anderer Mitglieder –, ohne direkt etwas zu bekommen. Zwar gehöre es am Ende dazu, mit den richtigen Leuten im richtigen Netzwerk zu sein, aber Eigenwerbung sei im *jonet* verpönt.

Ein »richtiges Netzwerk« erschloss sich für Wegner beim *Focus*. Zu Verleger Hubert Burda hatte er aufgrund seiner Arbeit über neue Medien einen guten Draht und Burda öffnete Wegner sein eigenes Netzwerk und damit Türen, die sonst vielleicht verschlossen geblieben wären. Als Förderer sieht Wegner die beiden Chefredakteure Helmut Markwort und Uli Baur sowie seinen ersten Ressortleiter, Martin Kunz. Alle drei seien »sehr tolerante Menschen«, die nicht in Schubladen dächten. »Ich wollte immer breiter werden und nicht auf einem Thema sitzen bleiben. Das war ein langes, großes Glück, durchs ganze Heft marschieren zu dürfen. Ich habe überall gewildert und auch immer mal wieder eine investigative Geschichte gemacht, über Kalamitäten beim BND etwa oder über ein Sicherheitsleck bei Siemens. Die für mich wichtigste Förderung bestand im Rückblick darin, dass man mir das erlaubt hat. Derart durchlässig sind nicht viele Redaktionen.« Neben »Fakten, Fakten, Fakten« konnte Wegner beim *Focus* zunächst vor allem »Machen, machen, machen«.

Und vielleicht waren es der Luxus der Vielfalt und Wegners Wunsch, von allem möglichst viel zu wissen und zu erfahren, die ihn beim *Focus* hielten. Immer wieder einmal bekam er andere Angebote, besonders während des Booms der New Economy – und blieb dennoch. Helmut Markwort habe sich in jener Zeit geradezu rührend darum bemüht, ihn beim *Focus* zu halten, sagt Wegner. Da ein Jobangebot ihn sozusagen an die Küste geführt hätte, bot Marktwort Wegner sogar an, ihm ein Salzwasseraquarium in die Wohnung zu stellen – quasi als Ersatz. Das war 2001, Wegner war damals 31 Jahre alt. Dass Wegner blieb, hat aber vielleicht nichts mit einem Aquarium zu tun, sondern damit, dass es ihm in diesem Alter etwas unheimlich war, bereits das Ziel seiner Träume erreicht zu haben.

Chefredakteur ist Wegner inzwischen dennoch – seit 2006. »Als für *Focus Online* ein neuer Chefredakteur gesucht wurde lag es nahe, das jemanden machen zu lassen, der einerseits weiß, wie *Focus* tickt, und sich andererseits tiefer mit dem Internet beschäftigt hat, mit Online-Communities und mit dem, was plötzlich Web 2.0 hieß«, sagt Wegner. Heute leitet er ein Team von 50 Redakteuren, und auch die meisten der 200 Printredakteure arbeiten heute für *Focus Online*.

Wer *Focus* sagt, dem fällt auch schnell der *Spiegel* ein. Wie das Printprodukt muss sich auch *Focus Online* stets an *SPIEGEL ONLINE* messen lassen, das bei den Nachrichtenportalen eine Vorreiterrolle innehat und auch bei den Click-Zahlen besser abschneidet als alle Konkurrenten. Wegner selbst redet diesen Konkurrenzkampf eher klein, was daran liegen mag, dass er zu Mathias Müller von Blumencron, der *SPIEGEL ONLINE* bis Anfang 2008 leitete und jetzt einer der Chefredakteure beim Print-*Spiegel* ist, ein freundschaftliches Verhältnis pflegt und die beiden gelegentlich einen Wein zusammen trinken. Und sicherlich ist von Blumencron auch einer der zehn Menschen, mit denen Wegner ernsthaft über seinen Beruf reden kann. Eher von sich weisen würde Wegner hingegen wohl eine gewisse Ähnlichkeit mit *Spiegel*-Korrespondent Gabor Steingart.

Auch zu anderen Protagonisten des Online-Gewerbes pflegt Wegner gute Kontakte, Mercedes Bunz (s. Porträt Bunz) etwa. Es ist wohl so, dass Wegner und die anderen Alphatiere des Online-Journalismus mehr oder minder alle einer eingeschworenen Gemeinschaft angehören, deren Mitglieder sich seit Jahren kennen oder sich zumindest ständig auf diversen Internet-Tagungen begegneten. Irgendwann Ende der 1990er-Jahre wurden sie dann von der Welle der New Economy erfasst und an die Spitze neu entstandener Online-Portale renommierter Medien gespült.

Der Kontakt zu ›etablierten‹ Journalisten ist hingegen nicht immer so freundschaftlich, und von einigen ist Wegner sogar regelrecht genervt. Ein »Kartell der Selbstbeweihräucherung« hat Wegner unter einigen Journalisten ausgemacht. »Ich mag es nicht, wenn Journalisten zum Gegenstand ihrer Berichterstattung werden. Ich mag Leute, die gut recherchieren und nicht Leute, die den ganzen Tag darüber reden, dass sie gut recherchieren«, sagt er. Auch vom Stil her sieht Wegner Unterschiede zwischen seiner Generation und »den Kollegen, die 68 geprägt wurden«. »Das sind oft sehr autokratische und patriarchalische Erscheinungen. Meine journalistische Generation besteht eher aus Teamplayern. Wir arbeiten auf Augenhöhe.« Das Entstehen von *Focus Online* vergleicht er mit einer ›Jamsession‹, bei der jeder zwar autonom arbeite, aber gleichzeitig auf den anderen höre. Und bei aller Bescheidenheit ist auch klar, dass Wegner bei dieser Jamsession nicht nur den Takt, sondern oft auch den Ton vorgibt.

Irgendwann vielleicht eine ›Wegner Post‹?

Unterschiede zu älteren Journalisten sieht Wegner auch in der Art, an Themen heranzugehen, und behauptet von sich und *Focus Online,* an »Sachthemen entlang zu argumentieren«. Dabei unterscheide sich *Focus Online* auch mal von der Haltung des Print-*Focus*, etwa bei der kritischen Begleitung von Innenminister Wolfgang Schäuble (CDU) und dessen Plänen zu »Eingriffen in die digitale Sphäre«. Ein Thema, das ihm nicht nur wegen seiner Internetsozialisation wichtig ist, sondern weil er im Internet auch so etwas wie die Zukunft der Demokratie sieht.

»Die Meinungsbildung wird immer stärker im Netz stattfinden müssen, weil dies der Ort ist, wo Menschen immer stärker in Kontakt zueinander treten«, sagt Wegner. »Schauen Sie sich nur einen modernen Wahlkampf wie den von Barack Obama an.« Das Netz werde zum zentralen »Durchlauferhitzer für politische Meinungen«. Und Wegner glaubt fest daran, dass Parteien Gefahr laufen, eben diese Funktion zu verlieren: »Moderne Menschen sind informiert, sie entscheiden in der Sache und orientieren sich immer weniger an den großen Linien einer

Partei.« Die Tatsache aber, dass Wegner bei der Aufzählung der Parteien, mit denen er hier und da übereinstimme, als erste die FDP und als letzte die SPD nennt, zugleich aber auch »Schröders Agenda« lobt, könnte ein Hinweis darauf sein, dass er mit seiner eigenen politischen Haltung nicht ganz so weit von *Focus*-Herausgeber und Chefredakteur Helmut Markwort entfernt liegt.

Anders als Markwort ist Wegner aber zurückhaltender im Auftreten und könnte im Fernsehen problemlos in einer Rolle als Schwiegermamas Liebling besetzt werden. Pathos liegt ihm fern, gleichzeitig nimmt er die journalistische Aufgabe des Aufklärens ernst und verweist auf Stärken von *Focus Online* jenseits des Nachrichtengeschäfts. Dazu zählen für Wegner die vom *Focus* etablierten Nutzwert-Themen, die wie für das Netz geschaffen sind – Rankings von Ärzten, Anwälten und anderen Berufsgruppen etwa. »Das ist eine starke beratende Komponente, mit der wir uns unterscheiden und die so sonst keiner anbieten kann«, sagt Wegner. Und auch bei *Focus Online* setzt er – wie einst beim *jonet* – auf das Bilden von Communities. »Unsere User bringen auch ihre Erfahrungen mit Banken oder Versicherungen ein oder mit Ärzten. Dann können wir den Ball zwischen Online-Portal und Magazin hin- und herspielen.« Auch auf die Beteiligung der Leser durch Leserkommentare setzt Wegner. »Wir bekommen pro Monat 80.000 Kommentare, damit sind wir in diesem Feld sicher das erfolgreichste journalistische Projekt.«

Die Rankings sind für ihn nicht nur ein Alleinstellungsmerkmal im Konkurrenzkampf mit anderen Medien, sondern aufgrund ihrer Orientierungs- und Aufklärungsfunktion auch Aufgabe des Journalismus, wozu schließlich auch der Dienst am Leser zähle. Ein Bekannter habe mit dem Verdacht auf Krebs im Krankenhaus gelegen, berichtet Wegner. »Mit einem Blick in unsere Datenbank konnten meine Kollegen prüfen, ob er bei seinem behandelnden Arzt in guten Händen ist.«

Den professionellen Journalismus ersetzten Foren, Leserkommentare und Blogs jedoch nicht. Wegner sieht daher auch keine Widersprüche zwischen neuen und alten Formen des Journalismus. Je professioneller ein Blog werde, desto mehr nähere es sich journalistischen Standards an, sagt er. Wahrhaftigkeit und Transparenz hält Wegner für besonders wichtig. Daher würden Falschmeldungen bei *Focus Online* auch nicht einfach aus dem Netz genommen, sondern – mit einem Korrekturhinweis versehen – online bleiben.

Die Reise des Jochen Wegner ist sicher noch nicht zu Ende, auch beruflich nicht. Am »Ziel seiner Träume« sei er bereits vor vielen Jahren angelangt, als er von seinem potenziell brotlosen Dasein als Journalist plötzlich habe leben können, behauptet Wegner. Aber dass die Redaktion von *Focus Online* ziemlich abgelegen in München residiert und man den Betonklotz schwerlich als schön, repräsentabel und kreativitätsfördernd bezeichnen kann, lässt eigentlich noch viel Raum zum Träumen. Vielleicht gründet er ja irgendwann nach Vorbild der *Huffington Post* seine eigene *Wegner Post* mit ein paar alten Kumpels aus den Anfangstagen des Online-Journalismus samt eigenem Video-Blog von Helmut Markwort und Hubert Burda?

Sein größter Luxus sei es, sagt Wegner, samstagnachmittags einmal auf der Couch liegen zu können und nichts zu tun. Aber auch das gelingt ihm nicht wirklich und er erzählt, wie er einmal einen Tag habe frei machen wollen, von *Focus Online* und Familie und einfach nur durch München geschlendert sei. Einen halben Tag habe er das ausgehalten und dann begonnen, die Mails auf seinem Blackberry zu beantworten.

Er bekommt viele Mails und hat viel zu tun. Vielleicht ist das der Grund, warum er sich bei alten Freunden manchmal wochenlang nicht meldet. Das ist übrigens die einzige wirkliche Unart, die man über Wegner erfahren kann, wenn man Menschen anspricht, die ihn kennen.

HENRIK SCHMITZ

Jochen Wegner

Geboren am 9.12.1969 in Karlsruhe

Ausbildung

1989	Abitur am Melanchthon-Gymnasium in Bretten
1990-1992	Besuch der Kölner Journalistenschule
ab 1992	Studium der Physik und Philosophie in Bonn (1998 Diplomarbeit über Hirnforschung und Chaostheorie)

Beruflicher Werdegang

ab 1992	freier Journalist in Bonn. Arbeit für *GEO, Spiegel Special, Bild der Wissenschaft, Focus*, WDR/Fernsehen, Tageszeitungen
1994	Gründung des größten deutschsprachigen Journalisten-Forums, *www.jonet.org*
seit 1995	div. Lehrtätigkeiten, u.a. Universität Augsburg, Medienakademie Köln, Journalistenschule Ruhr, DJS, BDZV
1998	Autor des Buches *Recherche Online – ein Handbuch für Journalisten*
ab 1998	Wissenschafts- und Technologieredakteur beim *Focus*
ab 2001	stellv. Leiter des Ressorts ›Forschung und Technik‹ bei *Focus*
2003+2005	Mitorganisator der Konferenz ›*jonet*-Tag‹
seit 2006	Chefredakteur von *Focus Online*

Literatur

2004	*Warum immer ich? Schicksal. Eine Betriebsanleitung.* Berlin: Argon.
1998	*Recherche online. Ein Handbuch für Journalisten.* Frankfurt am Main: IMK

Verzeichnis der Herausgeber und Autoren

Die Herausgeber

STEPHAN WEICHERT, Prof. Dr., Kommunikationswissenschaftler und Publizist, ist Professor für Journalistik und Studiengangleiter an der Macromedia Hochschule für Medien und Kommunikation in Hamburg. Seit 2005 arbeitet er zudem an dem von Lutz Hachmeister gegründeten Institut für Medien- und Kommunikationspolitik in Berlin, u.a. als Projektleiter des Forschungsschwerpunkts ›Qualitätsjournalismus und Prestige-Presse‹ und als Chefredakteur des *Jahrbuchs Fernsehen*. Weichert studierte Soziologie, Journalistik und Psychologie an den Universitäten Trier und Hamburg, wo er 2006 mit einer Arbeit über die Darstellung des 11. September im deutschen Fernsehen promovierte. Zuvor war er mehrere Jahre wissenschaftlicher Mitarbeiter am Institut für Journalistik und Kommunikationswissenschaft der Universität Hamburg sowie am Hans-Bredow-Institut für Medienforschung. Weichert ist Gründungschefredakteur und Herausgeber des Medienmagazins *Cover*. Er schreibt regelmäßig für überregionale Zeitungen, Online-Portale und Fachmagazine (u. a. *Süddeutsche Zeitung,*

Neue Zürcher Zeitung, Frankfurter Allgemeine Zeitung, Freitag, Rheinischer Merkur, sueddeutsche.de, focus.de, Medium Magazin, journalist und *epd medien*) und ist Autor sowie Herausgeber diverser Studien und Fachbücher über Journalismus und Kommunikation. Von ihm zuletzt erschienen: *Das Verschwinden der Zeitung? Internationale Trends und medienpolitische Problemfelder* (Berlin 2009): Friedrich-Ebert-Stiftung; gem. mit Leif Kramp) und *Journalismus in der Berliner Republik. Wer prägt die politische Agenda in der Bundeshauptstadt?* (Wiesbaden 2008: Netzwerk Recherche e.V.; gem. mit Leif Kramp). Im Sommer 2008 war Weichert Stipendiat der FAZIT-Stiftung und Visiting Fellow an der Graduate School of Journalism der Columbia University, New York. Er ist Mitglied der Jury des Adolf-Grimme-Preises und war bis Mitte 2008 Dozent an verschiedenen Hochschulen und Ausbildungseinrichtungen, u.a. an der Hamburg Media School, der Adolf Grimme Akademie und der RTL Journalistenschule. Seine Lehr- und Forschungsschwerpunkte umfassen: Qualitätsjournalismus und Prestige-Presse, Medienpolitik, Medienjournalismus, Krisenkommunikation.

CHRISTIAN ZABEL, geboren 1976, ist Assistent des Vorstandsvorsitzenden der Deutschen Telekom AG. Zuvor war er bis Oktober 2008 Leiter der Forschung und Beratung bei der HMR International in Köln und arbeitete als freier Journalist (u.a. für ZDF, NZZ, *epd medien*). Er hat diverse Fachaufsätze v.a. zu Innovationsmanagement, Timing-Wettbewerb und Konkurrenz im TV-Sektor verfasst. Er lehrt an verschiedenen Hochschulen und Ausbildungseinrichtungen (u.a. BiTS Iserlohn, FH Wilhelmshavem, Hamburg Media School, RTL Journalistenschule, Kölner Filmhaus). Christian Zabel studierte als Stipendiat der Studienstiftung des Deutschen Volkes Journalistik und Volkswirtschaftslehre in Dortmund und Brüssel und hält einen Abschluss als Master of Public Administration der Sciences-Po/Paris. 2008 erschien seine Dissertation zu *Wettbewerb im TV-Produktionssektor. Produktionsprozesse, Innovationsmanagement und Timing-Wettbewerb* (VS-Verlag 2008).

Die Autoren

CHRISTIAN BARTELS ist Medienjournalist in Berlin. Er hat in Marburg und Köln Medienwissenschaft, Geschichte und Germanistik studiert und schreibt seit den späten 1990er-Jahren über Film, Fernsehen, Presse, Internet und die Zusammenhänge – in Zeitungen wie *SZ, FAZ* und *taz*, Fachzeitschriften und online. Für *SPIEGEL ONLINE* entwickelte er die ersten Fernsehkritiken ›Televisionen‹; von 2002 bis 2008 schrieb er fast 1000 Ausgaben des *Altpapiers*. Die tägliche Medien-Kolumne der *Netzeitung* wurde zweimal für den Grimme Online Award nominiert, seine eigene Webseite *1000augen.com* dann auch einmal.

BEN BOLZ, geboren 1967 in Duisburg, arbeitet seit 2006 als Redakteur beim ARD Politikmagazin *Panorama*. Studium der Volkswirtschaft an der TU Berlin. Freier Mitarbeiter beim SFB-Fernsehen. 1996 Volontariat beim NORDDEUTSCHEN RUNDFUNK. Danach zunächst Redakteur bei dem Satiremagazin *extra 3*. 2001 konzeptionelle Mitentwicklung des NDR Medienmagazins *ZAPP*.

ROBERT BONGEN, geboren 1974 in Rheinberg, arbeitet als Autor in der Redaktion Innenpolitik des NDR Fernsehens in Hamburg, u.a. für das ARD-Politmagazin *Panorama* und das Medienmagazin *ZAPP*. Studium der Geschichte, Journalistik und Politik in Gießen und Hamburg. Volontariat beim NORDDEUTSCHEN RUNDFUNK. Zuvor u.a. tätig für SAT.1, *Süddeutsche Zeitung, Der Tagesspiegel, Rheinische Post*. Mitautor diverser TV-Dokumentationen, u.a. *Kanzler Schröder. Der Abschied., Verdeckt, versteckt, verboten. Schleichwerbung und PR in den Medien, Zwischen Bürgerrechtlern und Barbecue. US-Präsident Bush in Stralsund.*

MATTHIAS DELL, geboren 1976, studierte Theaterwissenschaften und Komparatistik in Berlin und Paris. Er arbeitet als Kulturredakteur bei der Wochenzeitung *Freitag* und war einer der Autoren der Internetmedienkolumne *Altpapier* bei der *Netzeitung*.

JAN FEDDERSEN, geboren 1957 in Hamburg, dortselbst Studium mit dem Schwerpunkt Soziologie; Abschluss als Sozialwirt an der Hamburger Hochschule für Wirtschaft und Politik. Nach einem Volontariat in der Lokalausgabe der TAZ in Hamburg seit Anfang der 1990er-Jahre freie Mitarbeit für den *Stern* und andere Magazine, außerdem ein anderthalbjähriges Engagement als Jungredakteur bei der *Zeit*. Dozenturen an der Universität Hamburg und an Fortbildungsstätten für Erwachsene; seit 1996 Mitglied der Redaktion der TAZ in Berlin. Arbeitsschwerpunkte: Gesellschaft, Popmusik, Geschichtspolitik, Sexualität, Theoriediskurse, Porträts, Essays. Seit 2002 freie Mitarbeit für die Unterhaltungsabteilung des NDR. Veröffentlichungen: *Woodstock – Ein Festival und seine Legende* (Ullstein 1999), *Ein Lied kann eine Brücke sein* (Hoffmann und Campe 2002) u.a.

ANNA VON GARMISSEN, geboren 1975 in Troisdorf, Diplom-Journalistin, ist seit Juli 2007 Chefredakteurin des Medienmagazins *journalist* in Bonn. Nach dem Volontariat im Medienfachverlag Rommerskirchen arbeitete sie als Redakteurin der Medienfachzeitschrift *Insight*. Studium der Germanistik, Journalistik und Politik in Mainz, Fribourg/Schweiz und Bamberg. Währenddessen u.a. tätig für *dpa*, SAT.1 und verschiedene Zeitungen.

MIRIAM JANKE, geboren 1979, lebt als Journalistin und Autorin in Berlin. Sie ist in Freiburg und Jamaica zur Schule gegangen, hat Kulturwissenschaften in Leipzig und Guadalajara, Mexiko, studiert und hat die Berliner Journalisten-Schule (BJS) absolviert. Miriam Janke war Mitglied der Grimme-Jury 2008 und Stipendiatin der *Süddeutschen Zeitung*. Gearbeitet hat sie u.a. für *Radio Multikulti* vom RBB, die Zeitung *Público/Milenio* in Mexiko, die *taz* und das ZDF in Rio de Janeiro.

LEIF KRAMP, geboren 1980, arbeitet als Journalist sowie Medien- und Kommunikationswissenschaftler in Hamburg und Berlin. Er ist wissenschaftlicher Referent des Instituts für Medien- und Kommunikationspolitik und wissenschaftlicher Mitarbeiter der Macromedia Hochschule für

Medien und Kommunikation. Studium der Journalistik und Kommunikationswissenschaft, Geschichte und Betriebswirtschaftslehre in Hamburg. Kramp schreibt regelmäßig als Autor für überregionale Tageszeitungen, Fach- und Publikumszeitschriften, Internetpublikationen sowie Branchendienste (u.a. *Frankfurter Allgemeine Zeitung, Süddeutsche Zeitung, Neue Zürcher Zeitung, Blickpunkt:Film, epd medien*). Seine Aufsätze erschienen u.a. in dem Handbuch *Grundlagen der Medienpolitik* (München 2008) und in dem Porträtband *Die Alpha-Journalisten – Deutschlands Wortführer im Porträt* (2007). Gemeinsam mit Stephan Weichert veröffentlichte Kramp die Studie *Journalismus in der Berliner Republik – Wer prägt die politische Agenda in der Bundeshauptstadt?* im Auftrag des Netzwerk Recherche e. V. (2008).

ALEXANDER KÜHN, geboren 1975 in Rastatt, Baden-Württemberg, arbeitet als Redakteur im Unterhaltungs-Ressort des *Stern* und porträtiert mit Vorliebe Menschen aus dem Fernsehen: Oliver Pocher, Frank Plasberg, Florian Silbereisen, Eva Herman. Außerdem kommentiert er auf *stern.de* täglich das Fernsehprogramm: *www.stern.de/waskucktkuehn*. Privat schaut er gern fern.

CHRISTOPH LIXENFELD, geboren und aufgewachsen im Ruhrgebiet, arbeitet seit 1994 als freier Journalist in Hamburg. Seitdem schrieb er für das *Handelsblatt*, die *Süddeutsche Zeitung*, die *Wirtschaftswoche* u.a. über Wirtschaft und Soziales, produzierte Hörfunkfeatures für den NDR und für DEUTSCHLANDRADIO Kultur sowie TV-Beiträge für ARD-Magazine. Sein Buch *Niemand muss ins Heim* erschien Anfang 2008 im Econ Verlag.

CHRISTIAN MEIER, geboren 1971 in Bad Oeynhausen, ist freier Medienjournalist in Berlin. Nach dem Studium der Amerikanistik, Geschichte und Volkswirtschaft in Münster, Seattle/USA und Berlin volontierte er im Medienreferat der Bundeszentrale für politische Bildung (BpB) in Bonn. Er war Redakteur und Ressortleiter beim Medien-Branchendienst *kressreport*, leitender Online-Redakteur bei dem Politikmagazin *Cicero* und Medien-Kolumnist der *Welt am Sonntag*. Er ist Stipendiat des

DAAD, der Heinz-Kühn-Stiftung und war Arthur-F.-Burns-Fellow der Internationalen Journalisten Programme (IJP) beim *Philadelphia Inquirer*. Er schreibt als Berlin-Korrespondent für den *kressreport* und ist Autor für Publikationen wie *Der Tagesspiegel, Die Zeit, Cicero, Neue Zürcher Zeitung* und *Das Parlament*. Diverse Aufsätze in Buchpublikationen, Moderationen und Vorträge.

ANNETTE MILZ studierte zwischen 1981 und 1988 Politologie und Geschichte in Bonn und Berlin. Während des Studiums war sie als freie Journalistin und in der Bildungsarbeit für Journalisten (Vorstandsmitglied IJP e.V.) tätig. 1986 wurde sie Mitbegründerin des *Medium Magazins für Journalisten*. In den Jahren 1988 und 1989 war sie stv. Pressesprecherin des Verbandes der Automobilindustrie e.V. (VDA). Seit 1990 ist sie Chefredakteurin des *Medium Magazins für Journalisten* in Frankfurt/M.

CLEMENS NIEDENTHAL, Jahrgang 1974, lebt als Kulturwissenschaftler, Publizist und Journalist in Berlin. Studium der Kultur-, Politik- und Medienwissenschaften in Marburg und Wien. Veröffentlichungen zu Architektur, Alltagskultur und zum Modernen Leben. Autor für *Frankfurter Rundschau*, die *Tageszeitung, Financial Times Deutschland* und andere. Juror des Adolf-Grimme-Preises. Regelmäßige Publikationen, zuletzt *Unfall – Portrait eines automobilen Moments* (Marburg 2007) und *Bahnhöfe in Deutschland* (Berlin 2008).

BARBARA NOLTE, geboren 1968 in Saarbrücken, ist Medienredakteurin des *Tagesspiegel*. An der Universität der Künste in Berlin studierte sie ›Gesellschafts- und Wirtschaftskommunikation‹. Sie besuchte die Berliner Journalisten Schule, für die sie heute als Dozentin arbeitet. Anschließend arbeitete sie für die *Süddeutsche Zeitung*. Nach einem Stipendienaufenthalt in Los Angeles, wo sie beim Radiosender KPFK arbeitete und für deutsche Zeitungen schrieb, kam sie zum *Tagesspiegel*, zunächst als Reporterin. Zurzeit ist sie in der Elternzeit und schreibt als Autorin für die *Zeit* und das *SZ-Magazin*.

IRIS OCKENFELS, geboren 1972 in Köln, studierte Geschichte, Journalistik, Politik und Literatur in Gießen und Hamburg. Während des Studiums arbeitete sie als freie Mitarbeiterin unter anderem für das Medien-Ressort des Berliner *Tagesspiegel*. Nach dem Studium volontierte sie beim NORDDEUTSCHEN RUNDFUNK in Hamburg. Seitdem ist sie Autorin beim NDR, zunächst für die Medienredaktion *Zapp*, inzwischen für die Abteilung Innenpolitik. Dort arbeitet sie u.a. für das ARD-Polit-Magazin *Panorama* und die NDR-Sendung *Panorama – die Reporter*.

SIMONE SCHELLHAMMER, geboren 1967 in Singen, arbeitet seit 1999 als freie Autorin für verschiedene Zeitschriften und Zeitungen, u.a. für die Medienseite des *Tagesspiegel*. Sie studierte Journalistik in Eichstätt, volontierte bei *TV Spielfilm* und sammelte Redakteurserfahrung bei *TV Movie*. Regelmäßige Jurytätigkeit für den Adolf Grimme Preis.

HENRIK SCHMITZ, geboren 1978 in Münster, arbeitet für den Medienfachdienst *epd medien* in Frankfurt a.M. Studium der Journalistik und Politikwissenschaften in Dortmund, Jyväskylä (Finnland) und Novi Sad (Serbien). Freier Autor u.a. für *Frankfurter Rundschau, Frankfurter Allgemeine Zeitung, Frankfurter Allgemeine Sonntagszeitung,* SPIEGEL ONLINE und *der journalist*. Kommentare zum Mediengeschehen für WDR und DEUTSCHLANDFUNK.

BEN SCHWAN, geboren 1975 in Saarbrücken, lebt als freier Journalist für Technologie-, Wissenschafts- und Medienthemen in Berlin. Er arbeitet unter anderem für das Technologiemagazin *Technology Review*, den IT-Nachrichtendienst *Heise Online* und ist Internet-Korrespondent der *taz*. Erste professionelle journalistische Erfahrungen mit 17 Jahren bei Lokalzeitungen und lokalen Radiosendern. 1996 Übersiedelung nach Berlin, dort Mitarbeit in der Multimedia-Redaktion von RADIO FRITZ, später bei ARD DIGITAL/ARD ONLINE. Autor für *Welt, Focus, Focus Online, Bizz,* SPIEGEL ONLINE und viele mehr. Ab 2000 Chefredakteur beim IT-Nachrichtendienst *de.internet.com*, später täglicher Autor für Internet-Themen bei der

Netzeitung, ab 2003 verantwortlicher Redakteur bei *macnews.de*. Ab 2005 eigenes PDF-Magazin *metamac* mit über 500 zahlenden Abonnenten und direkter Vermarktung an den Leser.

CHRISTIAN SONNTAG, geboren 1974 in Groß-Umstadt, arbeitet als Redakteur beim Rheinland Presse Service in Düsseldorf und lebt in einer alten Windmühle. Studium der Geschichte, Journalistik und Politik an den Universitäten Gießen, Bristol und Hamburg. Promotion zum Dr. phil. an der Universität Hamburg mit einer Arbeit über die Karrieren Hamburger Nachkriegsjournalisten. Volontariat bei der *Rheinischen Post* in Düsseldorf, Mitarbeit bei zahlreichen deutschen Tageszeitungen.

ALEXANDER VON STREIT, geboren 1970, leitet das Ressort Digital bei *Focus Online*. Zuvor war er Chefredakteur des Medienmagazins *Cover* und schrieb als Autor und Kolumnist für überregionale Tageszeitungen, Online-Medien, Agenturen und Magazine über Medien, Technik und Gesellschaft. Studium der Politikwissenschaften, Soziologie und Sozialpsychologie in München. Redaktionsvolontariat bei der *Frankfurter Rundschau*. Buchbeiträge unter anderem in *Die Alpha-Journalisten* und *Die Selbstbeobachtungsfalle*.

STEFAN WINTERBAUER, geboren 1970 in Weinheim an der Bergstraße, arbeitet als freier Medienjournalist und Autor. Er schreibt vor allem für das Online-Medienportal *Meedia*, das *medium magazin* und den *Wirtschaftsjournalist*. Volontariat bei den *Weinheimer Nachrichten*. Studium der Politikwissenschaften und der Germanistik in Mannheim. Bei diversen Rundfunksendern, u.a. RADIO SUNSHINE LIVE und RADIO REGENBOGEN in Mannheim, redaktionell verantwortlich für Kino- und Computersendungen. Als Medienjournalist hat er u.a. bereits gearbeitet für *kressreport, Süddeutsche Zeitung* und *Welt am Sonntag*. Außerdem betreibt er das Konsumenten- und Verbraucher-Weblog *www.mein-leben-als-kunde.de* und ist gerne mit dem Faltboot (Klepper Arius 2 und Feathercraft Kahuna) unterwegs.

BILDNACHWEISE: Robert Basic: Alexander Babic; Marcus Beckedahl: CC-BY-SA: Rerun van Pelt; Wolfgang Blau: Sina Preikschat; Katharina Borchert: WAZ; Mercedes Bunz: Claudia Burger; Thierry Chervel: Tal Sterngast; Holm Friebe: Jan Bölsche; Matthias Gebauer: privat; Dirk von Gehlen: *Jetzt.de*; Peter Glaser: privat; Hans-Jürgen Jakobs: privat; Thomas Knüwer: *Handelsblatt* / Judith Wagner; Matthias Matussek: Melanie Feuerbacher; Rainer Meyer: privat; Stefan Niggemeier: privat; Florian Rötzer: privat; Jörg Sadrozinski: NDR/Marcus Krüger; Mario Sixtus: Christof Wolff; Frank Thomsen: Dr. Jürgen Gebhardt; Jochen Wegner: *Focus Online*

Sach- und Personenindex